Noël Haidle # Windhunde

Rassen – Rennen – Coursing – Pflege – Ausstellung

116 Farbfotos
31 Zeichnungen

Ulmer

Inhaltsverzeichnis

Warum ein Afghane? 4

Was ist ein Windhund? 8
Wie unterscheiden sich Windhunde von anderen Hunderassen? 10
Körperbau und Verhalten 12
Sind Windhunde ‚gefährliche Hunde'? 16

Windhundrassen 20
Orientalische Windhunde 20
    Afghanischer Windhund 20
    Saluki 26
    Sloughi 29
    Azawakh 31
Europäische Windhunde 33
    Greyhound 34
    Whippet 36
    Italienisches Windspiel 39
    Deerhound 40
    Irish Wolfhound 42
    Galgo español 46
    Magyar Agar 47
    Barsoi 48
    Chart Polski 52
Mediterrane Windhunde 53
    Pharao Hound (Kelb Tal Fenek) 54
    Cirneco dell'Etna 56
    Podenco Ibicenco 56
    Podenco Canario 57
    Podengo Portugues 58
Nicht FCI-anerkannte Windhundrassen 59
    Taigan 60
    Tazi 61
    Rampur-Windhund 61
    Chortaj (Chort) 62
    American Staghound 62
    Lurcher 62

Windhund: ja oder nein? 64
Welcher Windhund ist der Richtige für mich? 66

Windhundsport 70
Lauftraining mit Nichtwindhunden 72
Rennen 73
    Austragungsmodus 75
    Die Rennbahn 76
    Voraussetzungen für die Teilnahme 78
    Trainingspläne 80
    Nach dem Rennen 84
Coursing 86
    Bewertung 86
    Voraussetzungen für die Teilnahme 89
    Die Hasenzugsysteme 90
    Training 90
Ein gelungener Renntag 93
Ausstellung 96
    Ausstellungstraining 97
    Auf der Ausstellung 99
    Vorbereitung auf eine Ausstellung 101
    Richter und Richterinnen 103
Doping 106
Sonne und Hitze, Regen und Kälte 106
Titel, Titel, Titel... 108

Gesundheit und Ernährung 110
Bewegung und Training im Alter 110
Läufigkeitskontrolle und Kastration 114
Gesundheit 116
    Futter 116
    Futterzeiten 117
    Vorsorge 118

Zucht und Züchter 120
Windhundzucht 122
Zuchtverfahren 122

Fremdzucht 122
Linienzucht 124
Inzucht 124
Inzestzucht 124
Outcross 124
Zuchtverfahren in der Praxis 124
Züchter 125
Zuchtziele 126
Das Bild einer Rasse 128

Hundezucht praktisch 130

Zwinger – zwei verschiedene Dinge 130
Gewerbliche Hundezucht 133
Auswahl der Zuchttiere 136
Körperliche Vorgänge vor dem Deckakt 142
Der Deckakt 143
Künstliche Befruchtung 145
Tragezeit und Geburtsvorbereitungen 146
Die Geburt 148
Aufzucht der Welpen 151
Vegetative oder Neugeborenenphase 151
Übergangsphase 155
Prägephase 157
Sozialisationsphase 162

Das neue Zuhause 163
Stubenreinheit 165
Minimalerziehung 167
Leinenführigkeit 168
Allein bleiben 168
Verschiedene Kommandos 169

Der Problemhund 172

Angst vor dem Autofahren 174
Schwierigkeiten mit anderen Hunden 175
Schwierigkeiten mit Menschen 177
Mein Hund will nicht allein bleiben 179
Unarten 180
Problematische Vorgeschichte 181
Mein Hund verträgt sein Futter nicht mehr 184
Der verletzungsanfällige Hund 184

Verzeichnisse

Literatur 186
Adressen 186
Bildquellen 188
Register 188
Impressum 191

Warum ein Afghane?

Ein ganz persönliches Statement

Es war Liebe auf den ersten Blick. Eigentlich wollte ich ja einen netten kleinen langhaarigen Familienhund für mich und die Kinder, folgsam und treu und unproblematisch. Bis dahin kannte ich Windhunde nur von Fotos und aus Büchern. An einem schönen sonnigen Wochenende aber bot sich die Gelegenheit, ganz in unserer Nähe bei einem Windhundrennen zuzuschauen. Das war Anfang der 70er-Jahre. Ich wusste nicht genau, was mich erwartete, war aber gespannt. Bilder von Greyhoundrennen in England hatte ich zwar schon gesehen, aber nicht besonders aufregend gefunden. Das Rennen fand auf einem ehemaligen Reitplatz statt. Weiß abgedeckte Autos standen auf den Parkplätzen, Hunde wurden einzeln oder in Gruppen ausgeführt. Das Oval war mit weiß gestrichenen Holzpfählen und weißen Bändern abgesteckt worden, der künstliche Hase sollte mit einem Motor an einer langen Schnur über auf dem Boden festgesteckte Rollen gezogen werden. Es gab auch einen Startkasten mit sechs Boxen. Die anwesenden Hunde der verschiedenen Rassen schienen zu wissen, was auf sie zukam. Die Erregung war spürbar, noch bevor der Hase zu ersten Mal gezogen wurde.

Dann kam ein Probelauf, und die Hunde waren kaum zu halten. Alle konzentrierten sich voll auf das Geschehen im Oval. Ich weiß nicht mehr, mit welcher Rasse begonnen wurde, ich erinnere mich nur noch an die Afghanen. Höchst erregt gingen sie an den Start, und manche Besitzer hatten Mühe, ihren Hund in die Startbox zu bringen. Dann liefen sie los, und die Leidenschaft, mit der sie dem künstlichen Objekt hinterherjagten, begeisterte mich. An diesem Tag fiel der Entschluss, mir so bald wie möglich einen Afghanen anzuschaffen, und seit 1974 teilen Afghanen unser Leben.

Windhunde sind nicht wie andere Hunde, und Afghanen schon gar nicht. Am meisten hat mich immer die Leidenschaft fasziniert, die sie an den Tag legen können. Wenn man einen Afghanen zu Hause kennen lernt, könnte man ihn für einen trägen Sofahund halten, der Fremde gelegentlich anbellt, aber meistens ignoriert und sich von Zeit zu Zeit immer mal wieder einen neuen Platz in Haus und Garten sucht, um der Ruhe zu pflegen. An Apportierspielchen ist er nicht interessiert, gelassen bis hochnäsig schaut er dem Treiben zu, meist noch dazu von einem erhöhten Platz aus, damit er alles überblicken kann. Der Ruf eilt ihm voraus, ziemlich dumm zu sein, aber in Wirklichkeit interessiert er sich einfach nicht für die Erziehungsversuche seines Herrn. Das klassische Herr-und-Hund-Verhältnis ist seine Sache nicht, er fühlt sich als gleichberechtigtes und eigenständiges Familienmitglied.

Wie anders sieht die Sache auf dem Rennplatz aus. Die Hetzleidenschaft ist dem Afghanen angeboren, er muss nicht mühevoll dazu gebracht werden, dem sich bewegenden Objekt nachzulaufen, sondern wird mit aller Kraft und Schnelligkeit versuchen, es für sich zu erobern. Wer einmal sechs Afghanenrüden im Ziel gesehen hat, wie sie um ein Stück Fell oder auch eine Plastiktüte raufen, weiß warum Windhunde zum Rennen Beißkörbe tragen. Zwar wollen alle in erster Linie das Fell, aber im Eifer des Gefechts und wenn die Besitzer nicht schnell genug zur Stelle sind, kann es schon mal zu Tätlichkeiten zwischen den Rivalen kommen, und auch die Hündinnen untereinander sind da nicht viel besser. Afghanen sind nicht allzu schwer, ein austrainierter Rüde wiegt zwischen 25 und 28 kg, aber die geballte Muskelkraft vereint mit der Wendigkeit und Schnelligkeit eines Afghanen kann seinem Halter schon zu schaffen machen. Und diese Muskelkraft ist immer und jeder-

WARUM EIN AFGHANE?

Ein Garten ist nicht unbedingt nötig, wenn man Windhunde halten will – trotzdem genießen sie ihn und verteidigen ihn auch als ihr erweitertes Revier.

zeit abrufbar, denn auch in den Ruhephasen scheinen die Hunde nur darauf zu warten, dass es etwas zu tun gibt, dass ein Eichhörnchen zu verscheuchen oder eine Katze auf einen Baum zu jagen ist oder dass das Rennen oder Coursing beginnt. Um Höchstleistungen zu erzielen, tut man bei Rennen und Coursings gut daran, seinen Hund sorgfältig warmzulaufen, aber auch ohne das ist er im Gegensatz zum Greyhound nur wenig verletzungsanfällig. Viele Afghanen verweigern auch das sehr sinnvolle Auslaufen nach dem Rennen, eine meiner Hündinnen musste man regelmäßig vom Ziel weg und die Startgerade hinauftragen, bevor sie wieder willens war, einige Schritte zu gehen. Sie hatte den Hasen gejagt und wollte dieses Gefühl offensichtlich in Ruhe genießen.

Zurück zu meinem ersten Windhund. Eine junge Afghanenhündin kam ins Haus, und die erste Woche war grauenvoll. Sie war noch sehr jung, vermisste Mutter und Geschwister schmerzlich. Dazu kam, dass wir mitten im Umzug waren, keiner hatte so richtig Zeit. In der zweiten Woche hatte sie sich schon besser eingewöhnt, pinkelte meistens brav auf das Zeitungspapier, das wir auf dem Balkon ausgelegt hatten, und war zu allem bereit. Sie jaulte nachts nicht mehr, hatte sich mit den Kindern ange-

freundet, machte unseren Umzug ohne Probleme mit, mehrmals täglich die Fahrt zusammen mit zwei Kindern und unzähligen Kartons in einem VW-Käfer mit ausgebautem Beifahrersitz, und fühlte sich auch in unserem neuen Zuhause von Anfang an wohl. Wir hatten einen Garten gemeinsam mit vier anderen Familien und es gab die ganze Zeit über nur ein einziges Problem: Sari liebte den Sandkasten, sie grub riesige Löcher darin und lag stundenlang im warmen Sand in der Sonne. Schließlich mussten wir einen Zaun um den Sandkasten ziehen, damit die Kinder auch im Sand spielen konnten. Sie verhielt sich aber nicht wie die anderen Hunde, die ich so kannte: Wenn ich nach Hause kam, wurde ich nicht etwa stürmisch begrüßt, sondern ich musste zu ihr gehen und Guten Tag sagen. Wenn ich das versäumte, kam sie nach etwa zehn Minuten zufällig vorbei geschlendert, um mir zu zeigen, dass sie noch da war. Sie spielte mit viel Spaß den Wolf zum Rotkäppchen, aber ihr sonstiger Gehorsam ließ doch etwas zu wünschen übrig. Wenn man rief, kam sie – wenn sie gerade wollte. Trotzdem gelang es uns, ihr die Grundbegriffe ‚Stopp' und ‚Aus' beizubringen, sie lernte auch, dass sie alles, was sie in der Schnauze hatte, auf Kommando hergeben musste, dass Kin-

WARUM EIN AFGHANE?

der auf jeden Fall tabu waren, ganz egal, was sie mit ihr anstellten, und ging leidlich an der Leine. Eine erste Ausstellung war nicht so sehr erfolgreich, denn wir kamen mit einem ungebürsteten Hund an einer kräftigen Lederleine dort an, und die Richterin bekam an diesem Tag sicherlich nicht mehr viele solch naturbelassenen Hunde zu Gesicht. Trotz allem entwickelte sich Sari zu einer großen, wunderschönen Hündin, im Wesen ruhig, gelassen und zurückhaltend, dabei aber wachsam und immer bereit, die Familie zu verteidigen. Sie war überhaupt nicht nervös, sondern hatte im Umgang mit Menschen und anderen Hunden eine sehr hohe Reizschwelle. Völlig anders zeigte sie sich auf dem Rennplatz. Bereits im Alter von sechs Monaten riss sie sich beim Zuschauen los und wollte unbedingt am Rennen teilnehmen, also lief sie den vorbeilaufenden Hunden hinterher. Und das Rennen blieb auch ihre Leidenschaft. Die Rennlizenz schaffte sie auf Anhieb und sie wurde während ihrer ganzen Karriere nicht ein einziges Mal disqualifiziert. Sie konnte mit allen Hunden laufen, ob Greyhound oder Barsoi, Whippet oder Windspiel, aggressiv oder gesittet, ihr war das egal. Am Ziel allerdings stürzte sie sich auf den künstlichen Hasen und war oft nicht zu bewegen, auf ihren eigenen Beinen die Rennbahn zu verlassen, sie ließ sich vielmehr die Zielgerade hinauf tragen. Da Sari eine sehr große, kräftige Hündin war, hatte man schon einiges zu schleppen.

Manchmal hatte sie schon das Bedürfnis, der Enge des abgezäunten Gartens zu entfliehen, und wenn sie wirklich wollte, konnte sie ohne Probleme den Zaun von 1,75 m Höhe überspringen. Zum Glück kam das nicht oft vor und sie kam immer wieder zurück, ohne irgendein Unheil anzurichten, sodass wir darauf verzichteten, den Zaun zu erhöhen. Ein neues Baby akzeptierte sie voll, ja sie liebte es. Sie beobachtete meinen Sohn immer sorgfältig, wenn er auf dem Boden herumkrabbelte, und rührte sich fast nicht, wenn er vor Müdigkeit an ihrer Seite auf dem Teppich einschlief. Sie lernte auch im Alter noch neue Kunststücke, ‚Sitz' und ‚Platz' und ‚Pfötchen geben' und führte das geduldig, aber etwas gelangweilt vor. Sie akzeptierte diverse Au-Pair-Mädchen, einen weiteren Umzug, nochmal ein Baby, und schließlich, zusammen mit dem Baby, eine weitere Afghanenhündin, und blieb dabei doch, was sie war, eine ruhige, schöne Afghanenhündin, ziemlich dominant und manchmal eigensinnig, mit einer nie nachlassenden Vorliebe für Milka-Noisette-Schokolade, eine unermüdliche Spielgefährtin der Kinder, begeisterte Rennerin und Autofahrerin bis ins hohe Alter – ein Familienmitglied, das bei seinem Tod von allen beweint wurde. Zwei unvermeidliche Notwendigkeiten des Afghanenlebens allerdings hasste sie zeitlebens: das regelmäßige Bürsten und Baden.

So hatte ich mir das Leben mit einem Afghanen nicht vorgestellt. Bei der Anschaffung wurde ich von vielen gewarnt. Besonders die Gefährlichkeit und Unberechenbarkeit der Afghanen wurde herausgestellt. In den 70er-Jahren galten Afghanen noch als gefährlich oder zumindest schwierig, heute zeigen gewisse Zuchtlinien eher zu wenig Temperament. Trotzdem hatte ich nie eine Sekunde lang das Gefühl, dass diese Hündin oder irgendeiner meiner späteren

WARUM EIN AFGHANE?

Hunde für ein Familienmitglied oder für Personen, die den Garten mit uns teilten, zur Gefahr werden könnte. Auch zwei Pferde, die eines Morgens überraschenderweise in unserem Garten abgestellt waren, betrachtete sie nur neugierig und stellte dann fest, dass sie nicht zum jagdbaren Wild gehören. Dabei war sie durchaus wachsam und mutig, wenn es ernst wurde. Personen, die ich nicht ins Haus lassen wollte, bekamen einen großen weißen Eckzahn zu sehen, das reichte zusammen mit einem tiefen Knurren immer aus.

Im Lauf der Jahre zusammen mit Sari habe ich viele andere Windhunde kennen gelernt, und sie haben mich immer mehr fasziniert. Ihr Verhalten auf dem Rennplatz ist bemerkenswert: Man spürt die Erregung der Hunde, hört auch mal ein schnelles Knurren dem Rivalen gegenüber, aber wenn der Hase gezogen wird, konzentrieren sich alle Anwesenden voll darauf. Die Besitzer tun dann gut daran, die Leinen fest in der Hand zu halten, die Hacken in den Boden zu rammen und alle Kraft zusammen zu nehmen, denn so ein durchtrainiertes Muskelbündel kann schon eine Menge Power entwickeln, wenn es etwas wirklich will. In diesem Augenblick will der normale Windhund nur eines: hinter dem Hasen her. Und das gilt für die hocheleganten Azawakhs ebenso wie für die kleinen Windspiele, für Whippet und Greyhound sowieso, für Sloughi und Saluki, Deerhound und Wolfhound und auch für alle übrigen Windhundrassen. Jahrhundertelange Auslese auf eine Eigenschaft hin hat ihre Spuren hinterlassen, und die Leidenschaft, die die heutigen Hunde noch immer entwickeln, wenn sie einen Hasen sehen, sei er nun künstlich oder echt, ist schon erstaunlich.

Übrigens hat mich in über 25 Jahren Spaß und Arbeit mit Windhunden noch nie einer gebissen, selbst im Überschwang der Gefühle beim Fangen des künstlichen Hasen nicht, und ich habe mich zwar manchmal über gestohlene Schokolade und mannstiefe Löcher im Garten geärgert, es aber nie bereut, mir einen Windhund angeschafft zu haben.

Niefern, im Frühjahr 2002   Noël Haidle

Nichts auf der Welt begeistert Greyhounds mehr als das Rennen auf der Bahn.

Was ist ein Windhund?

Rechte Seite: Trotz ihrer Leidenschaft fürs Rennen sind Whippets sehr menschenbezogene Hunde, die sich gut erziehen lassen.

Der deutsche Name Windhund stammt vom althochdeutschen ‚wint‘, das heißt ‚Hund für die Jagd‘ und hat sich im Laufe des 16. Jahrhunderts in dieser Form herausgebildet. Die ursprüngliche Bedeutung soll ‚wendischer Hund‘ gewesen sein, also ‚Hund der Wenden‘. Heute bringt man den Namen Windhund natürlich zuerst mit dem Begriff Wind in Verbindung, man assoziiert ‚schnell wie der Wind‘ oder Ähnliches. Die einzige Windhundrasse mit einem eigenen deutschen Namen ist das Windspiel. Dieser Name ist sozusagen eine Verdopplung, denn ‚spiel‘ im Mittelhochdeutschen bedeutete Jagd, ursprünglich also Jagdhund für die Jagd oder, um bei dem Wort ‚spiel‘ zu bleiben, Jagdhund zum Wettkampf, zum Zeitvertreib, zum Ergötzen. Dieser Name ist eigentlich schon Programm.

Man nimmt heute an, dass alle Haushundrassen vom Wolf (*Canis lupus*) abstammen. Spekulationen, dass der kleine arabische Wolf (*Canis lupus arabs*) oder die ägyptische Unterart des Schakals (*Canis aureus lupaster*) an der Entstehung beteiligt waren, haben sich bisher nicht bestätigt. Auf welche Art und Weise die Domestikation des Hundes erfolgte, kann man nur vermuten. Der Hund ist mit großer Wahrscheinlichkeit das älteste Haustier des Menschen. Ob sich der Wolf selbst dem Menschen genähert hat und seine Lagerplätze als Futterquelle aufsuchte und sich so allmählich mit der Nähe des Menschen vertraut machte oder ob der Mensch von seinen Jagdzügen leicht zu zähmende Wolfswelpen mitbrachte, die sich dann in der näheren Umgebung des Menschen aufhielten und vermehrten, wird sich wohl nie mehr aufklären lassen. Norbert Benecke neigt in seinem Buch: „Der Mensch und seine Haustiere" zur letzteren Auffassung. Er schreibt unter anderem: „Eine Prägung auf den Menschen im Rahmen der Zähmung ist nur innerhalb einer sensiblen Phase im Alter von wenigen Tagen bis Wochen möglich, das heißt bei Wolfswelpen. Es ist daher wahrscheinlicher, dass sich eine Zähmung von Wölfen über die Aufzucht von Jungtieren vollzog, die man von Jagdzügen mitgebracht hatte. Der Pflegetrieb des Menschen für Jungtiere aller Art kann sicher auch für frühere Zeiten vorausgesetzt werden. In Bezug auf den Wolf wird dem auch die Tatsache entgegengekommen sein, dass Wolfswelpen leicht zähmbar sind." Als älteste Haushundefunde gelten übrigens Skelette aus Oberkassel, Göttingen und verschiedenen Orten in Thüringen.

Alle Windhundrassen, ganz gleich, woher sie stammen, waren und sind immer noch Jagdhunde, mehr oder weniger absichtlich für diesen Zweck gezüchtet, aber keine eigentlichen Arbeitshunde. Die Zucht erfolgte sicherlich so, dass die fähigsten und nützlichsten Hunde in der Nähe des Menschen geduldet wurden, bissige oder unfähige Tiere wurden ausgesondert und vielleicht aufgegessen. Wertvoll und erwünscht waren dabei ein bestimmtes Verhalten und bestimmte Fähigkeiten – keine äußeren Merkmale, das sollte man immer im Auge behalten. Windhunde beteiligten sich und beteiligen sich teilweise auch noch heute an der Nahrungsmittelversorgung ihrer Besitzer, aber sie haben eine andere Stellung als die normalen Jagdhunde und dienten mindestens eben so sehr dem Vergnügen wie dem Broterwerb. In fast allen Sprachen haben sie einen anderen Namen als Hunde im Allgemeinen. Auch die orientalischen Windhunde gelten in ihren muslimischen Ursprungsländern im Gegensatz zu den normalen Hunden nicht als unrein. Die Jagd mit Windhunden war historisch gesehen mindestens im selben Maß ein Freizeitvergnügen für höher gestellte Personen wie sie der Beschaffung von eiweißhaltiger Nahrung diente. Zu vergleichen ist sie in dieser Hinsicht mit der Jagd mit Beizvö-

geln (man denke hier auch an die Bezeichnung ‚Federspiel' für Falke).

Wie unterscheiden sich Windhunde von anderen Hunderassen?

Durch lange Auslese und Zucht hat sich ein ganz eigener Hundetypus herausgebildet, der bei allen rassebedingten Unterschieden Windhund-typische Gemeinsamkeiten sowohl im Äußeren als auch im Wesen zeigt. Alle Windhunde entsprechen dem von Aldington so genannten **Langschädeltyp**. Das sind Hunde mit langen, schmal geformten Köpfen und einem schlanken Körperbau.

Dieser lineare Hundetyp zeichnet sich außerdem aus durch einen höheren Anteil der Knochenmasse am Gesamtkörpergewicht als der **Kurzschädeltyp** und durch eine kräftige Bemuskelung. Der hohe Knochenanteil am Gesamtkörpergewicht lässt sich dadurch erklären, dass die Windhunde im Allgemeinen nur wenig Neigung zum Fettansatz haben, vor allem bei sportlich aktiven Hunden ist fast immer der Fettanteil am Gesamtkörpergewicht sehr gering. Diese Hunde werden übrigens auch im höheren Alter kaum dicker – sofern sie nicht kastriert sind – und bleiben deshalb oft sehr lange fit und lauffreudig. Im hohen Alter, wenn unvermeidlich ein gewisser Muskelabbau stattfindet, sind diese Hunde manchmal sehr mager und eine Gewichtszunahme lässt sich nur schwer erreichen.

Gemeinsam ist den Windhunden auch ein tiefer, langer, schmaler Brustkorb, hohe, schlanke, aber doch kräftige Beine und eine gute Bemuskelung bei insgesamt **quadratischer** oder **leicht rechteckiger (Querformat) Grundform**. Nur der Azawakh zeigt ein hochgestelltes Rechteck. Dieses Schema finden wir vom größten Vertreter der Windhunde, dem Irish Wolfhound, bis zum kleinsten, dem Italienischen Windspiel und auch bei einigen Hunden vom Urtyp, den mediterranen Hunden, ist es deutlich zu erkennen. Extreme Formen wie den kurzbeinigen Dackel oder den massigen Molosser gibt es nicht. Der Podengo Portugues Pequeno allerdings ist kurzbeiniger und er entspricht wie alle drei Arten des Podengo Portugues am wenigsten von allen hier behandelten Hunderassen dem Windhundtypus.

Windhunde **sehen** hervorragend, vor allem Bewegungen können sie auf große Entfernungen erkennen. Sie haben durch die etwas seitlich am Kopf stehenden Augen ein sehr weites Blickfeld und dazu ein sehr gutes Gehör. Wenn auch die meisten von ihnen durchaus in der Lage sind, einer Spur mittels des Geruchssinnes zu folgen, so ziehen sie es doch vor, nach Sicht zu jagen und geben die Jagd bald auf, wenn das Wild außer Sicht ist. Manche von ihnen geben schon auf, wenn die Beute unerreichbar weit entfernt zu sein scheint. Sie verhalten sich hier noch wie Wölfe. Erik Zimen schreibt dazu in seinem Buch „Der Wolf": „Ganz anders die Wölfe. Schon als große Welpen erscheinen sie in dieser Hinsicht wie der abgebrühteste Jagdhund. Fast würde man meinen, es fehle ihnen an der nötigen Jagdmotivation, wenn sie hier einen davonrennenden Hasen ignorieren und kurz darauf einem Reh gerade noch nachschauen, während der uns begleitende Jagdhund, vor Eifer zitternd, kaum noch zurückzuhalten ist. Doch wenn sie einmal loshetzen, ist ein Erfolg fast immer gegeben. So scheinen sie in ihrem Leben sehr

---

Gemeinsame Merkmale der Windhunde

- Linearer oder Langschädeltyp
- Kopfproportionen: Fang genauso lang oder länger als Schädel
- Hoher Knochenanteil am Gesamtkörpergewicht
- Geringer Fettansatz, wirken mager
- Kräftige Bemuskelung
- Tiefer, langer, schmaler Brustkorb
- Hohe, schlanke Beine, Knochen meistens oval
- Umriss quadratisch oder leicht rechteckig
- Stark aufgezogener Bauch
- Hervorragendes Sehvermögen und Gehör
- Weniger guter Geruchssinn
- Ausgezeichnetes Orientierungsvermögen
- Schnell und ausdauernd
- Laufen mit erhobenem Kopf
- Aber: sehr unterschiedliche Größe, von zirka 30 bis über 90 cm Schulterhöhe

Podenco Ibicencos, hier in rauhaarig, sind recht große Hunde. Es gibt sie auch mit langem Fell oder glatthaarig.

bald und erfolgreich ihre Chancen richtig einzuschätzen, ganz nach dem Grundsatz der Effektivität. Nur der Hund kann sich den Luxus ständiger Fehljagden erlauben. Der Wolf indes muss früh lernen, mit seinen Kräften sparsam umzugehen." Dieses Verhalten finden wir am häufigsten bei den orientalischen und den mediterranen Windhunden, gelegentlich auch beim Barsoi. Unter anderem deshalb können Rennen mit sehr weit auseinander gezogenen Feldern ein Problem sein: die hinten laufenden Hunde haben nicht das Gefühl, dass sie die Beute noch erreichen können.

Windhunde verfügen außerdem über einen ausgezeichneten **Orientierungssinn** und kehren so gut wie immer zum Ausgangspunkt zurück, vor allem, wenn sie sich in unbekanntem Gelände befinden. Ansonsten machen sie sich auch schon mal auf den Heimweg. Schon so mancher Windhundbesitzer musste feststellen, dass seine Hunde nach erfolgloser Jagd vor ihm wieder zu Hause waren.

Neben den leicht sichtbaren Gemeinsamkeiten spielt auch das Wesen eine große Rolle und hier sind die Unterschiede zwischen den einzelnen Windhunderassen groß. Gemeinsam aber ist ihnen allen die Selbstständigkeit und der Freiheitsdrang und natürlich die Hetzleidenschaft, die manche Windhundhalter vor große Probleme stellt. Nur sehr wenige Vertreter der Windhundrassen lassen sich von einer einmal aufgenommenen Jagd abrufen; es ist also mancherorts unmöglich, diese Hunde ohne Leine laufen zu lassen. Trotzdem brauchen sie natürlich ihren **artgerechten**

Auslauf. Deshalb ist es sehr wichtig, sich schon bei der Anschaffung eines Windhundes zu überlegen, ob man bereit ist, diesen an Rennen oder Coursings teilnehmen zu lassen oder zumindest das entsprechende Training zu besuchen. Die meisten Windhunde lieben nichts mehr als das.

Die Zuordnung der mediterranen Gruppe zu den Windhunden ist nicht unstrittig, die FCI ordnet sie den Hunden vom Urtyp in Gruppe 5 zu, ebenso der VDH. In Deutschland werden sie aber seit kurzem vom DWZRV, dem Deutschen Windhundzucht- und Rennverband, betreut und können auch an Rennen und Coursings teilnehmen. Die Pharaoh Hounds nehmen dies auch schon in größerer Anzahl und mit wachsender Begeisterung in Anspruch.

Diese Urtyphunde, Basenjis, die nicht zu den Windhunden gezählt werden, haben ihre Heimat in Afrika.

WAS IST EIN WINDHUND?

Man kann die Windhunde in drei Gruppen unterteilen

1. Die europäische oder westliche Gruppe
Verbreitung über ganz Europa, von Irland ganz im Westen bis nach Polen und die Staaten der ehemaligen Sowjetunion im Osten.
- Irish Wolfhound
- Deerhound
- Greyhound
- Whippet
- Galgo Español
- Italienisches Windspiel
- Magyar Agar
- Chart Polski
- Barsoi

Nicht von der FCI anerkannte westliche Rassen sind: Chortaj, American Staghound und Lurcher. Ihnen gemeinsam ist das **Rosenohr**, ein kleineres, spitz zulaufendes, in Ruhestellung anliegend getragenes Ohr mit nach außen gedrehter Ohrmuschel.

2. Die orientalische oder östliche Gruppe
Herkunft Nord- und Zentralafrika sowie der gesamte Nahe und Mittlere Osten.
- Azawakh
- Sloughi
- Afghane
- Saluki

Nicht von der FCI anerkannte östliche Rassen sind: Taigan, Tazi und Rampur-Windhund. Sie alle haben unterschiedlich hoch angesetzte **Hängeohren**.

3. Die mediterrane Gruppe
- Pharaoh Hound (Kelb tal Fenek)
- Podenco Ibicenco
- Podengo Portugues (drei Größen)
- Podenco Canario
- Cirneco dell' Etna

Stehohren sind ihr gemeinsames Merkmal. Sie haben einen nicht ganz so tiefen Brustkorb und einen weniger stark aufgezogenen Bauch.

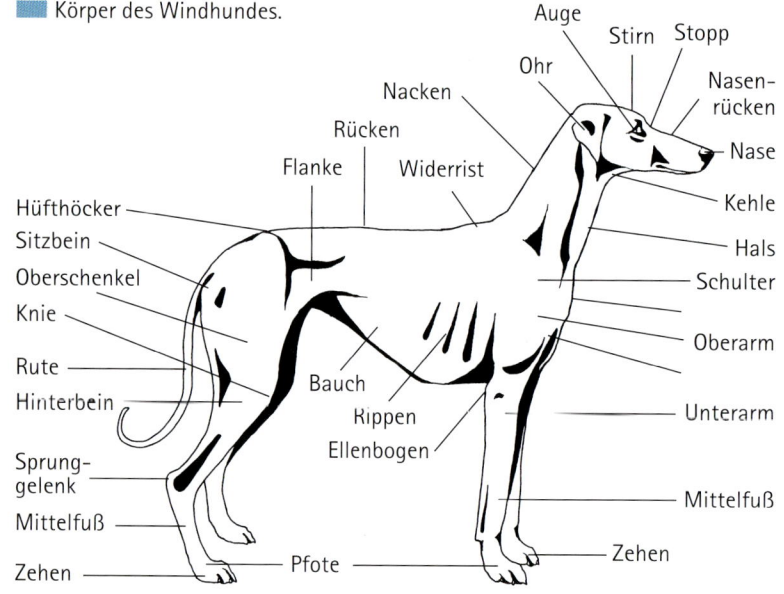

Körper des Windhundes.

Körperbau und Verhalten

Windhunde haben einen tiefen, flachen Brustkorb, der Raum bietet für ein großes Herz und eine große Lunge, und einen gut aufgezogenen Bauch. Lange schlanke Gliedmaßen und eine kräftige Muskulatur sind leicht erkennbar. Den Kopf tragen die Windhunde hoch erhoben – nicht weil sie besonders hochnäsig sind, sondern weil sie als Sichtjäger immer ihre Umgebung beobachten. Darum ist auch der Hals der Windhunde lang und schlank. Die Knochen sind kräftig, sie müssen die Belastungen durch die Muskulatur beim schnellen Lauf aushalten. All das sind Eigenschaften, die auch der Windhundlaie leicht erkennen kann. Mit den Winkelungen aber haben die meisten Neulinge ein Problem. Zwar erscheinen in fast jedem Richterbericht die Worte ‚gut gewinkelt', ‚vorzüglich gewinkelt' oder ‚etwas steil', aber dies ist nicht jedem Hundebesitzer oder Zuschauer sofort einsichtig.

Mit **Winkelung** ist der Winkel gemeint, den zwei Knochen miteinander bilden, zum Beispiel der Oberarm mit dem Unterarm, verbunden durch das Ellenbogengelenk, oder das Schulterblatt mit dem Oberarm, verbunden durch das Buggelenk. Das Schulterblatt ist übrigens mit dem Brustkorb nicht durch Knochen verbunden, sondern wird nur durch ein Geflecht von Sehnen und Muskeln gehalten. Vorder- und Hintergliedmaßen sind spiegelbildlich aufgebaut, die Winkel liegen ebenfalls spiegelverkehrt (siehe Zeichnungen Seite 14 und 15).

KÖRPERBAU UND VERHALTEN

Bis hierher ist alles ganz einsichtig und ähnelt der Anatomie des Menschen recht stark. Die Winkelungen werden bestimmt durch die Lage der Schulter beziehungsweise des Beckens, durch die Länge der einzelnen Knochen und ihr Größenverhältnis zueinander. Der Ausdruck ‚steil' bedeutet dabei, dass der Winkel, den zwei Knochen miteinander bilden, größer ist, als es der Norm für diese Hunderasse entspricht. Die steilste mögliche Winkelung ist die Gerade, also ein Winkel von 180°. ‚Gut', ‚sehr gut' oder ‚vorzüglich' sind Winkelungen, die dem Idealmaß nahe kommen. ‚Überwinkelt' bedeutet schließlich, dass der Winkel kleiner ist, als es der Norm entspricht.

Entsprechungen der Gelenke an Vorder- und Hintergliedmaßen		
Schulterblatt	entspricht	Becken/Hüftbein
Bug- oder Schultergelenk		Hüftgelenk
Oberarm		Oberschenkel
Ellbogengelenk		Kniegelenk
Unterarm (Elle und Speiche)		Unterschenkel (Schien- und Wadenbein)
Karpalgelenk		Sprunggelenk (Ferse)
Vordermittelfuß		Hintermittelfuß
Vorderfußwurzel		Hinterfußwurzel
Vorderpfote		Hinterpfote

Die einschlägige Literatur unterscheidet Hunde auch nach ihren Laufformen. Für Windhunde kommt dabei nur der Traber und der Galopper in Frage. Allgemein werden sie zu den Galoppern gerechnet, während zum Beispiel der Deutsche Schäferhund eher dem Trabertyp entspricht. Die Galopper sind hochbeinig, quadratisch oder leicht rechteckig gebaut und haben steil gewinkelte Gliedmaßen, das heißt, die Gelenke bilden mit den Knochen einen stumpfen Winkel. Stumpf ist jeder Winkel, der größer ist als 90°, spitz sind alle Winkel, die kleiner sind als 90°. Natürlich sind die Winkelungen beim Trabertyp nicht kleiner oder gleich 90°, wir reden hier meistens von mehr oder weniger stumpfen Winkeln.

Die Zahlenangaben zu den Winkelungen bei Windhunden sind in der Literatur sehr unterschiedlich. Der „Atlas der Hundeanatomie" von Beute-Faber spricht von einer Winkelung des Kniegelenks beim Galoppertyp von ca. 100°, während Aldington in „Vom Körperbau des Hundes" von 124 bis 159° bei Windhunden ausgeht. Beide aber rechnen die Windhunde zu den Galoppern. Hier müsste man nach Rassen unterscheiden: Schon auf den ersten Blick ist zu erkennen, dass ein Windspiel oder ein Whippet mit seinen verhältnismäßig langen Hintergliedmaßen den 100° näher kommt als etwa ein Afghane oder ein Sloughi. Sicherlich ist es so, dass die Vordergliedmaßen bei den Windhunden stumpfe Winkel bilden, die Lage des Schulterblatts zur Waagerechten wird mit 60 bis 75° angegeben (zur Senkrechten also 150 bis 165°), die Winkelung des Buggelenks mit 130°, für

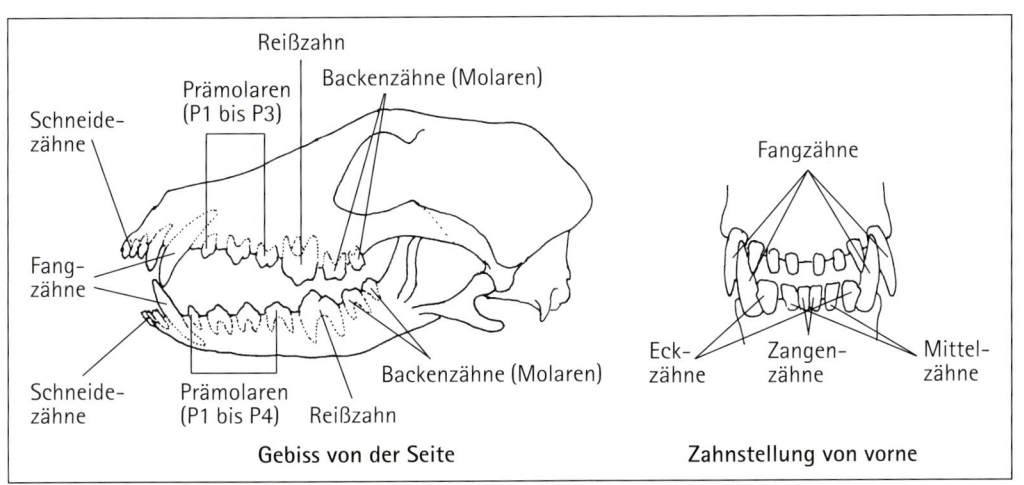

Das Gebiss des Windhundes. Bei Ausstellungen wird auf ein vollständiges Gebiss Wert gelegt.

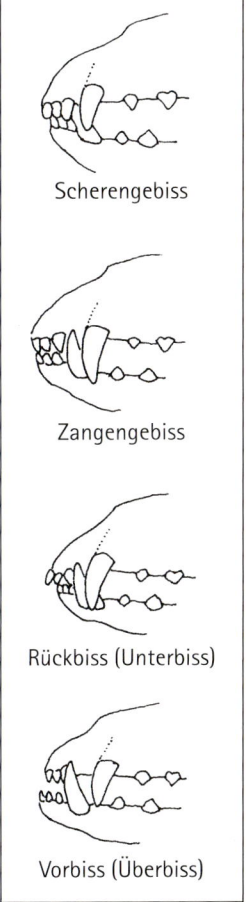

Unterschiedliche Stellung der Schneidezähne. Erwünscht ist das Scherengebiss.

WAS IST EIN WINDHUND?

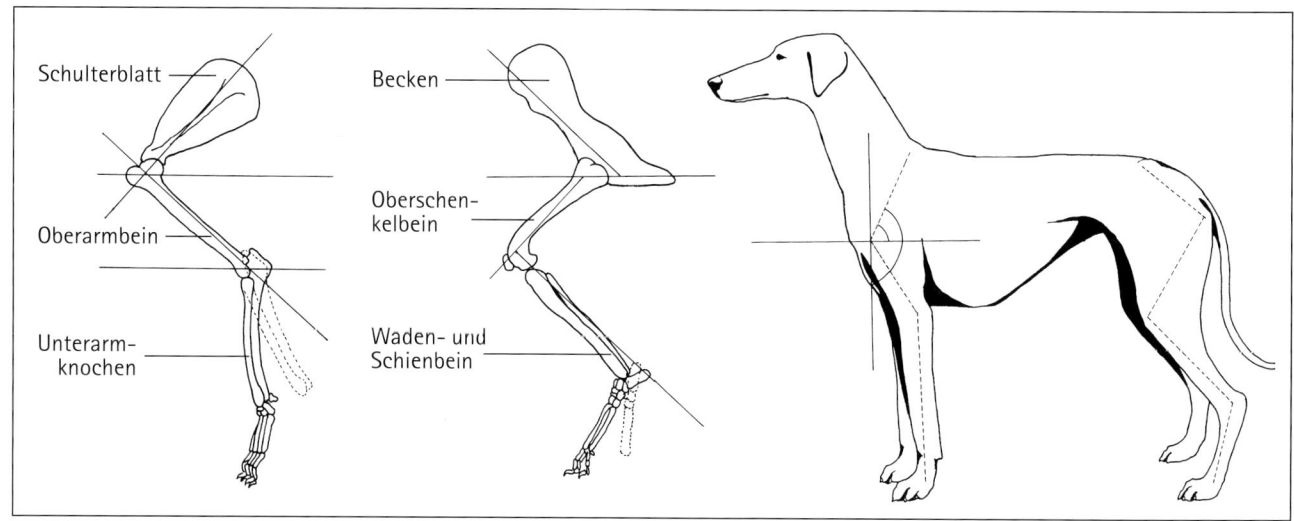

Skelett des Windhundes.

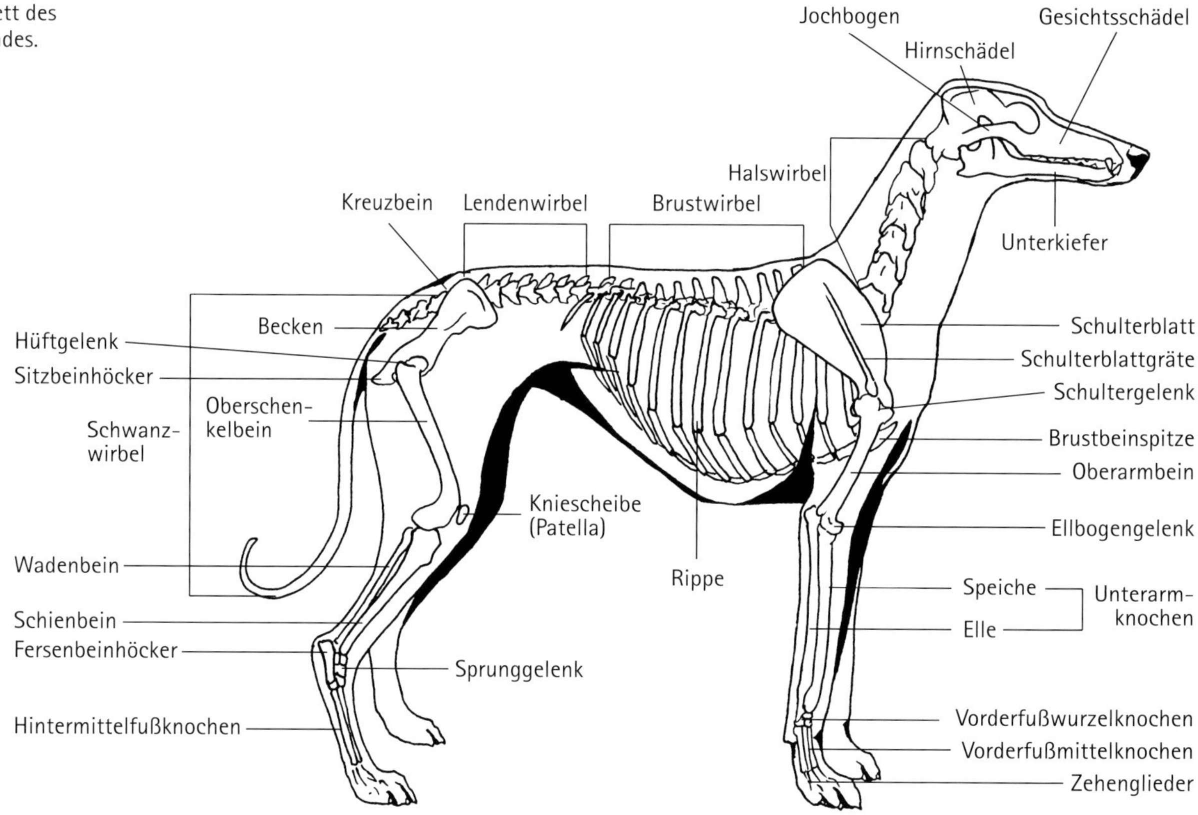

Die Knochen des Vorder- und des Hinterlaufs und ihre Stellung zueinander.

Traber mit 120°. Dass die Winkelungen bei den Windhunden nicht nur das Ergebnis gezielter Zucht sind, sondern zumindest teilweise durch die Umweltbedingungen entstanden, kann man an den Afghanischen Windhunden sehr schön erkennen. Ursprünglich existierten zwei verschiedene Typen, der Bergtyp und der Steppenafghane. Vom Steppentyp wurde in erster Linie Schnelligkeit verlangt, das heißt steile Winkelungen. Der Bergafghane musste wendig und geländegängig sein und gut klettern können, wenn er seine Beute im bergigen Gelände erreichen sollte. Bei ihm finden wir weniger steile Winkelungen. Auch heute ist die Frage der Winkelungen bei den Afghanischen Windhunden kein reines Schönheitsproblem, es haben sich vielmehr aus dem jahrzehntelang existierenden Mischtyp wieder zwei unterschiedliche Formen gebildet, die Rennafghanen und die Ausstellungsafghanen, die sich unter anderem auch durch differierende Winkelungen voneinander unterscheiden.

In den Rassestandards wird die Frage der Winkelungen mehr oder weniger exakt behandelt. Beim Azawakh etwa finden wir ganz genaue Angaben: Der Winkel von Schulterblatt/Oberarm soll 130° betragen, der Winkel Hüftbein/Oberschenkel ebenfalls, der Winkel Oberschenkel/Schienbeinknochen 145°; das sind sehr offene (stumpfe) Winkel. Beim Irischen Wolfshund finden wir dagegen nur, dass das Knie gut gewinkelt sein soll und genauso ist es auch bei den Afghanischen Windhunden. Die Verfasser der Standards haben den Fragen der Winkelungen offensichtlich nicht immer die gleiche Wichtigkeit eingeräumt. Für einen Hund, der körperliche Leistungen erbringen soll, sind auf jeden Fall nicht nur die Winkelungen maßgeblich, es kommt vielmehr darauf an, dass alle Körperteile aufeinander abgestimmt sind und harmonisch zusammenarbeiten. Die Zucht auf ein einzelnes Merkmal hin kann Veränderungen am gesamten Körperbau verursachen, die die Harmonie und das Zusammenspiel der Körperteile ernstlich stören und auf lange Sicht die Gesundheit und Leistungsfähigkeit einer Hunderasse in Gefahr bringen können.

Das typische **Verhalten** der Windhunde ist ganz eng mit den Fähigkeiten verknüpft, die von ihnen erwartet wurden. Die Jagd auf Sicht hat ganz eindeutig den Vorteil, dass der Hund nicht von der Windrichtung abhängig ist oder davon, dass er zufällig die Spur eines Beutetieres kreuzt. Vielmehr kann er das Tier direkt nach dem Erspähen mit hoch erhobenem Kopf verfolgen. Dieses Jagdverhalten ist vielleicht auch der Grund für den berühmten ‚in die Ferne gerichteten' Blick, denn in unmittelbarer Nähe der Lagerplätze gab es meistens kein Wild mehr zu erjagen. Auch die Distanz zum Menschen könnte ganz profane Gründe haben: Im Spätpaläolithikum (13000 bis 9000 v. Chr.), der Zeit der ersten Haushundfunde, zählte das Individuum wenig, nur die Gruppe war überlebensfähig. Vielleicht entstand deshalb keine so starke Bindung der Hunde an einzelne Personen. Die Selbstständigkeit und der gute Orientierungssinn schließlich waren nötig, um auf sich allein gestellt, das

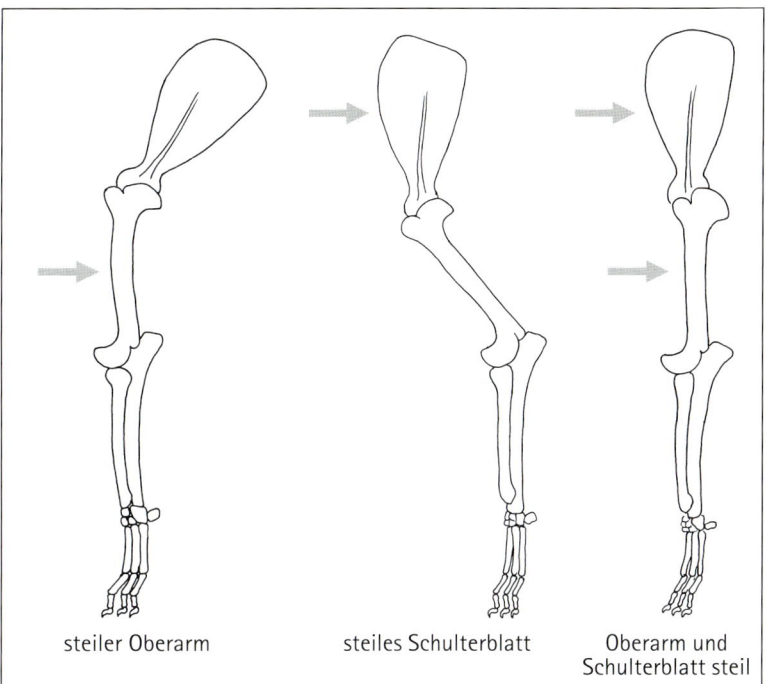

steiler Oberarm   steiles Schulterblatt   Oberarm und Schulterblatt steil

Fehlerhafte Stellungen der Vorhand.

Unterschiedliche Winkelungen der Hinterhand bei Whippet und Azawakh haben sich durch unterschiedliche Entwicklungsgeschichte ergeben.

WAS IST EIN WINDHUND?

Rechts: Eine scheinbar wilde Podenco Ibicenco-Meute kann einem schon etwas Angst einflößen.

heißt ohne jegliche menschlichen Kommandos oder Zeichen, Beute machen und notfalls auch allein wieder zum Lager zurückfinden zu können, falls man den Kontakt mit dem Jäger verloren hatte.

Die nicht sehr starke Bindung an Einzelpersonen hat sich übrigens heute weitgehend verloren, auch bei den Orientalischen Windhunden; sie sind immer noch distanziert, gehen aber durchaus starke Einzelbindungen ein. Gehorsam schließlich im Sinne von Unterwerfung dagegen war keine Eigenschaft, die die Windhunde brauchten, sie hatten eher den Status eines Jagdgefährten als den eines Dieners des Menschen.

Die Fähigkeiten und Verhaltenseigenheiten der Windhunde sind heute am ehesten in Gefahr, zu verschwinden. Man kann auf Ausstellungen zwar überprüfen, ob ein Hund ein freundliches Wesen hat, aber ob er ein hervorragendes Auge und Gehör hat, ist nicht festzustellen. Genauso wenig kann man den Orientierungssinn oder die Hetzeigenschaften eines Hundes beurteilen, wenn man ihn im Ring vor sich sieht. In der Zucht mit Windhunden sollte deshalb auch immer der Leistungsgedanke Berücksichtigung finden, auch wenn es einfacher ist, nur auf die äußeren Merkmale zu achten.

Sind Windhunde ‚gefährliche Hunde'?

Die Diskussion um gefährliche Hunde hat in den letzten Jahren stark zugenommen. Besonders Kinder und alte Menschen scheinen durch Hunde vermehrt gefährdet zu sein, Radfahrer und Jogger klagen über Angriffe und Belästigungen. Was macht nun Hunde gefährlich und muss man die Windhunde auch zur Gruppe der ‚Gefährlichen Hunde' zählen?

Körperliche Größe und Kraft, gepaart mit schnellem Reaktionsvermögen und Jagdleidenschaft sind sicherlich Eigenschaften, die eine gewisse Gefahr in sich bergen können. Zumindest bei den größeren Windhundrassen finden wir alle diese Eigenschaften vor. Daneben sind eine niedrige Reizschwelle und ein starker Schutztrieb ebenso wie eine

WAS IST EIN WINDHUND?

Seinem Auge entgeht nichts – schon gar nicht, wie der Hase läuft.

durch Zucht verstärkte Aggressivität potenziell gefährlich.

So gegensätzliche Eigenschaften wie Gehorsam und Unberechenbarkeit können eine Gefahr darstellen. Gehorsame, womöglich im Schutz- und Wachdienst ausgebildete Hunde können im Ernstfall auch falsch reagieren, entweder weil sie einen Befehl falsch verstehen oder einen Angriff sehen, wo gar keiner ist. Hunde, die gelernt haben, ihre Beißhemmung zu überwinden, können möglicherweise auch im falschen Moment zubeißen.

Alle Windhundrassen vom Windspiel bis zum Irischen Wolfshund können nicht in einen Topf geworfen werden, denn ein Windspiel kann schon von der Größe her nicht besonders gefährlich sein. Aber die Windhunde wurden seit Jahrhunderten als Jagdhunde benützt, sie jagten für den Menschen und mit dem Menschen zusammen, aber oft weitgehend selbstständig, zumindest was die orientalischen Rassen anbelangt. Erfolglose Jäger und Hunde, die dem Menschen gegenüber aggressiv waren oder etwa das Wild nicht herausgaben, wurden ausgesondert. Ein Angriff auf Menschen kam in diesem Lern- und Zuchtprogramm nicht vor. Der Hetztrieb wurde ebenso vererbt wie das gute Auge, das Erlernen besonderer Signale ist kaum notwendig. Gehorsam ist ganz allgemein nicht die Stärke der Windhundgruppe, sie sind alle ziemlich selbstständig und unabhängig und zeigen auch kein starkes Rudelverhalten. Erziehung mit Geduld und Liebe ist möglich, aber ohne Einfühlungsvermögen oder gar mit Gewalt geht überhaupt nichts. Auf der anderen Seite sind die sportlich und ausstellungsmäßig aktiven Hunde Menschen- und Hundeansammlungen gewöhnt und lassen sich nicht so schnell aus der Ruhe bringen, selbst der vermeintliche Angriff eines anderen Hundes wird meistens nur lautstark beantwortet. Das eigentliche Sinnen und Trachten aber richtet sich nur auf eines: das zu erjagende Objekt. Das kann nun tatsächlich eine Gefahr bedeuten – wenn es sich beim Objekt der Begierde nicht um einen künstlichen Hasen handelt, sondern um ein lebendiges Wildtier. Hier muss die Erziehung des Windhundes einsetzen: das Kommando ‚Stopp' muss unbedingt sitzen. Außerdem braucht der Windhund einen aufmerksamen Herrn oder Ausführer. Auch in übersichtlichem Gelände muss er oder sie die Umgebung im Auge behalten. Es ist immer gut, wenn man das Wild sieht, bevor der Hund es erspäht, und das ist von der höheren Warte des Menschen aus auch meist möglich, wenn man die Umgebung aufmerksam beobachtet.

Eine andere Gefahr kann von anderen Hunden ausgehen. Windhunde untereinander scheinen sich zu erkennen, woran genau, ist nicht klar. Schäferhunde aber scheinen die beliebtesten Feinde der Windhunde zu sein, und auch Huskies und Schlittenhunde tun sich schwer – vielleicht weil manche Windhundrassen unter anderem auch zur Wolfsjagd gezüchtet wurden und die schäferhundähnlichen Hunde zugleich auch wolfsähnlich sind. Trotzdem hat sich beim Treffen von gemischten Gruppen (Windhunde mit allen möglichen Rassen) gezeigt, dass eine friedliche Koexistenz nach einer gewissen Gewöhnungszeit möglich ist. Übrigens funktioniert das auch in Agility-Gruppen. Manche Windhunde nehmen ganz begeistert daran teil und auch an Katzen kann man die meisten Windhunde gewöhnen.

Eine weitere Gefahr könnte in der angeblichen Unberechenbarkeit von Windhunden liegen.

SIND WINDHUNDE ‚GEFÄHRLICHE HUNDE'?

Aber sind sie das wirklich? Ich behaupte vielmehr, sie gehören zu den berechenbarsten Hunderassen überhaupt: Ein typischer Windhund wird immer versuchen, ein sich bewegendes Objekt zu erjagen, vorzugsweise einen Hasen oder ein Kaninchen. Er wird vielleicht auch einem Menschen nachrennen, aber diesen nicht als jagdbares Wild ansehen.

Probleme kann man schon dadurch gering halten, dass die Windhunde in der Jugend ausreichend sozialisiert werden. Die Grundregeln eines an unsere heutige Umwelt angepassten Verhaltens können alle Windhunde lernen, auch wenn sie die Sache eher locker sehen. Ein Problem können allerdings die in einigen deutschen Bundesländern geplanten Wesenstests sein, die eben nicht das Wesen der Hunde prüfen, sondern vielmehr ihren Ausbildungsstand, und der ist bei den Windhunden ein völlig anderer als bei den Gebrauchshunderassen. Sie lernen die Benützung des Startkastens und das Tragen von Beißkorb und Renndecke, sie laufen völlig selbstständig Rennen und Coursing und bewegen sich sicher auf der Ausstellung, aber ‚Sitz' und ‚Platz' oder ohne Leine ‚bei Fuß' gehen können sie oft nicht. Lernen sollten sie aber in jedem Fall, Fahrradfahrer, Fußgänger und Jogger nicht zu belästigen, ihnen nicht nachzurennen oder an ihnen hochzuspringen. In unübersichtlichem Gelände sollte man sie ebenso angeleint lassen wie in der Stadt. Die freundliche Zurückhaltung, die die meisten Windhunde von Natur aus den Menschen gegenüber an den Tag legen, ist in jedem Fall ein Pluspunkt.

Windhunde gehören ebenso wie andere Jagdhunderassen nicht schon deshalb zu den gefährlichen Hunderassen im engeren Sinn, weil sich ihr Augenmerk nicht in erster Linie auf Gehorsam und Schutz ihres Herrn richtet, sondern eine erfolgreiche Jagd im Mittelpunkt ihres Interesses steht. Sie sind nicht aggressiv und ein falsch verstandenes Signal führt nicht zu einem gefährlichen, eventuell blutigen Zwischenfall, sondern allenfalls zum Entkommen der Beute.

Ihre Talente sind zwar ganz verschieden, doch bei guter Sozialisation kommen Windhunde auch gut mit anderen Hunderassen klar.

Windhundrassen

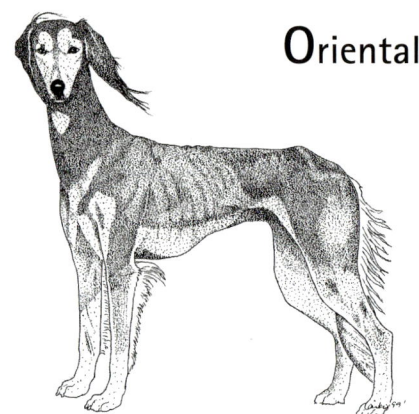

Rechte Seite:
Sloughi und Afghane sind typische Vertreter der Orientalischen Windhunde

Verbreitung und Ursprungsgebiete der orientalischen Windhundrassen.

Orientalische Windhunde

Orientalische Windhunde
• Mittelgroß
• Feine Fellstruktur, gleich ob Kurz- oder Langhaar
• Wenig hitzeempfindlich
• Sehr selbstständig, distanziert
• Hängeohr

Zu den Orientalischen oder Östlichen Windhunden zählen der Afghanische Windhund, der Saluki, der Sloughi und der Azawakh. Ihr Verbreitungsgebiet zieht sich vom Hochland Afghanistans über Pakistan, den Iran, Teile der Türkei und die Arabische Halbinsel bis nach Nordafrika und Mali.

Afghanischer Windhund

FCI-Standard Nr. 228, Ursprung: Afghanistan, Patronat: Großbritannien

Obwohl es sich um eine sehr alte Rasse handelt, liegt der Ursprung des Afghanen im Dunkeln, er wurde nirgends dokumentiert. Im Moskauer Naturkundemuseum finden wir einen ausgestopften Afghanen – als Vertreter der ‚ältesten Hunderasse'. Ob das zutreffend ist, kann niemand genau sagen, denn im Gegensatz zum Saluki taucht der Afghane erst in den künstlerischen Darstellungen des 20. Jahrhunderts auf, bei Dali und Picasso etwa. Picassos Lebensgefährtin

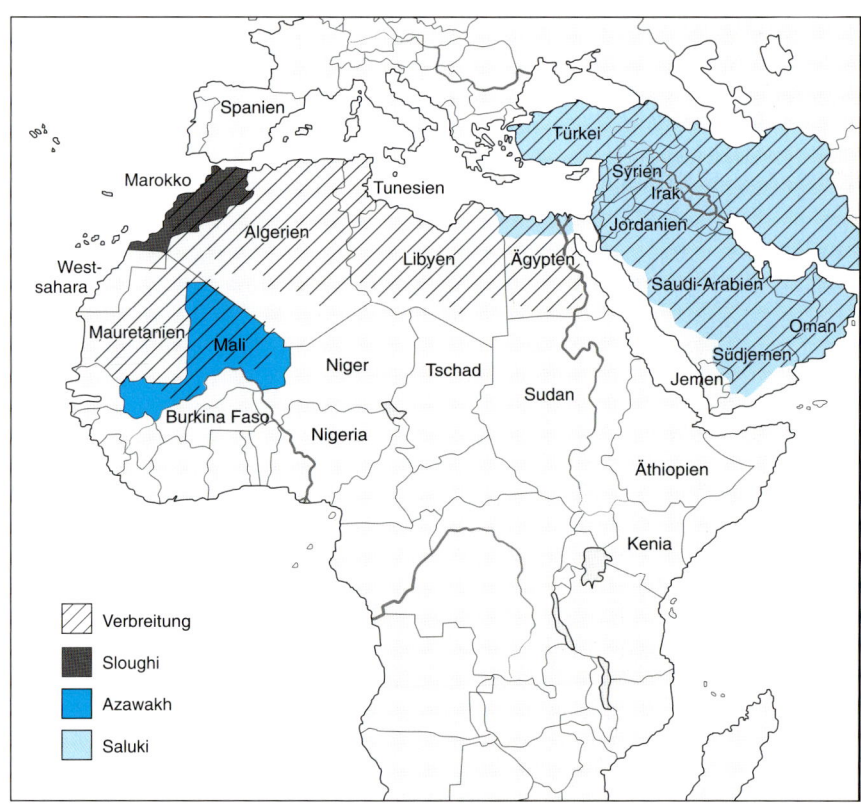

WINDHUNDRASSEN

Afghane mit üppigem Haarkleid.

Renntyp-Afghanen haben außer einem feineren Körperbau meist weniger Fell.

Françoise Gilot berichtet in ihren Memoiren auch, dass Picasso selbst einen Afghanen, Kasbek, hielt.

Ältere Zeugnisse aber gibt es weder in Text noch Bild, die ersten Berichte von afghanischen Windhunden stammen von in Afghanistan und Indien stationierten englischen Offizieren. Offensichtlich existierten (existieren noch?) im Herkunftsgebiet zwei unterschiedliche Typen von Afghanen, der Ghazni oder Bergafghane: kräftig, eher gedrungen im Körperbau und stark behaart und der hochbeinigere, schlanke Steppenafghane, der mehr aus dem Süden Afghanistans stammt und an das wärmere Klima angepasst ist. Ende des 19. Jahrhunderts gelangten beide Typen mit englischen Offizieren nach Europa. 1907 wurde erstmals ein aus Afghanistan importierter Rüde des Bergtyps, Zardin, im Londoner Kristallpalast ausgestellt. Nach ihm wurde 1912 der erste Afghanen-Standard erstellt. Direkte Nachzucht von ihm scheint in Europa nicht zu existieren, zumindest erscheint er auf keiner bekannten Ahnentafel. Vielleicht gibt es Nachfahren von ihm noch immer in Afghanistan, denn er war schon fünf Jahre alt, als er von Captain John Barff nach England gebracht wurde. Er erregte beträchtliches Aufsehen und gewann auf Anhieb die Exotenklasse. Sein Leben lang wurde er auf keiner Ausstellung geschlagen.

Geschichten und Überlieferungen von Afghanen gibt es viele, es ist die Rede von Felszeichnungen und Papyrusrollen mit Afghanendarstellungen – beides wurde nie gefunden. Es gibt auch Berichte darüber, dass Afghanische Windhunde selbstständig einen Wachdienst um eine afghanische Siedlung organisiert haben, die sie zu zweit – mit immer abwechselnden Paaren – nach Einbruch der Dunkelheit umkreist haben sollen. Auch die Fähigkeit, Leoparden oder andere größere Raubtiere zu töten, wird ihnen nachgesagt. Wie sehr sich diese Rasse durch die Zucht in Europa und Amerika verändert haben muss, wird deutlich, wenn man feststellt, dass der Engländer Bruce Fogle in seinem 1992 veröffentlichten Buch „Hunde erkennen und verstehen" die Afghanen als ‚von geringem Temperament' einstuft.

ORIENTALISCHE WINDHUNDE

In den 50er Jahren des vergangenen Jahrhunderts sahen die Afghanen noch ein wenig anders aus als heute. Sie wurden noch nicht so gezielt entweder auf Schönheit oder auf Leistung gezüchtet.

Zardin hat die Afghanenzucht als Idealtyp entscheidend beeinflusst, aber die wichtigsten in den Ahnentafeln Europas erscheinenden Hunde waren dann die Afghanen der Gruppe des Majors Bell Murray, die er 1920 nach England brachte. Sie entsprachen nicht dem von Zardin geprägten Idealtyp und auch die nachfolgenden Zuchtbemühungen mit dieser Gruppe konnten ihn nicht hervorbringen. Erst ein neuer Import aus Afghanistan im Jahre 1929, Sirdar of Ghazni, ein kleiner Rüde, der eher dem Bergtyp entsprach, brachte wieder Bewegung in die Zucht. Mit ihm zusammen importierte die Züchterin, Mrs. Amps, eine ganze Gruppe von kleineren, stärker behaarten Hunden, die neben dem Bell-Murray-Typ Ahnen der europäischen und später auch der amerikanischen Afghanenzucht wurden. Nach ihren Zwingernamen ‚of Ghazni' werden sie Ghazni-Typ genannt. Vor allem Sirdar wurde vielfach zur Zucht eingesetzt und kommt in der Ahnenreihe aller nicht im Ursprungsgebiet gezüchteten Afghanen vor.

1932 wurde der erste Afghane in Deutschland ausgestellt und erregte auf Anhieb beträchtliches Aufsehen. Sein Besitzer war der Holländer Han Jüngeling, der auch die ersten Afghanen aus England nach Holland gebracht hatte. 1932 wurde auch der erste Afghane in das Deutsche Windhundzuchtbuch eingetragen, der erste deutsche Wurf allerdings stammt erst aus dem Jahr 1940. Zu diesem Zeitpunkt hatten sich die beiden ursprünglich unterschiedlichen Typen, Bell-Murray und Ghazni oder Steppen- und Bergafghane, schon vielfach vermischt und Veränderungen durch weitere Importe und Zuchtbemühungen erfahren. Idealtyp und Standard bestimmend aber war immer noch Zardin.

Eine hervorstechende Eigenschaft des Afghanen ist seine **Eigenständigkeit** und diese hat er auch durch die langjährige Zucht außerhalb der Ursprungsregion nicht verloren. **Mut** und **Hetzleidenschaft, Kraft**, ja sogar eine gewisse Härte zeichnen ihn neben **Eleganz** und manchmal atemberaubender **Schönheit** aus. Der Afghane ist schnell, aber nicht so schnell wie ein Greyhound oder Saluki, und ungeheuer gewandt. Als einziger Windhund kann er in vollem Lauf eine 180°-Drehung vollführen. Auch sein Springvermögen ist beachtlich. Afghanenhalter sollten sicherheitshalber einen Zaun von 1,75 m bis 2 m für die Einfriedung ihres Grundstücks wählen.

Afghanen sind meist Einzeljäger, sie lassen sich aber auch im Rudel oder paarweise meist ohne Probleme halten und man kann beim Coursing beobachten, wie gut eingespielte Paare zusammen arbeiten können. Im Idealfall sind sie trotz des eleganten Äu-

23

WINDHUNDRASSEN

Fellpflege ist besonders bei den stark behaarten Afghanen sehr wichtig. Die Hunde sollten von klein auf daran gewöhnt werden.

ßeren ausdauernd und robust, ihr schöner Gang und das lange Fell machen sie immer zu einer auffälligen Erscheinung. Sie sind liebenswerte und niemals aufdringliche Familienmitglieder, die allerdings manchmal den Eindruck erwecken, sie seien zufällig vorbeigekommen. Wenn sie gut in eine Familie integriert sind, sind sie auch mit Kindern völlig unproblematisch.

Afghanen gelten als schwer erziehbar, wenig intelligent und nicht sehr lernwillig, aber diese Beurteilung beruht auf einem grundlegenden Irrtum. Ein Hund, der in der Lage ist, völlig auf sich selbst gestellt zu jagen und auch in schwierigem Gelände das Wild zu stellen und zu erlegen, kann niemals dumm sein. Vielmehr ist über Jahrhunderte, auf diese Fähigkeit selbstständig zu jagen selektiert worden. Auch in den einhundert Jahren europäischer Zucht ging dies nicht verloren. Fast alle Afghanen lernen schnell, wenn es ihnen um etwas Wichtiges geht. Absoluten Gehorsam kann man von ihnen nicht erwarten.

Dem Betrachter fällt zuerst das lange seidige Fell auf, das laut **Standard** lang und von sehr feiner Textur sein soll. Bei den heutigen Afghanen vom Ausstellungstyp stellt die Pflege dieses Fells schon einige Anforderungen an den Halter, während sich die Afghanen des Renntyps mehr in Richtung Steppenafghane entwickelt haben und bei weitem nicht so üppig behaart sind. Ein kurzhaariger Sattel ist erwünscht und besonderen Wert wird auf einen langen, seidigen Haarschopf auf dem Oberkopf, den so genannten ‚top-knot', gelegt. Das Haarkleid soll sich natürlich entwickeln und nicht in irgendeiner Weise geschoren sein.

Natürlich kann solch ein Standard einen Afghanen nur unvollkommen beschreiben. Der Eleganz der Bewegungen, dem Stolz und der Leidenschaft, aber auch der orientalischen Unergründlichkeit seines Wesens kann man sich mit Worten kaum annähern.

In der **Haltung** stellt der Afghane einige Anforderungen an seinen Besitzer. Zwar ist er im Haus ruhig und angenehm, schließt sich eng an die Familie an und ist Fremden gegenüber reserviert. Seinen Ursprung als Hetzhund aber kann er nur in den seltensten Fällen verleugnen. Die wenigsten kann

---

Rassestandard Afghane

Der **Schädel** soll lang und nicht zu schmal sein, die Kiefer kräftig mit einem vollständigen Scherengebiss. Wichtig ist die Stellung der Ohren, die im Gegensatz zu den hoch angesetzten Ohren des Salukis tief und weit hinten am Kopf angesetzt sein sollen. Auf lange, seidige Behänge wird Wert gelegt. Die Augen sollen vorzugsweise dunkel sein, aber ein goldfarbenes Auge wird toleriert, in der Form nahezu dreieckig und leicht schräg nach oben verlaufend.

Der **Hals** soll lang und kräftig sein. Der Rücken gerade, nicht zu lang und gut bemuskelt, die Lendenpartie gerade und kurz, deutlich zu erkennende Hüftbeinhöcker, die weit auseinander stehen, das sind die Vorgaben des Standards, der außerdem eine gute Brusttiefe und Rippenwölbung vorschreibt. Getragen wird dieser Körper von langen, geraden, kräftigen Vorderläufen unter einer langen, schrägen, gut zurückliegenden Schulter. Die Pfoten sollen stark und groß sein, von langem Haar bedeckt. Besonderer Wert wird auf eine kraftvolle Hinterhand gelegt, auch hier sollen die Pfoten mit üppigem Fell bedeckt sein. Das Gangwerk insgesamt soll federnd und fließend sein.

Das **allgemeine Erscheinungsbild** soll einen Eindruck von Kraft, Stolz und Würde vermitteln, mit erhoben getragenem Kopf und in der Aktion ebenfalls erhoben getragener Rute, die tief angesetzt, sparsam befedert und am Ende einfach geringelt ist. Alle Farben sind zulässig.

Größe: Rüden 68 bis 74 cm, Hündinnen 63 bis 69 cm.

man im Gelände ohne Leine laufen lassen. Meist vergessen sie ihre Umgebung vollständig, wenn sie einen Hasen oder ein Reh sehen, schon ein Eichhörnchen reicht völlig, ihr Interesse zu erwecken. Allerdings kehren die meisten von ihnen wieder zu ihrem Herren zurück, wenn das Objekt ihrer Begierde außer Sicht gerät, nur wenige folgen der Spur eines Wildes mit der Nase. Trotzdem ist in wildreichem Gelände dringend davon abzuraten, Afghanen frei laufen zu lassen. Nicht jeder Jäger wird Verständnis haben für die Hetzleidenschaft dieser Hunde. Ihr Bewegungsdrang sollte unbedingt auf Rennen oder Coursings oder zumindest im Training wenigstens teilweise befriedigt werden. Es ist nicht dasselbe, wie wenn man lange Spaziergänge macht, joggt oder den Hund am Fahrrad traben lässt. Zwar sorgt man auch damit für ausreichende Bewegung, aber wenn man einmal erlebt hat, wie viel Freude diese Hunde an der Jagd nach dem künstlichen Hasen haben, welches Engagement und welche Leidenschaft sie dabei entwickeln, dann wird man sicherlich bereit sein, dieses Bedürfnis wenigstens gelegentlich zu befriedigen. Vielleicht wird sein Fell dann nicht ganz so perfekt sein, weil er in der Hitze des Gefechts hin und wieder ein paar Haare verliert, aber er wird zufrieden und glücklich sein, selbst bis ins hohe Alter.

Ein weiteres Problem für den Halter kann die **Fellpflege** darstellen. Während die eher auf Rennleistung gezüchteten Hunde meist ein weniger üppiges Fell haben, das mit nicht allzu großem Aufwand in Ordnung gehalten werden kann, haben die vornehmlich auf Schönheit gezüchteten Hunde ein sehr reiches und pflegebedürftiges Haarkleid. Tägliches Bürsten und ein Bad alle zwei bis drei Wochen sind unbedingt nötig, wenn man auf das üppige, fließende Haarkleid eines Ausstellungshundes Wert legt. Die meisten Afghanen, die von jung auf daran gewöhnt sind, lassen das auch geduldig über sich ergehen. Besonders kritisch ist die Zeit zwischen etwa acht Monaten und einem Jahr, denn in diesem Alter findet der Wechsel vom Jugend- zum Erwachsenenfell statt. Dann kann das Haar von einem Tag auf den anderen völlig ver-

Afghane (Renntyp).

filzen. In dieser Zeit heißt es wachsam sein und täglich bürsten. In höheren Alter hat das Fell meistens nicht mehr eine so starke Tendenz zu verfilzen und die Fellpflege gestaltet sich einfacher.

Als **Hausgenosse** von Kindern und Katzen ist der Afghane nach einer gewissen Eingewöhnungszeit unproblematisch. Einige von ihnen sind erstaunlich wachsam und verteidigen Haus und Hof und alle dazugehörigen Familienmitglieder mit großartigem Einsatz.

Wegen der oben genannten Anforderungen an die Haltung wird der Afghane sicherlich nie ein Massenhund werden. Zwar hat er sich in den 70er-Jahren des vergangenen Jahrhunderts zu einer Art Modehund entwickelt, aber diese Kurve ist bald wieder abgeflacht, der Afghane wurde wieder, was er war: ein Hund für eine engagierte Minderheit.

Bei der **Anschaffung** eines Afghanen tut man gut daran, sich vorher darüber klar zu werden, was man eigentlich will. Während vor rund 25 Jahren noch der Schönheits- und Leistungstyp dominierte und die Zukunft eines Hundes im einen oder anderen Bereich hauptsächlich von den Vorlieben des Besitzers abhing, haben sich heute zwei recht unterschiedliche Typen entwickelt. Der Laie kann manchmal kaum glauben, dass beide derselben Rasse zugehören. Die Ausstellungen werden vom amerikanischen Typ beherrscht, der großrahmig, aber eher feinknochig ist und ein üppiges, langes und seidiges Fell hat. Zwar stammt auch dieser amerikanische Typ von den alten europäischen Linien ab, aber die Zucht hat schon einige Veränderungen gebracht. Leider hat dadurch bei einigen Hunden auch die Hetzleidenschaft abgenommen. Heute wird auch in Europa vermehrt mit diesen Importen aus Amerika weitergezüchtet.

Der Renntyp hat sich in eine ganz andere Richtung entwickelt. Hier finden wir teilweise Hunde, die von der Behaarung her eher an einen Saluki erinnern und die insgesamt einen eher robusten, sportlichen Anblick bieten. Die Eleganz allerdings und das im Trab weit ausgreifende Gangwerk sind ihnen nicht mehr so wichtig. Hier dominieren die klassischen Afghanenfarben von Creme bis Rot, seltener Schwarz oder Black and Tan. Es gibt aber immer noch einige Züchter, die dem alten Ideal von Schönheit und Leistung huldigen und so kann man auch den eher traditionellen ‚Oranje Manege'-Typ in der Zucht finden. In den vergangenen Jahren hat der DWZRV durch verschiedene Änderungen in der Rennordnung versucht, auch den Hunden, die nicht dem extremen Renntyp entsprechen, eine Chance zur erfolgreichen Teilnahme an solchen Veranstaltungen zu geben, und es ist zu hoffen, dass das gelingen wird. Schließlich ist bei aller Schönheit auch die Hetzleidenschaft ein signifikantes Merkmal der Afghanischen Windhunde.

Populationstendenz: abnehmend

Saluki

FCI-Standard Nr 269, Ursprung: Mittlerer Osten, Patronat: FCI

Der Saluki oder Persische Windhund ist wahrscheinlich die älteste Windhundrasse überhaupt. Während vom Afghanen ältere bildliche Darstellungen nicht gefunden wurden, findet man Darstellungen von Saluki-ähnlichen Hunden bereits im alten Ägypten, wo sie den Namen ‚Tesem' trugen. In ägyptischen Gräbern finden sich Abbildungen von Greyhound-ähnlichen Hunden mit befederten Ohren, Ruten und Läufen. Sie werden auf 2100 v. Chr. datiert, aber schon Skulpturen aus dem sumerischen Reich (7000 bis 6000 v. Chr.) weisen auf den Saluki hin. Es wird angenommen, dass sich der Name Saluki vom Geschlecht der Seleukiden ableitet, die zwischen 300 und 50 v. Chr. das Gebiet vom Hindus bis zum Mittelmeer beherrschten. Sie sollen die Haltung und Zucht von befederten Windhunden gefördert haben. Wissenschaftlich belegt ist diese Annahme allerdings nicht. Man vermutet, dass sich die Rasse durch den in diesem Gebiet intensiven Karawanenhandel ausbreitete, wofür auch das heute noch weite Verbreitungsgebiet des Salukis spricht. Durch die unterschiedlichen geographischen und jagdlichen Gegebenheiten haben sich im Laufe der Jahre verschiedene Typen herausgebildet, die sich nicht nur in der Befederung, sondern auch im Körperbau und in der Größe unterscheiden. Es gibt auch Linien ohne jede Befederung, die jedoch in Europa nur wenig verbreitet sind.

Die ersten urkundlich dokumentierten Salukis wurden 1840 nach England einge-

Salukirüde in der Farbe Schwarz-grizzle.

ORIENTALISCHE WINDHUNDE

Rassestandard Saluki

Der **Kopf** soll lang, schmal und trocken sein, mit mäßig breitem, nicht gewölbten Schädel, kräftigen Kiefern und einem vollständigen Scherengebiss mit rechtwinklig in die Kieferknochen eingesetzten Zähnen. Der Nasenschwamm soll schwarz, bei hellen Hunden auch leberfarben sein. Die Augen sollen dunkelbraun bis haselnussfarben sein, groß und oval, aber nicht vorstehend. Die Ohren sollen lang und beweglich sein, im Ruhezustand eng an den Wangen anliegend, bei erhöhter Aufmerksamkeit höher und nach vorne gerichtet getragen. Bei Befederung ist das Ohr ganz oder teilweise von seidigem Haar bedeckt, ansonsten soll das Ohr bis zum Mundwinkel reichen.

Körper: Der lange, biegsame und muskulöse Hals mündet in einen mäßig breiten Rücken mit ausgeprägter Lendenmuskulatur. Die Lende soll ausreichend lang sein, um das gestreckte Format zu betonen. Die Kruppe ist leicht schräg abfallend. Der Brustkorb soll lang und tief sein, aber weder tonnenförmig noch mit flachen Seiten. Der Bauch ist gut aufgezogen, das Bugbein sichtbar. Die Rute schließlich soll in Verlängerung der Oberlinie in einem leichten Bogen getragen werden (kein Ringel) und mindestens bis zum Sprunggelenk reichen. Je nach Varietät ist sie mit seidigem Haar mehr oder weniger stark befedert, soll aber nicht buschig sein.

Gliedmaßen und Gangwerk: Die Vorderläufe sind lang und gerade, mit flachen Knochen, die Schultern schräg und gut zurückgesetzt, mit ausgesprochen flachen Muskeln. Die Pfoten sollen kräftig, mit langen, gut gewölbten Zehen sein. Runde, kleine Katzenpfoten sind ebenso nicht erwünscht wie gespreizte Zehen, behaarte Zehenzwischenräume sind zulässig, die mittleren Zehen sind eindeutig länger als die beiden äußeren. Der Vordermittelfuß steht von der Seite betrachtet nicht senkrecht, sondern ist zum Unterarm hin ein wenig gewinkelt. Die Hinterhand soll kräftig sein, mit weit auseinander stehenden Hüften, Ober- und Unterschenkel gut und flach bemuskelt, tief angesetzte Sprunggelenke und mäßig gewinkelte Kniegelenke und Pfoten entsprechend den Vorderpfoten, aber etwas kürzer.

Das **Gangwerk** soll fließend sein, geschmeidig, harmonisch, mit regelmäßigen, raumgreifenden Schritten, nicht steppend, schwerfällig, kreuzend oder ausdrehend.

Auffällig ist, dass der Standard Wert legt auf eine kräftige, aber flache Muskulatur. Dieses Bild zeigt sich nur bei vorwiegend langfaserigen Muskeln, und das wiederum weist darauf hin, dass der Saluki, im Gegensatz zum Greyhound etwa, ein ausgesprochener Ausdauerläufer ist, dem auch lange Strecken nichts ausmachen.

Das **Haarkleid** ist je nach Varietät unterschiedlich lang, glatt und von seidiger Struktur. Befederte Salukis sind langhaarig an Ohren und Rute, befedert an den Rückseiten der Vorderläufe und der Hinterhand, gelegentlich auch an der Kehle. Kurzhaarige sind ohne jede Befederung und haben auch meistens ein kürzeres Deckhaar.

Die Widerristhöhe der Saluki sollte 58,5 cm bis 71 cm betragen.

Alle Farben und Farbkombinationen sind zulässig und fast alle kommen auch vor.

---

führt und dort im Zoo unter dem Namen ‚Persischer Windhund' ausgestellt. Im Jahr 1923 wurde in England der erste Saluki-Standard durch den neu gegründeten ‚Saluki- or Gazelle-Hound Club' erstellt und im selben Jahr wurde die Rasse durch den britischen Kennel Club anerkannt. Ein eindeutiger Standardgeber wie Zardin bei den Afghanischen Windhunden ist nicht bekannt.

Der Saluki ist ein eleganter, harmonischer Hund ohne Extreme. Sein Körperbau ist leicht rechteckig, das Verhältnis von Rumpflänge zu Widerristhöhe beträgt maximal 10 : 9. Er lässt Kraft, Beweglichkeit und Ausdauer erkennen. Es gibt zwei Varietäten: befedert und seltener kurzhaarig. Im Allgemeinen wirkt der Saluki ruhig und gelassen, er ist wie alle Orientalen Fremden gegenüber abwartend bis reserviert. Er soll keinesfalls nervös oder aggressiv sein. Gelegentlich sieht man auch Salukis mit stehenden Ohren, keine weitere Varietät, sondern ein Import aus den Ursprungsländern, wo man manchmal noch die Ohren kupiert.

Der Saluki zeigt wie viele Windhunde zwei Seiten: Bei der Jagd ist er leidenschaftlich, konzentriert und aufmerksam, ebenso, wenn er das mag, beim Rennen und Coursing, während er als Hausgenosse nach der Zeit des jugendlichen Ungestüms eher ruhig, gelassen und von einer gewissen distanzierten Freundlichkeit ist. Er verträgt sich meist gut mit Kindern und Katzen und seine Fellpflege ist denkbar einfach: Gelegentliches Abreiben mit einem Tuch oder einem Noppenhandschuh genügen, vor der Ausstellung vielleicht noch ein Bad und ein

WINDHUNDRASSEN

■ Der Blick des Saluki scheint immer in die Ferne gerichtet.

■ Bei warmem Wetter gehen Salukis sehr gerne ins Wasser. Diese Salukihündin ist kurzhaarig und zeigt nur wenig längere Haare an der Rute.

Durchbürsten der Befederung, das ist schon alles. Trotzdem ist der Saluki von Natur aus sehr sauber und riecht in trockenem Zustand nicht nach Hund. Auch der Saluki ist ein Rudeltier, er hat sehr gerne die Gesellschaft von Artgenossen, nimmt aber gerne mit der Menschenfamilie oder anderen Haustieren vorlieb. Durch sein ruhiges, distanziertes Wesen ist er auch auf Reisen ein angenehmer Begleiter. Man kann den Saluki nicht gerade zu den leicht zu erziehenden Hunden rechnen, der Gehorsam auf Pfiff ist ihm nicht in die Wiege gelegt worden, aber ebenso wie beim Afghanen kann man durchaus erreichen, dass er einige grundlegende Dinge lernt. Im Allgemeinen ist er auch Hunden anderer Rassen gegenüber duldsam, manchmal aber auch dominant und souverän, und was er nicht so gerne lernen mag, macht er durch sein freundliches, gelassenes Wesen wieder wett. Ein junger Saluki aber kann seinen möglicherweise auch noch unerfahrenen Halter schon auf eine harte Geduldsprobe stellen. Ein junger Saluki ist unermüdlich, immer zu neuen Einfällen aufgelegt und bereit, das geordnete Leben eines Hundehalters auf den Kopf zu stellen. Sein Bewegungsdrang ist groß und wenn er diesen im Garten oder auf einer Wiese nicht befriedigen kann, dann tut er das eben in der Wohnung. Es ist deshalb von Vorteil, ihn schon jung zum Renntrainingsplatz mitzunehmen. Auch wenn er dort noch nicht laufen kann, er wird den Kontakt mit anderen

Windhunden lieben und sich dort schnell zu Hause fühlen.

Die meisten Salukis lieben stehende und fließende Gewässer, sind einem Bad nicht abgeneigt, solange sie im Wasser stehen oder liegen können. Aber Nässe von oben in Form von Regen hassen sie. Ihr feines Haar durchnässt schnell und trocknet nur schwer, denn sie haben kaum Fett im Fell. Salukis sind eher leise Hunde, in der Wohnung kaum zu merken, aber trotzdem wachsam und schlagen an. In der Gruppe machen sie sich durch gemeinsames ‚Singen' bemerkbar, eine Verhaltensweise, die sicherlich noch vom Wolf stammt und manchmal auch durch Schlüsselreize wie etwa Kirchenglocken oder das Gebell anderer Hunde ausgelöst werden kann.

Populationstendenz: uneinheitlich

Sloughi

FCI-Standard Nr. 188, Ursprung: Marokko

Während die Afghanischen Windhunde und die Salukis in Europa zuerst in England vorgestellt wurden, traten die ersten Sloughis in Europa in Frankreich auf die Szene. Das hat ganz klar politische Gründe, denn Nordafrika war französischer Kolonialeinflussbereich und aus Algerien, damals französische Kolonie, kamen in den 30er-Jahren des 20. Jahrhunderts die ersten Sloughis nach Frankreich. Der Sloughi ist seit vielen Jahrhunderten in Nordafrika heimisch und wird dort auch heute noch zur Jagd auf Sicht verwendet. Vor allem in Marokko, dem Land, das für den Standard verantwortlich ist, ist heute noch eine größere Population vorhanden. Es gibt also beim Sloughi nicht das Problem, das die afghanischen Windhunde haben, dass sich alle europäischen Hunde auf einige wenige Exemplare aus den Anfangsjahren des 20. Jahrhunderts zurückführen lassen und dass aus dem Ursprungsgebiet nichts mehr nachkommt. Zwar haben sich heute auch in Nordafrika die Verhältnisse verändert und die Jagd mit dem Sloughi, die früher weit verbreitet war, ist fast überall verboten. In den Randgebieten der Sahara aber finden sich auch jetzt noch Beduinen, die diesen Hund auf traditionelle Weise halten. Bei der Zucht war man in Nordafrika ebenso immer darauf bedacht, die Rasse rein zu erhalten, denn im arabischen Raum gelten nur die Windhunde als rein, alle anderen Hunde und Mischlinge als unrein. Und so wurden die Sloughis in diesem Gebiet wie Familienmitglieder gehalten, teilten das Zelt mit den Menschen, wurden mit Nahrung versorgt und in den kalten Wüstennächten warm gehalten. Zur Jagd wurde der Sloughi auf dem Pferd mitgenommen und wenn Wild in erreichbarer Distanz gesichtet wurde, zur Jagd freigelassen. Heute gibt es neben den Beduinen, die die traditionelle Sloughihaltung haben, eine ganze Reihe wohlhabender Araber und Europäer in Nordafrika, die sich der Sloughizucht widmen. In Deutschland werden Sloughis seit 1971 gezüchtet, inzwischen sind es ungefähr 1200 Hunde; diese nordafrikanischen Windhunde haben einen festen Freundeskreis in Europa gefunden.

Wichtig ist auch beim Sloughi das Verhältnis von Widerristhöhe zur Körperlänge: Das ideale Verhältnis beträgt 10 zu 9,6. Es handelt sich also um ein stehendes Rechteck.

Der Sloughi ist ein sehr eigenständiger Hund, er kann freundlich distanziert bis ruhig, fast gleichgültig sein, aber passt sich

■ Diese Sloughihündin ist so rennbegeistert, dass sie den Titel Europarennsiegerin errungen hat.

WINDHUNDRASSEN

Rassestandard Sloughi

Im Sloughistandard werden die **Proportionen** sehr genau durch Zahlenangaben definiert. So sollte die Körperlänge bei einem Rüden mit der Idealgröße von 70 cm ca. 67 bis 68 cm betragen, bei einer Hündin mit der Idealgröße 65 cm sind es 62 bis 63 cm. Die Brusttiefe verhält sich zur Widerristhöhe wie 4 zu 10, und die Fanglänge soll sich zur Gesamtkopflänge idealerweise wie 1 zu 2 verhalten. Da die Hunde normalerweise nicht vermaßt werden, sind solche Zahlenangaben nur Näherungswerte, um das Idealbild zu definieren.

Der **Kopf** soll von der Seite her gesehen fein und elegant, aber doch kräftig sein. Von oben gesehen bildet der Kopf einen langgestreckten Keil, der Schädel bildet den breitesten Teil. Der Schädel soll ziemlich breit sein und von der Seite gesehen flach, aber hinten deutlich abgerundet. Die Breite von Ohr zu Ohr gemessen beträgt 12 bis 14 cm. Wenig hervortretende Augenbrauen, eine kaum ausgeprägte Stirnfurche und ein gerade eben sichtbares Hinterhauptbein sind weitere Merkmale, ebenso wie ein wenig ausgeprägter Stopp.

Der Nasenschwamm soll schwarz und nicht spitz sein, der Fang in der Form eines langgestreckten Keils, mit geradem Nasenrücken und von gleicher Länge wie der Oberkopf. Feine und schmiegsame Lefzen bedecken die kräftigen Kiefer, die ein Scherengebiss bilden, die Lippenwinkel sind nur wenig sichtbar.

Die Augen sind normalerweise dunkel, gelegentlich mit leicht schrägen Augenlidern und pigmentierten Lidrändern. Bei hellen Hunden ist ein bernsteinfarbenes Auge erlaubt. Der Ausdruck ist sanft, etwas wehmütig, in die Ferne gerichtet. Die Ohren sind hoch angesetzt, noch etwas über der Augenlinie, hängend, gut anliegend, von dreieckiger Form mit abgerundeter Spitze.

Körper: Der Hals soll lang sein, gut abgesetzt, mit leicht gebogener Oberlinie und genauso lang wie der Kopf. Die Haut am Hals ist fein, straff und ohne Wamme, mit kurzem Haar. Der Hals geht über in eine sanft geschwungene Oberlinie, mit gut sichtbaren Hüftknochen, die ebenso hoch oder etwas höher sind wie der Widerrist, der ebenfalls gut hervorstehend ist. Der Rücken ist kurz und fast waagerecht, die Lende ebenfalls kurz, trocken und leicht gewölbt. Die Brust soll nicht zu breit und zu tief sein, in der Tiefe reicht sie kaum bis zu den Ellenbogen. In der Länge ist sie gut entwickelt, mit flachen Rippen. Die untere Linie soll einen regelmäßigen Bogen bilden, weder abgehackt noch übermäßig aufgezogen sein. Die Rute ist dünn, unterhalb der Rückenlinie getragen und soll mindestens bis zu Fersenhöcker reichen. Sie endet in Ruhehaltung in einer ausgeprägten Biegung.

Gliedmaßen und Gangwerk: Die Vorderhand ist vollkommen gerade und senkrecht, mit langen und schrägen Schultern und knochigem, muskulösem Unterarm und biegsamem, kräftigem Fußwurzelgelenk. Die Hinterhand ist von hinten gesehen gerade und senkrecht, die Muskulatur flach und Sehnen abgesetzt. Von der Seite gesehen ist der Oberschenkel flach und muskulös, der Unterschenkel lang und ebenfalls gut bemuskelt. Das Sprunggelenk soll kräftig und gut gewinkelt sein, der Hintermittelfuß ohne Afterkrallen. Die Pfoten sind mager, oval, oft hasenpfotenähnlich, die mittleren Zehen deutlich länger als die anderen. Die Krallen sind schwarz oder farbig. Erlaubte Gangarten sind Schritt, Trab und Galopp, die Bewegungen sollen flüssig und leichtfüßig sein, mit aus- und raumgreifenden Schritten.

Das **Haarkleid** soll sehr kurz und fein sein, raues und grobes oder gar halblanges Haar ist ein Fehler. Der Sloughi zeigt nicht die Farbenvielfalt der Afghanen oder Salukis. Zugelassen sind alle Schattierungen von Hellsand bis Rotsand, mit oder ohne schwarze Maske, mit oder ohne schwarzen Mantel, mit oder ohne schwarze Stromung oder Wolkung. Weiße Abzeichen oder Stiefel sind ein Fehler, ebenso alle abweichenden Farben. Eine Größe zwischen 66 und 72 cm für Rüden, zwischen 61 und 68 cm für Hündinnen ist erwünscht. Ausschließende Fehler sind neben den schon genannten auch eine Befransung von Gliedmaßen und Rute, ein Körper, der eindeutig länger als hoch ist, Hüften, die unterhalb des Widerrists liegen, stehende oder mit gekippten Spitzen aufgerichtete Ohren oder Rosenohren, fehlende Pigmentierung an den Schleimhäuten und ein Vor- oder Rückbiss.

---

sehr gut in seine Familie ein und entwickelt oft auch so etwas wie einen Schutztrieb.

Er bellt selten, liebt erhöhte Positionen, von denen aus er sein Jagdrevier überblicken kann, und schreckt hier, wie schon beobachtet wurde, auch vor Bahndämmen und Garagendächern nicht zurück. Wichtig ist eine frühzeitige Gewöhnung an den Umgang mit Menschen, dann kann er sich eng an seinen Herrn anschließen. Er lässt sich sehr gut im Haus halten, hier ist er ruhig und sehr sauber, reine Zwingerhaltung ist nicht anzuraten. Sein Bewegungsdrang vor allem in jungen Jahren ist sehr groß und man sollte ihm weite Spaziergänge oder das Laufen am Fahrrad regelmäßig ermög-

ORIENTALISCHE WINDHUNDE

lichen. Auch Rennen oder Coursing liebt er meist sehr, kann er doch bei dieser Gelegenheit seinem Bewegungsdrang nachgeben. Das Laufenlassen ohne Leine im freien Gelände kann ein Problem sein, denn wirklich unter Kontrolle hat man ihn meist nicht, auch wenn er gehorsam auf Rufe reagiert, solange er kein jagdbares Wild sieht.

Der Sloughi hat sich sehr gut an unser Klima angepasst, ist gesund, robust, ausdauernd und kräftig. Die Fellpflege ist unkompliziert, beschränkt sich auf gelegentliches Bürsten oder Abreiben mit dem Noppenhandschuh und eine Dusche hin und wieder. Nur die Entfernung des dickeren, wolligeren Winterfells, das sich manche Sloughis zulegen, erfordert etwas mehr Aufwand.

Mit Kindern verstehen sich die meisten Sloughis sehr gut, sie sind freundlich, manchmal etwas reserviert. Es ist also verständlich, dass die Sloughis in den letzten Jahren in Deutschland viele Freunde gewonnen haben. Sie sind eifrige Ausstellungs-, Renn- und Coursingteilnehmer.

Populationstendenz: gleichbleibend

Azawakh

FCI-Standard Nr. 307, Ursprung: Mali, Patronat: Frankreich

Der Azawakh stammt wie der Sloughi aus Afrika und er ist ebenso wie dieser noch nicht allzu lange im deutschsprachigen Raum präsent. Sein Ursprungsgebiet liegt wahrscheinlich in Mali, im Becken des mittleren Niger, vielleicht sogar im Tal des Azawakh, das ihm seinen Namen gegeben hat. Er ist ein schlanker, hochläufiger und sehr eleganter Hund, dessen Farbe schon an die Wüstengebiete seiner Heimat erinnert. In den 60er-Jahren des vergangenen Jahrhunderts wurde er nach Frankreich importiert und hier und in Kroatien liegen auch die Anfänge der europäischen Azawakhzucht.

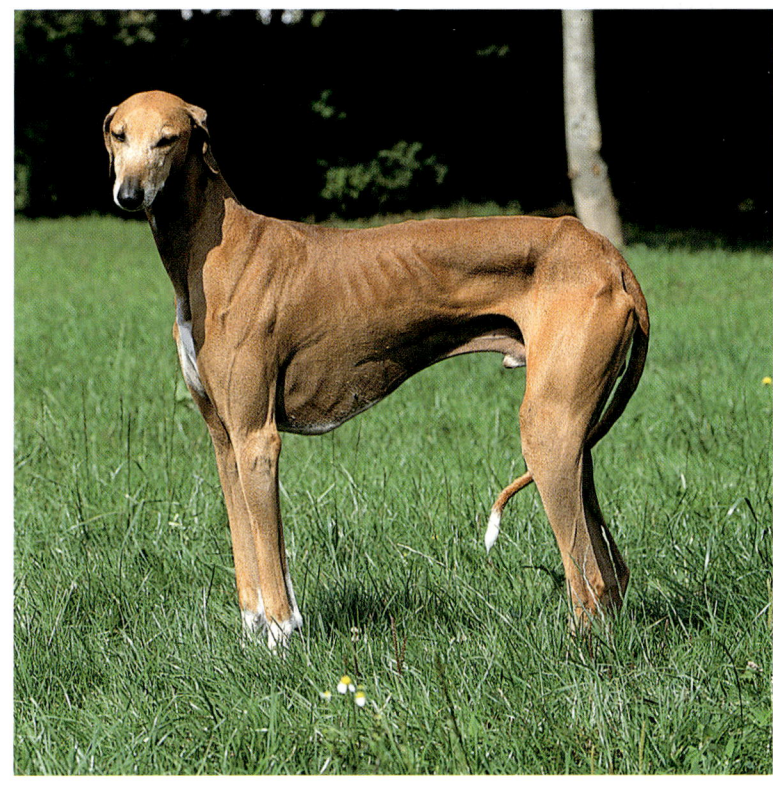

■ Oben: Sloughis brauchen durch ihr feines, glattes Fell nur wenig Fellpflege
■ Unten: Dem Azawakh ist seine Herkunft aus den Wüstengebieten anzusehen: Seine Farbe und Gestalt lassen ihn mit der Landschaft verschmelzen.

Rassestandard Azawakh

Der **Standard** schreibt ein **Verhältnis** von Körperlänge zu Widerristhöhe von 9 zu 10 vor, der Azawakh soll also deutlich höher als lang sein. Das Verhältnis von Brusttiefe zu Widerristhöhe soll 4 zu 10 betragen, die Fanglänge soll sich zur Kopflänge verhalten wie 1 zu 2, die Schädelbreite zur Kopflänge wie 4 zu 10. Der Standard liefert uns hier sehr exakte Angaben. Der **Kopf** soll lang, fein und trocken sein, mit fast flachem, länglichem Schädel, wenig ausgeprägtem Stopp, aber deutlich sichtbarem Hinterhauptkamm und -höcker. Der Nasenschwamm soll schwarz oder braun sein. Der Fang ist idealerweise lang, gerade und verjüngt sich noch vorne, die Kiefer sind lang und kräftig, mit einem Scherengebiss. Große, dunkle (eventuell bernsteinfarbige), mandelförmige Augen mit pigmentierten Lidern runden das Bild ab. Die Ohren sind ziemlich hoch angesetzt, flach und dünn, herabhängend, anliegend und können sich bei erhöhter Aufmerksamkeit an der Basis aufrichten. Das für die Europäischen Windhunde typische Rosenohr kommt nicht vor. Der Kopf wird getragen von einem langen, dünnen, leicht gebogenen Hals, mit dünner Haut und ohne Wamme. Die Oberlinie verläuft fast gerade, steigt allenfalls zur Hüfte hin leicht an, die Hüfthöcker treten deutlich hervor und sind mindestens ebenso hoch wie der Widerrist oder etwas höher. Die Lenden sind kurz und trocken, eventuell leicht gewölbt. Die Kruppe ist schräg, aber nicht zu stark abfallend.

Die Brust ist tief, reicht aber nicht bis zu den Ellenbogen hinab, und nicht sehr breit, muss aber für das große Herz der Windhunde genügend Raum bieten. Die Vorbrust ist ebenfalls nicht sehr breit. Die Unterlinie zeigt einen betonten Brustbeinbogen und geht ohne Unterbrechung in den sehr hoch aufgezogenen Bauch über. Die tief angesetzte Rute ist lang und dünn, an der Rutenspitze befindet sich ein Pinsel aus weißen Haaren. Sie wird normalerweise herabhängend getragen, bei Erregung kann sie auch über die Horizontale hochgenommen werden.

Die **Gliedmaßen** sind lang, dünn, absolut gerade und senkrecht gestellt. Die Schulter leicht schräg gestellt, lang und gut bemuskelt. Schulterblatt und Oberarmknochen bilden einen Winkel von ca. 130°. Auch der Oberschenkel soll lang sein, gut bemuskelt und mit dem Hüftbein ebenfalls einen Winkel von 130° bilden, während der mit dem Schienbein gebildete Winkel offener sein soll, ca. 145°. Die Pfoten sind rundlich mit pigmentierten Ballen. Das Gangwerk soll geschmeidig und leicht sein, vor allem im Schritt und Trab, im Galopp sprunghaft. Dies gehört zu den wichtigsten Merkmalen des Azawakhs.

Die **Haut** soll dünn sein und straff am ganzen Körper anliegen, das Haarkleid ebenfalls dünn, der Bauch fast haarlos. Die Farben gehen von hellem Sand bis zu dunklem Fauve, eventuell mit Maske. Weiße Abzeichen (Brustfleck, Schwanzspitze und mehr oder weniger große weiße Stiefel an allen vier Pfoten) sind Pflicht, schwarze Stromung, die sehr lange in Züchterkreisen umstritten war, ist inzwischen zulässig. Die Rüden sollen zwischen 64 und 74 cm groß sein, Hündinnen zwischen 60 und 70 cm.

In den 70er-Jahren begann man auch in Deutschland Azawakhs zu züchten, sie hießen damals noch Sloughi-Azawakh, und 1981 waren die Bemühungen um einen Azawakh-Standard erfolgreich. Seither hat der Azawakh hier viele Freunde gefunden und man sieht ihn immer häufiger auch auf Rennen und Coursings.

Auch der Azawakh wurde in seinem Ursprungsgebiet zur Jagd auf Sicht verwendet. Während es in Afrika durchaus noch eine nennenswerte Sloughi-Population gibt, nehmen die Azawakhs in ihrem Ursprungsgebiet immer mehr ab. Politische Umwälzungen und Klimaveränderungen wie die langen Dürreperioden in der Sahelzone sind unter anderem die Gründe dafür, dass es im-

■ Azawakh mit großen weißen Abzeichen und schwarzer Stromung.

mer weniger Platz für die stolzen Jäger der Wüste gibt. Die Azawakh haben ihre Ursprünglichkeit und Wildheit in hohem Maße bewahrt, weil sie hoch geschätzte, edle Tiere waren, die nicht mit anderen Hunderassen vermischt wurden. Auch vom Volk der Tuareg in der Süd-Sahara werden immer weniger Azawakhs gezüchtet.

Auf das **Wesen** legt der Azawakh-Standard besonderen Wert: Der Azawakh soll lebhaft und aufmerksam sein, aber distanziert, ja reserviert gegenüber Fremden. Ein panisch-ängstliches oder sehr aggressives Wesen sind ausschließende Fehler.

Der Azawakh ist von seinem Wesen her ein Hund, der sich nicht leicht an Menschen anschließt. Die sorgfältige Aufzucht, vor allem in der Prägephase, ist deshalb ungeheuer wichtig. Er ist gelehrig und meist auch bereit, zu gehorchen, doch muss er mit Liebe und Sensibilität erzogen werden, niemals mit Gewalt. Gerade der Azawakh, der sich so viel von seiner Ursprünglichkeit bewahrt hat, ist sehr empfindlich gegenüber Erziehungsfehlern und verlangt von seinem Besitzer viel Geduld und Aufmerksamkeit, um ein gut integriertes Familienmitglied zu werden. Inwieweit Ängstlichkeit oder Aggressivität schon genetisch verankert sind, lässt sich nur schwer beurteilen, zumal er bei richtiger Haltung und genügend Zuwendung auch ein liebevolles, sanftes Gesicht zeigen kann. Manche Leute finden sehr leicht Zugang zu diesen edlen Hunden, während andere sich eher schwer mit ihnen tun. Der Azawakh ist ein Hund für erfahrene Hundehalter, die bereit sind, sich auf sein Wesen einzulassen.

Körperlich ist er robust, er zeigt auch eine gewisse Härte und seine **Pflege** ist aufgrund des kurzen Fells denkbar einfach. Sein Bewegungsdrang ist wie bei allen Windhunden groß, er muss regelmäßig Gelegenheit haben, dem nachzukommen. Das hindert ihn aber nicht daran, im Haus eher ruhig zu sein und auch mal einen ganzen Tag auf dem Sofa zu verbringen. Rennen und Coursing sind ein guter Ersatz für die Jagd, die ihm hier nicht geboten werden kann. Beim Coursing gibt es keine aufmerksameren Teilnehmer als manche Azawakhs.

Ihn ohne Leine laufen zu lassen ist wie bei allen Orientalen schwierig. Man sollte es auf jeden Fall nur in übersichtlichem Gelände probieren, denn sein Hetztrieb ist sehr stark und kann ihn alles Erlernte vergessen lassen.

Populationstendenz: gleichbleibend

Europäische Windhunde

Europäische Windhunde

- Starke Größenunterschiede (30 bis 90 cm Schulterhöhe)
- Leichter erziehbar als die Orientalen
- Sehr unterschiedliche Fellqualität
- Recht hitzeempfindlich
- Rosenohr

Die Europäischen oder Okzidentalen Windhunde finden wir im gesamten europäischen Raum. Zu ihnen gehören neben dem englischen Greyhound, dem wohl bekanntesten aller Windhunde, auch der Whippet, der Deerhound, der Irish Wolfhound, das Italienische Windspiel, der Galgo Español, der Magyar Agar, der Chart Polski und schließlich der östlichste der Okzidentalen Windhunde, der Barsoi. So unterschiedlich sie sind, sie haben doch alle ein gemeinsames Merkmal: das Rosenohr. Die europäischen Windhunde tragen ihre Ohren in Ruhestellung nach hinten gedreht, das Ohrinnere wird sichtbar, die Ohren liegen flach am Kopf an. Bei erhöhter Aufmerksamkeit werden die Ohren allerdings steil aufgerichtet.

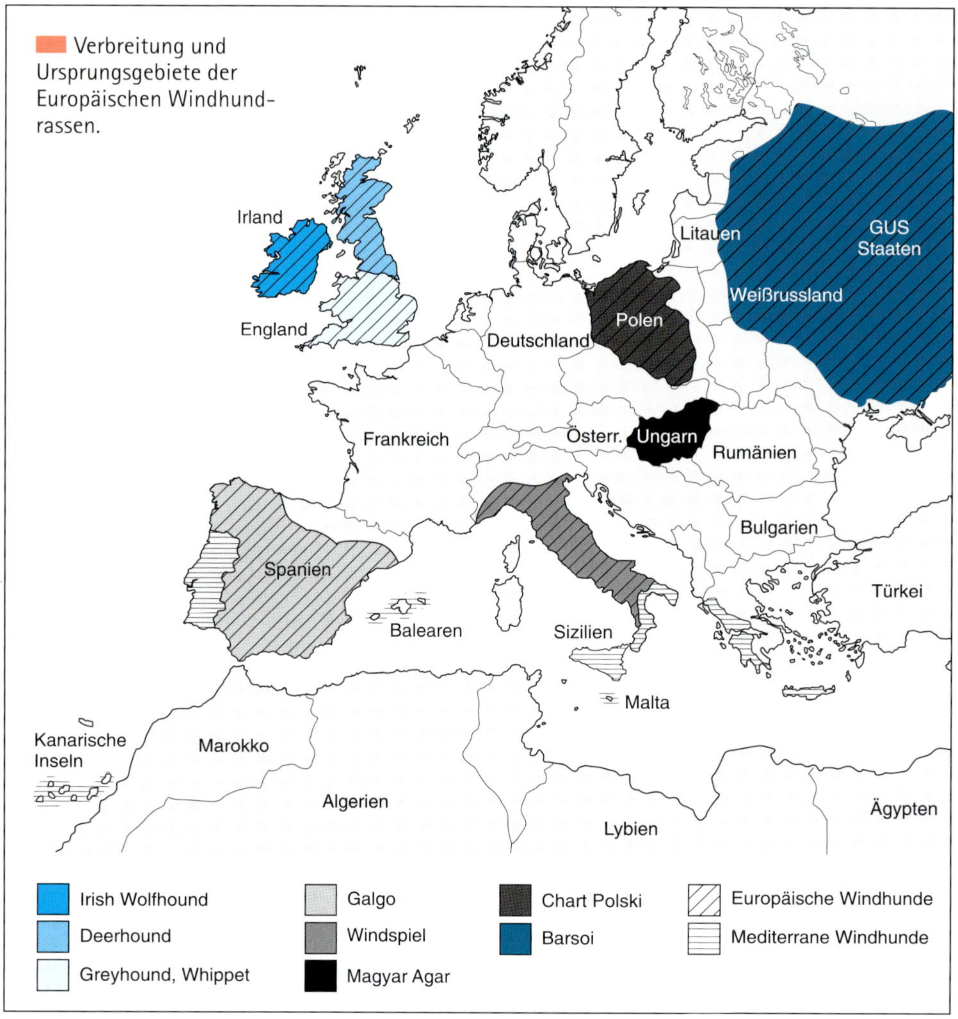

WINDHUNDRASSEN

■ Irish Wolfhound	■ Galgo	■ Chart Polski	▨ Europäische Windhunde
■ Deerhound	■ Windspiel	■ Barsoi	▤ Mediterrane Windhunde
□ Greyhound, Whippet	■ Magyar Agar		

 Verbreitung und Ursprungsgebiete der Europäischen Windhundrassen.

Ebenso wie im Orient nahmen und nehmen die Windhunde in Europa eine Sonderstellung unter den Hunden ein. Ihre Hetzleidenschaft eint sie ebenso wie einige körperliche Merkmale, etwa die langen, schlanken Gliedmaßen und der tiefe Brustkorb. Vor allem aber verbindet sie die Wertschätzung, die ihnen zu allen Zeiten entgegengebracht wurde. Windhunde sind Jagdhunde, die vor allem der Freude der Besitzer dienten – keine Arbeitshunde wie etwa Hütehunde und Wachhunde, sondern Freunde und Begleiter ihres Herren.

Während aber die Orientalen eine relativ einheitliche Gruppe darstellen, sind die Unterschiede zwischen den Europäischen Windhunden so groß, dass eine Zusammenfassung in Gruppen schwierig ist. Um dem Windhundneuling den Überblick zu erleichtern, soll hier deshalb nach der Behaarung vorgegangen und in der ersten Gruppe die kurzhaarigen Windhunde zusammengefasst werden.

Greyhound

FCI-Standard Nr. 158, Ursprungsland: Großbritannien

Denkt man an Windhundrennen, ist der Greyhound der Windhund schlechthin. Seit über 100 Jahren werden in England und Irland Greyhounds und Whippets in großer Zahl für Rennen gezüchtet und Wetten und Windhundrennen haben sich im gesamten

 Greyhound, hier der Ausstellungstyp.

englischsprachigen Raum verbreitet. Man findet Profirennbahnen in Großbritannien und England, in den USA und Australien, sogar im heißen Hongkong werden Windhundrennen mit Greyhounds veranstaltet, und das auf einer Rennbahn, die im deutschsprachigen Raum nichts Vergleichbares hat. Folglich finden wir im Greyhoundstandard die Verwendung ‚Rennhund' festgeschrieben. Das allgemeine Erscheinungsbild des Greyhounds soll kräftig sein, groß gewachsen mit langem Kopf und Hals, kraftvoller Hinterhand und geraden Läufen, insgesamt einen kraftvollen, eleganten Typ verkörpern. Sein Wesen soll freundlich und intelligent sein, anhänglich und ausgeglichen und er soll Ausdauer und Durchhaltevermögen besitzen.

Sein freundliches, intelligentes und anhängliches **Wesen** macht den Greyhound zu einem eher leicht zu haltenden Hund. Er ist nicht schwer zu erziehen, nicht anspruchsvoll und gehorsam. Schließlich wird er in England seit vielen Generationen für Windhundrennen gezüchtet und die Art der dortigen Haltung lässt für einen Charakter, wie ihn etwa die Orientalen haben, keinen Platz. Obwohl er in England in Hundecamps bei professionellen Trainern zur Vorbereitung auf die Rennen gehalten wird, zieht er es natürlich vor, allein oder mit mehreren Artgenossen zusammen in der Familie zu leben. Er ist wachsam, ohne ein eigentlicher Wachhund zu sein. Sein freundliches Wesen macht es leicht, ihn in eine Familie zu integrieren. Auch mit Kindern versteht er sich gut, während er Katzen schon vom Welpenalter an gewöhnt sein sollte, um ein entspanntes Verhältnis zu ihnen zu entwickeln.

Der Greyhound wurde als **Hochleistungshund** gezüchtet, dementsprechend ist auch sein **Bewegungsbedürfnis**. Er geht gerne und gut am Fahrrad und er liebt natürlich den freien Auslauf ebenso wie Rennen oder Training. Er wird immer sein Bestes im Rennen geben. Deshalb trägt sein Besitzer eine große Verantwortung. Er ist der Hund, der am längsten im anaeroben Bereich laufen kann – das heißt seine Muskeln sind dann ohne Sauerstoffzufuhr. Durch die große Schnelligkeit, die er er-

Rassestandard Greyhound

Der **Kopf** ist lang und mäßig breit, mit flachem Schädel und leichtem Stopp, kräftigen und gut geformten Kiefern mit einem vollzahnigen Scherengebiss. Die Augen sollen dunkel sein, schräg eingesetzt und oval, der Blick aufmerksam und intelligent, die Ohren klein, rosenförmig und feinledrig. Der Kopf wird getragen von einem langen, muskulösen Hals, der elegant gebogen sein soll. Der Rücken ist ein ziemlich langer und breiter Balkenrücken mit kraftvollen, leicht gewölbten Lenden. Die Brust ist tief und geräumig und lässt ausreichend Platz für das Herz, der Rippenkorb ist weit nach hinten gezogen.

Gliedmaßen: Die Vorderläufe sollen lang und gerade sein, mit guter Knochensubstanz, weder ein- noch ausgedreht. Die Schultern sind schräg, gut zurückgesetzt und bemuskelt, oben eng stehend, die Ellenbogen frei beweglich und gut unter der Schulter stehend. Ober- und Unterschenkel der Hinterhand sollen breit und muskulös sein, mit großer Schubkraft, das Kniegelenk gut gewinkelt, das Sprunggelenk tief gestellt und weder ein- noch ausdrehend. Die Pfoten sollen mäßig lang sein, mit kompakten, gut aufgeknöchelten Zehen und starken Ballen. Das Gangwerk insgesamt zeigt einen geraden, flach ausgreifenden Schritt, die Hinterläufe greifen gut unter den Körper, um großen Schub zu geben.

Die Rute ist lang, tief angesetzt, verjüngt sich zur Spitze, wird tief und im leichten Bogen getragen. Das Haarkleid ist fein und dicht. Erlaubte Farben sind Weiß, Schwarz, Blau, Rot, bräunliches Rotgelb, Sand, Gestromt und alle diese Farben in Kombination mit Weiß. Als Fehler gilt jede Abweichung vom Standard, diese muss natürlich im Verhältnis zur Gesamterscheinung des Hundes gewichtet werden.

Rüden sollen idealerweise 71 bis 76 cm groß sein, Hündinnen 68 bis 71 cm.

Ein langer Kopf und das zurückgefaltete Rosenohr gehören zu den Merkmalen des Greyhounds.

reicht, sind seine Sehnen und Muskeln besonderen Belastungen ausgesetzt, deshalb ist er sicherlich der verletzungsanfälligste unter den Windhunden. Er sollte nicht nur gut trainiert sein, wenn er bei Rennen oder Coursing eingesetzt wird, sondern er sollte auch sorgfältig warmgelaufen werden und ebenso muss er nach dem Lauf noch einige

■ Der Whippet vereinigt viele Vorteile: handliche Größe, Sportbegeisterung, Fröhlichkeit und Familientauglichkeit

Zeit bewegt werden, um langsam abkühlen zu können, und zwar auch dann, wenn er noch einen weiteren Lauf vor sich hat.

Die so genannte **Greyhoundsperre** oder **Azidose** ist eine Stoffwechselstörung der Muskulatur durch Übersäuerung. Ein erstes Anzeichen dafür kann ein dunkel verfärbter Urin nach dem Training oder Rennen sein, doch kann schwere Azidose mit Kreislaufproblemen auch völlig ohne Vorwarnung auftreten. Ein Greyhound mit allgemeinen Bewegungs- und Koordinationsstörungen nach dem Lauf sollte auf jeden Fall zur Abkühlung langsam weiterbewegt und sicherheitshalber einem Tierarzt vorgestellt werden, der Erfahrung mit Windhunden hat. Die Greyhoundsperre kann einen sehr ernsten Verlauf mit allgemeinem Kreislaufversagen nehmen. Eine genetische Disposition ist wahrscheinlich, da diese Störung in diesem Ausmaß nur bei Greyhounds auftritt. Wenn die Ursachen in ungenügendem Training oder zu wenig Bewegung vor oder nach dem Lauf liegen, lässt sich Abhilfe schaffen, ansonsten ist die Prognose eher schlecht und man wird darauf verzichten müssen, den Hund weiterhin an Rennen oder Coursings teilnehmen zu lassen. Ältere Hunde scheinen anfälliger zu sein, vielleicht sieht man deshalb nur sehr wenige ältere Greyhounds auf der Rennbahn, während Afghanen oder auch Whippets oft noch in höherem Alter Spitzenleistungen bringen können und leidenschaftliche Renner sind.

Auch wenn ein Greyhound nicht am Renngeschehen teilnehmen soll, hat er doch Grundbedürfnisse, was seine Bewegung anbelangt. Er muss mindestens zweimal täglich ausgiebig bewegt werden, dann ist er in der Wohnung ein ruhiger und ausgeglichener Hausgenosse.

Es gibt in Deutschland auch einige Züchter, die Greyhounds vorwiegend für Ausstellungen züchten. Der Grund dafür ist in dem schweren Missbrauch zu suchen, der in den Ursprungsländern durch die Profirennen mit dieser Rasse getrieben wird. Es werden massenweise Hunde gezüchtet, die teilweise wegen mangelnder Leistung noch vor dem ersten Rennen ausgesondert werden. Nur selten finden diese Hunde einen guten Platz in einer Familie. Selbst wenn sie bei Rennen eingesetzt werden, ist ihre Zukunft noch nicht gesichert. Verletzungen oder keine Siege können ein schnelles Aus bedeuten und mit vier Jahren ist meistens sowieso alles vorbei. Nur wirkliche Champions können auf einen guten Platz für das Alter hoffen, wenn sie zur Zucht verwendet werden sollen. Alle anderen werden auf mehr oder weniger humane Weise getötet. Es gibt Hilfsorganisationen, die sich bemühen, ausgemusterte irische oder englische Greyhounds in Deutschland unterzubringen, doch die Zahl der für Profirennen gezüchteten Hunde übersteigt bei weitem die Anzahl aller in Deutschland gehaltenen Windhunde.

Greyhounds eignen sich für Hundeliebhaber, die mit dem eigensinnigen und unabhängigen Wesen der Orientalen nicht allzu viel anfangen können, trotzdem aber die Eleganz und Leidenschaft der Windhunde schätzen.

Populationstendenz: abnehmend

Whippet

FCI- Standard Nr.162, Ursprung: Großbritannien

Allgemein wird angenommen, dass der Whippet seit dem 19. Jahrhundert aus dem Greyhound, dem italienischen Windspiel und verschiedenen Terrierrassen gezüchtet wurde. Dass in der Zeit um 1850 Kreuzun-

Rassestandard Whippet

Der **Standard** des Whippets fordert im allgemeinen Erscheinungsbild eine Kombination von Muskelkraft und Stärke, gepaart mit Eleganz und Grazie der Umrisslinien. Er soll für Geschwindigkeit und Leistung gebaut sein, ein freundliches, ausgeglichenes und anpassungsfähiges Wesen haben, kurzum ein idealer Begleiter sein.

Der **Schädel** soll lang und trocken sein, mit flachem Oberkopf, der sich zum Fang hin verjüngt, ziemlich breit zwischen den Augen und mit einem leichten Stopp. Der Nasenschwamm soll in der Regel schwarz sein, aber bei blauen Hunden ist eine bläuliche Färbung erlaubt, bei leberfarbenen Hunden eine leberfarbene und bei weißen oder gescheckten Hunden eine Schmetterlingsnase. Kräftige, starke Kiefer mit einem perfekten Scherengebiss stehen ebenfalls im Standard. Die Augen sollen oval sein und aufmerksam blicken, die Ohren klein, rosenförmig und feinledrig.

Der **Kopf** wird getragen von einem langen, muskulösen, elegant gebogenen Hals, der in einen breiten, festen, eher langen Rücken übergeht, mit deutlicher Lendenwölbung, aber nicht bucklig.

Die **Brust** ist sehr tief, mit viel Platz für das Herz, die Vorbrust ebenfalls tief und gut abgezeichnet. Die Rippen sind gut gewölbt und am Rückenansatz gut bemuskelt. Die Rute ist kurzhaarig, ohne Befederung, lang und sich verjüngend. In der Aktion zeigt sie eine Aufwärtsbewegung, die aber nicht über Rückenhöhe hinausgehen soll.

Der sehr kurz gefasste Standard schreibt weiterhin eine nicht zu breite Front und gerade und senkrechte Vorderläufe vor. Die Schultern sollen schräg und muskulös mit bis zur Wirbelsäule reichenden Schulterblättern sein, die Ellbogen gut unter den Rumpf gestellt, der Vordermittelfuß stark und leicht federnd. Die Hinterhand soll stark sein und große Schubkraft zeigen, mit breiten Oberschenkeln und gut gewinkelten Knien, gut entwickelten Unterschenkeln und tief gestellten Sprunggelenken. Die Pfoten sollen sehr klar umrissen sein, mit gut voneinander abgesetzten Zehen, gut aufgeknöchelt und dicke und starke Ballen haben.

Auf das **Gangwerk** legt der Whippetstandard viel Wert: Gefordert ist ein freier Gang, Hinterläufe, die gut unter dem Körper vorgreifen, um Schub zu geben, Vorderläufe mit weitem Vortritt niedrig über dem Boden, parallel im Kommen und Gehen. Die Bewegung insgesamt soll weder gestelzt noch steppend, weder kurztrittig noch trippelnd sein. Das Haarkleid soll fein und kurz anliegend sein, alle Farben und Farbmischungen sind erlaubt.

Die Rüden sind 47 bis 51 cm groß, die Hündinnen 44 bis 47 cm. Als Fehler gilt jede Abweichung von Standard, er muss je nach dem Grad seiner Ausprägung gewichtet werden.

---

gen vorgenommen wurden, ist unstrittig. Ob aber die Rasse Whippet damals entstanden oder schon viel älter ist und nur durch diese Einzüchtungen verbessert werden sollte, steht nicht fest. Es gibt Darstellungen aus England oder aus Italien im 14. Jahrhundert (Hausbuch der Cerrutti), die whippetgroße Windhunde zeigen, aber es könnte sich dabei genauso gut um kleine Greyhounds oder große Windspiele handeln. Sicher ist, dass die Whippets ein Größenproblem haben: Sie neigen mehr als andere Windhundrassen dazu, die Obergrenze der im Standard festgeschriebenen Größe von 51 cm für Rüden und 47 cm für Hündinnen zu überschreiten. Deshalb sind für die Rennteilnahme Größenmessungen erforderlich, zu große Hunde starten in einer eigenen Klasse. Auch die Zucht ist im Hinblick auf die Größe reglementiert: Während die im Standard genannten Maße bis vor kurzem Ausschlussmaße waren, versucht man heute, das Größenproblem mittels der Zuchtwertschätzung in den Griff zu bekommen.

Die Züchtungen in der Mitte des 19. Jahrhunderts verfolgten das Ziel, einen billigen, anspruchslosen und robusten Hetzhund zu erhalten. Ob der Ausgangshund nun ein kleiner Greyhound oder doch ein whippetähnlicher Hund war, wird wahrscheinlich nie zu klären sein, fest steht jedenfalls, dass Greyhounds, Windspiele und verschiedene Terrierarten unter den Ahnen sind. Diese Kreuzungen wurden ursprünglich zur Kaninchenjagd eingesetzt und sie zeigten anfangs durchaus nicht das homogene Bild der heutigen Whippets. Vom Terrier übernahmen einige das raue Haarkleid, das auch heute noch sehr selten in Erscheinung tritt. Auch in der Größe waren diese Hunde recht unterschiedlich. Bald begann man in Großbritannien auch Rennen mit diesen kleinen Windhunden zu veranstalten, zuerst nur über 200 m lange Geraden. Dabei wurde nicht etwa ein künstlicher Ha-

"Der nächste Lauf gehört uns!" – "Klar."

se als Lockmittel eingesetzt, sondern die Hundebesitzer standen hinter der Ziellinie und versuchten, ihre Hunde durch Rufen und Schwenken von Tüchern möglichst schnell ins Ziel zu locken. Wenn man bedenkt, dass bei heutigen Hunderennen das Lockmittel, der künstliche Hase, zwischen 10 und höchstens 30 m entfernt sein darf, erkennt man, dass den Whippets damals schon einiges abverlangt wurde.

Der Standard des Whippets sieht noch die Verwendung als Renn- und Hetzhund vor, doch dürfte eine Verwendung als Hetzhund heutzutage so gut wie ausgeschlossen sein. Als Rennhund dagegen ist er sehr weit verbreitet, er kommt aber im Gegensatz zum Greyhound kaum als Profirenner zum Einsatz, was nur gut für ihn ist. Er stellt heute in Europa die größte Anzahl der Rennteilnehmer in den Nicht-Profirennen. Vor einigen Jahren sah es aus, als würde er zahlenmäßig von den Afghanen überholt werden, aber die Anzahl der Afghanen unter den Rennteilnehmern hat in den letzten Jahren stark abgenommen. Whippets sind auch schlechthin die idealen Rennhunde und zugleich sehr gemeinschafts- und familientauglich.

Das kurze Haarkleid verlangt nicht allzu viel **Pflege**, der kleine Hund braucht nicht viel Platz und sein freundliches, anpassungsfähiges Wesen macht ihn zum idealen Hausgenossen. Er ist sehr viel weniger verletzungsanfällig als ein Greyhound, einigermaßen leicht zu erziehen, wenn auch manchmal etwas eigensinnig.

Natürlich muss man bei der Anschaffung bedenken, dass der Einsatz bei Rennen und Coursing auch beim Whippet ein gezieltes Training erfordert. Trotzdem ist der Whippet ein idealer Sport- und Haushund, mit dem man auch an Ausstellungen teilnehmen kann, ohne allzu großen Aufwand treiben zu müssen.

Auch beim Whippet muss man feststellen, dass sich Renn- und Ausstellungstyp auseinanderentwickeln, dass bei Ausstellungen die Hunde vorne stehen, die einen etwas feineren, weniger kraftvollen Typ verkörpern und oft aus ausländischen Zuchten stammen. In Deutschland wird nach dem Ideal von Schönheit und Leistung gezüchtet, wobei die Betonung meistens auf der Leistung liegt.

Insgesamt ist der Whippet ein idealer Hund auch für den Windhundeinsteiger, gehorsamer als die Orientalen, auch wenn man nie vergessen sollte, dass sein Hetztrieb jederzeit zum Vorschein kommen kann. Er ist nicht so pflegeaufwändig wie die langhaarigen Windhundrassen, gesund, robust und wenig verletzungsanfällig – nicht umsonst heute der in Europa am häufigsten anzutreffende Windhund.

Populationstendenz: Gleichbleibend

Italienisches Windspiel

FCI-Standard Nr. 200, Ursprungsland: Italien

Das Italienische Windspiel zählt zu den eher seltenen Windhundrassen. Es ähnelt in der äußeren Erscheinung einem kleinen Greyhound oder Whippet, aber sein Ursprungsland ist nicht Großbritannien, sondern Italien. Dorthin soll die eigentlich aus Ägypten stammende Rasse bereits im fünften vorchristlichen Jahrhundert über Grie-

■ Das Italienische Windspiel ist der kleinste unter den Windhunden.

Rassestandard Italienisches Windspiel

Der **Standard** sieht die Verwendung als Rennhund vor, und trotz seiner Größe (oder Kleinheit) ist das Windspiel ein eifriger und leidenschaftlicher Rennteilnehmer. Auch beim Coursing lässt es sich selbst in schwierigem Gelände mit etwas höherem Bewuchs nicht davon abhalten, den künstlichen Hasen zu verfolgen und zeigt sich weit robuster, als der äußere Anschein vermuten lässt.

Der Standard beschreibt das Windspiel als langlinig, von quadratischem Format, ein Modell von Grazie und Vornehmheit. Die Länge des Oberkopfes entspricht der halben Kopflänge, die wiederum 40 % der Widerristhöhe erreichen kann. Im Wesen soll es zurückhaltend, zärtlich und fügsam sein.

Der **Kopf** ist länglich und schmal, mit flachem Schädel und sehr wenig Stopp, spitzem Fang und dunklem, vorzugsweise schwarzem Nasenschwamm. Die Kiefer sind länglich, eine Besonderheit sind die kronenförmig ausgerichteten Schneidezähne, die Zähne allgemein kräftig im Verhältnis zur Größe des Hundes, sie bilden ein vollzahniges Scherengebiss. Die Augen sollen groß und ausdrucksvoll sein, dunkel, mit pigmentierten Lidrändern. Die Ohren sind in Ruhestellung nach rückwärts gefaltet und richten sich bei Aufmerksamkeit zu so genannten ‚Schmetterlingsohren' auf. Der Hals ist genauso lang wie der Kopf, gut bemuskelt und bis zum Widerrist leicht gebogen, ohne Wamme. Der Rücken ist gerade, gut bemuskelt, mit gewölbter Lendenregion, betontem Widerrist und endet in einer stark abfallenden, breiten und muskulösen Kruppe. Die Brust ist schmal und tief und reicht bis zum Ellenbogen. Die Rute soll lang und dünn sein, tief angesetzt und sich zur Spitze hin noch verjüngen.

Das **Gangwerk** insgesamt soll elastisch und harmonisch, nicht steppend sein, im schnellen Galopp mit losschnellendem Abstoß.

Die **Haut** soll dünn und gut anliegend sein, das **Haarkleid** am ganzen Körper kurz und fein, erlaubte Farben sind Schwarz, Schiefergrau, Grau, Schiefer und Gelb in allen Nuancen. Weiß ist nur an der Brust und an den Pfoten erlaubt.

Die Größe ist wie bei den Whippets streng reglementiert: Sowohl Rüden als auch Hündinnen sind zwischen 32 und 38 cm hoch, jede Abweichung ist ein ausschließender Fehler. Das Gewicht soll bei den Windspielen höchstens 5 kg betragen.

WINDHUNDRASSEN

So klein der Hund, so groß die Rennleidenschaft.

Der Deerhound ist allein von seiner Größe eine imposante Erscheinung.

chenland gelangt sein. Sie gehört damit zweifellos zu den ältesten Windhundrassen überhaupt. Darstellungen von windspielähnlichen Hunden finden wir bereits bei den Pharaonen auf Wandbildern, im antiken Griechenland auf Trinkschalen und Vasen und auch in Rom. Es sind uns vor allem aus der Renaissance zahlreiche Abbildungen von Windspielen erhalten geblieben, so dass man annehmen kann, dass sie damals sehr viel weiter verbreitet waren als heute. In Deutschland war ohne Zweifel Friedrich der Große der berühmteste Windspielliebhaber. Ganz sicher war das Windspiel in der Vergangenheit ein Hund der Höfe und des Adels, wo es hochgeschätzt wurde.

Auch das Windspiel ist ein Windhund und braucht entsprechende Bewegung im Freien. Natürlich muss man nicht kilometerweise Fahrrad fahren, aber das Windspiel ist keineswegs ein Schoßhund. Oft sieht man zwei oder drei Windspiele zusammen bei einem Besitzer und das bietet sich bei der Größe der Hunde geradezu an. Sie sind auch in Gruppen verträglich, gut zu erziehen, **familientauglich**, wenn auch manchmal bei kleineren Kindern nicht ideal. Und sie werden sehr alt, Windspiele mit 15 Jahren sind keine Seltenheit. Man sieht sie gelegentlich bei Rennen und Coursings, und bei fast allen Ausstellungen kann man diese kleinsten aller Windhunde bewundern.

Populationstendenz: zunehmend

Deerhound

FCI-Standard Nr. 164, Ursprungsland: Großbritannien

Der Deerhound oder Schottische Hirschhund stammt, wie der Name sagt, ursprünglich aus Schottland und noch heute ist er in Großbritannien am weitesten verbreitet. Sicherlich zählt er dort zu den ältesten Hunderassen überhaupt. In Deutschland ist diese große Hunderasse eher selten, vielleicht auch, weil sie doch mehr in ländliche, nicht so dicht besiedelte Gebiete passt. Er braucht viel Bewegung und kann, ausdauernd wie er ist, weite Strecken zurücklegen, ohne zu ermüden. Er ist leichter zu erziehen als die orientalischen Windhundrassen. Deshalb kann er nicht nur als Rennhund, sondern auch als Jagdhund eingesetzt werden.

Die Deerhoundzucht in Deutschland begann im Jahre 1910 mit Peter Rudland, 1912 kam die Zuchtstätte Lindpaintner hinzu, bei-

Rassestandard Deerhound

Laut **Standard** gleicht der Deerhound einem rauhaarigen Greyhound, groß und mit stärkerem Knochenbau. Ursprünglich zur Hirschjagd gezüchtet, findet er auch heute noch Verwendung als Jagd-, Renn- und Begleithund. Sein Körperbau soll den Eindruck einer Verbindung von Kraft, Schnelligkeit und Ausdauer vermitteln, wie sie nötig ist, um einen Hirsch jagen und niederreißen zu können. Die allgemeine Haltung des Deerhounds soll von edler Würde bestimmt sein, sein Wesen sanft und freundlich, gehorsam und leicht zu erziehen, nie misstrauisch, aggressiv oder scheu.

Der **Kopf** soll lang sein, der Schädel eher flach als gewölbt, mit einer leichten Erhöhung über den Augen. Die breiteste Stelle ist auf der Höhe der Ohren, zu den Augen hin verjüngt er sich leicht. Kein Stopp. Der Kopf ist mit mäßig langem Haar bedeckt, das weicher ist als das übrige Fell. Die Nase soll leicht abwärts gebogen, der Nasenschwamm schwarz sein. Der Fang verjüngt sich bis zum Nasenschwamm. Bei heller gefärbten Hunden wird ein schwarzer Fang bevorzugt. Die Lefzen sind anliegend, ein Schnurrbart und etwas Kinnbart soll vorhanden sein. Die Kiefer sollen kräftig sein mit perfektem, regelmäßigem und vollständigem Scherengebiss. Die Augen sollen dunkel sein, die Lidränder schwarz, helle Augen sind unerwünscht. Die Ohren sind hoch angesetzt und in der Ruhe nach hinten gefaltet, in der Erregung über den Kopf gehoben, ohne die Faltung zu verlieren, und gelegentlich halb aufgerichtet. Stehohren oder große, dicke, herabhängende Ohren sind unerwünscht. Das Ohr soll möglichst klein sein, ohne lange Haare, weich und glänzend wie ein Mäusefell, schwarz oder dunkel. Der Kopf wird getragen von einem sehr kräftigen Hals von guter Länge, mit am Kopfansatz stark herausragendem Genick, gelegentlich mit Mähne, aber ohne lose Kehlhaut.

Der **Rumpf** und der gesamte Körperbau sollen wie der eines Greyhounds sein, mit größeren Proportionen und stärkeren Knochen. Der Rücken soll eine gerade Oberlinie haben, die Lenden gut gewölbt und zur Rute hin abfallend sein. Die Kruppe ist breit, abfallend und kraftvoll. Die Brust ist eher tief als breit, soll aber nicht zu schmal oder flachrippig sein. Der Rute widmet der Standard viel Aufmerksamkeit: Sie soll lang, stark im Ansatz, sich verjüngend und fast bis zu Boden reichend sein, bedeckt mit Haar, das an der Oberseite drahtig, an der Unterseite weicher und länger ist, auch eine leichte Franse zum Ende hin ist erlaubt. In der Bewegung wird die Rute aufgebogen getragen, jedoch niemals über die Rückenlinie hinaus. Unerwünscht sind eine eingerollte oder als Ring getragene Rute.

Die **Gliedmaßen** sind im Standard so beschrieben: Vorderläufe gerade, breit und flach, Schultern gut liegend, nicht zu weit auseinander stehend, überladene oder steile Schultern sind unerwünscht. Ellbogen und Vorderarm sind gut breit und flach, die Hinterhand zeigt eine große Länge zwischen Hüfte und Sprunggelenk und ebenfalls breite, oval geformte Knochen. Die Hüfthöcker sind weit auseinander stehend und die Knie gut gewinkelt, die Pfoten kompakt und gut aufgeknöchelt, mit starken Krallen.

Das **Gangwerk** ist leicht und aktiv, weit ausgreifend und parallel.

Das **Haarkleid** ist struppig, aber nicht reichlich, dicht, eng anliegend, zottig, fühlt sich harsch oder steif an, vor allem am Rumpf, am Hals und an der Hinterhand, während es an Kopf, Bauch und Brust viel weicher ist und an der Innenseite der Vorder- und Hinterläufe leichte Fransen zeigen kann. Wolliges Haar ist nicht erwünscht. Zugelassene Farben sind dunkles Blaugrau, Hell- und Dunkelgrau, Gestromt, Rotsand oder Rotbräunlich mit schwarzer Maske und schwarzen Ohren, Läufen und Rute. Weiß ist nur an der Brust, den Zehen und der Rutenspitze erlaubt, soll aber so wenig wie möglich vorhanden sein. Eine weiße Blesse am Kopf oder ein weißer Kragen sind nicht erlaubt.

Rüden sollen mindestens 76 cm, Hündinnen mindestens 71 cm Schulterhöhe haben. Das Gewicht der Rüden soll ca. 45,5 kg, das der Hündinnen ca. 36,5 kg betragen.

Jede Abweichung von den oben genannten Punkten muss als Fehler betrachtet und entsprechend ihrer Ausprägung gewichtet werden.

---

de nahmen ihre Eintragungen noch ohne Zwingernamen vor, die einzigen bekannten deutschen Zuchtstätten aus der Zeit vor dem Zweiten Weltkrieg. Erst 1971 wurde wieder ein Deerhoundzwinger eingetragen und bis heute sind es fast dreißig geworden.

Alle äußeren Merkmale können einen Deerhound nur unvollkommen beschreiben. Da ist auf der einen Seite seine Größe und Souveränität, mit der er anderen Hunden und Menschen meist begegnet, zum anderen die wirklich herausragende Hetzleidenschaft, die zum Glück noch nicht durch die Zucht verschwunden ist, und zum dritten seine absolute **Familientauglichkeit** gepaart mit Gehorsam, die zu einem hervorragenden Begleithund macht. Nicht geeignet ist der Deerhound für kleine Wohnungen mit

Ruhig und gelassen – der Deerhound.

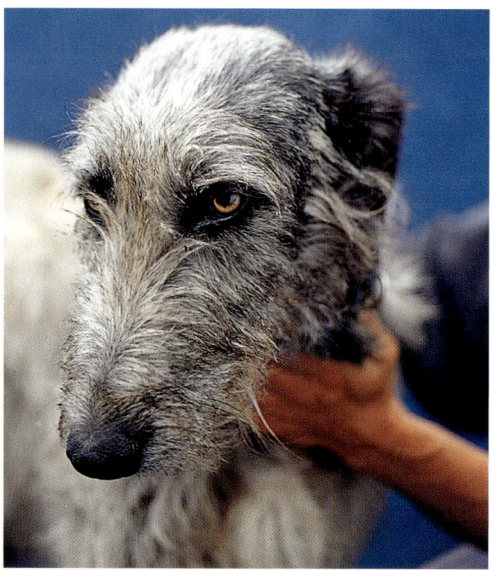

wenig Platz, man muss ihm normalerweise schon etwas Raum bieten und er braucht auch unbedingt ausreichend Bewegung. Windhunde sind keine Schoßhunde, und das trifft in ganz besonderem Maß auf den Deerhound zu. Auch langsames Spazierengehen, selbst wenn es sich um große Strecken handelt, fordert ihn nicht genug, denn er will schnelle Bewegung. Man sollte nach Möglichkeit schon mit ihm joggen oder ihn am Fahrrad bewegen und ihm die Gelegenheit geben, am Coursing oder Rennen teilzunehmen. Beim Rennen müssen Deerhounds wegen ihrer Größe nicht in den Startkasten, aber trotzdem kann die Rennbahn für die großrahmigen, schnellen Hunde problematisch sein, vor allem wenn sie einen kleinen Kurvenradius hat. Besser angepasst an die Größe und den Laufstil dieser Hunderasse ist auf jeden Fall das Coursing, das ja gerade in ihrem Ursprungsland eine lange Tradition hat.

Der Deerhound ist meist robust und gesund, ausdauernd und kälteunempfindlich, dagegen verträgt er die hochsommerliche Hitze nicht immer gut und sollte deshalb in dieser Zeit nur vorsichtig belastet werden. Deerhounds werden, wie viele sehr große Hunderassen, oft nicht sehr alt. Auch bei der Aufzucht ist eine gewisse Vorsicht nötig, weil Knochen und Gelenke sehr schnell wachsen und in dieser Zeit durch zu große Belastungen dauerhafte Schäden hervorgerufen werden können. Der junge Deerhound braucht ausreichend Bewegung und ausreichend Ruhepausen und dazu eine hochwertige, aber kalorienmäßig nicht zu reichliche Ernährung, damit ein gesundes Aufwachsen gewährleistet ist.

Populationstendenz: zunehmend

Irish Wolfhound

FCI-Standard Nr. 160, Ursprungsland: Irland

Wie der Deerhound gehört auch der Irish Wolfhound zu den sehr alten Windhundrassen mit keltischer Vergangenheit. Wahrscheinlich stammen alle diese Hunde von den kleineren kurzhaarigen ägyptischen Windhunden der Pharaonenzeit ab und sind über Griechenland nach Europa gekommen. Aus der Römerzeit gibt es Berichte über riesige Hunde in Irland, die zur Jagd auf große Wildtiere verwendet wurden. Im 1. Jahrhundert n. Chr. sollen 150 große irische Hunde nach Schottland gebracht worden sein. Dort wurde sicherlich weiter mit ihnen gezüchtet und sie sind höchstwahrscheinlich an der Entstehung der schottischen Deerhounds wesentlich beteiligt. Vom Mittelalter an waren diese größten aller Windhunde an den europäischen Höfen hoch geschätzt und kamen als Geschenke nach England, Spanien, Frankreich, Schweden, Dänemark, Persien, Indien und Polen. Im 15. Jahrhundert war jede irische Grafschaft verpflichtet, 24 Wolfshunde zu halten, um die Herden der Bauern vor Wölfen zu schützen. In dieser Zeit sollen sie ihren Namen vom ursprünglichen Cu-Chulain (so auch der Name des größten Helden der irischen Sagenwelt) in Wolfhound geändert haben. Im 17. Jahrhundert nahm die Zahl der Wolfshunde deutlich ab und unter Cromwell wurde 1652 ihre Ausfuhr verboten. Das änderte aber nichts daran, dass die Rasse durch illegalen Export und durch das Abnehmen der Wölfe in Irland immer mehr zurückging und bereits Ende des 17. Jahrhunderts fast ausgestorben war. Erst Mitte des 19. Jahrhunderts setzten Bemühungen ein, diese sagenumwobene alte Rasse zu retten

EUROPÄISCHE WINDHUNDE

Die größte Windhundrasse, der Irish Wolfhound.

bzw. wieder aufleben zu lassen. Der Kynologe Captain Graham setzte dabei nicht nur die letzten Wolfshunde ein, sondern auch zwei besonders große und kräftige Deerhound-Hündinnen. Später wurden auch schwere Barsois eingekreuzt, außerdem Doggenmischlinge und möglicherweise auch Greyhounds. Diese Zuchtbemühungen waren schließlich von Erfolg gekrönt und man hatte einen Hund erhalten, der dem Bild des alten Wolfshundes glich.

Der Irische Wolfshund ist in den letzten Jahren der Modehund unter den Windhunden geworden. Trotzdem sollte man nicht vergessen, dass ein Hund dieser Größe gewisse Anforderungen an die Haltung stellt. Ein Wolfshund braucht genügend Platz in Haus und Garten und ausreichende Bewegung auf ausgedehnten, nicht zu gemächlichen Spaziergängen, beim Jogging, am Fahrrad oder beim Ausritt. Zucht und Aufzucht dieser Hunde sind anspruchsvoll, deshalb sollte ein Interessent sich vor dem Erwerb eines Wolfshundes genau über den Züchter informieren. In seiner Jugend benötigt der Irische Wolfshund wie alle sehr groß gewachsenen Hunde vorsichtige Bewegung und hochwertiges, ausgewogenes Futter, um den schnell wachsenden Bewegungsapparat nicht zu überfordern. Der Aufbau von Muskeln und Sehnen erfolgt nicht immer parallel zum Knochenwachstum und auch die Gelenke sind vor allem in der Wachstumsphase nicht stark belastbar. Deshalb sollte man auch ständiges Treppengehen vermeiden. Auf der anderen Seite ist dosierte Bewegung für eine gesunde Entwicklung unbedingt nötigt.

Mit einem gesunden, ausgewachsenen Wolfshund hat man einen imposanten, souveränen und liebenswerten **Begleithund**, sensibel und sanftmütig, der sich zwar nicht unbedingt als Schutz- und Wachhund eignet, aber allein schon durch seine Größe eventuelle Angreifer abschrecken kann. Nur wenige Wolfshunde lieben die Rennbahn und die meisten Bahnen sind hinsichtlich Kurvenradius und Bahnbreite auch nur bedingt für sie geeignet. Aber fast alle lieben das Coursing, weil es genügend Raum zum freien Lauf bietet. Der Halter eines Wolfshundes sollte nie vergessen, dass es sich auch hier um einen Windhund handelt. Der Hetztrieb ist bei den meisten ange-

WINDHUNDRASSEN

Rassestandard Irish Wolfhound

Der **Standard** weist auf die historische Verwendung der Irischen Wolfshunde zur Hirschjagd hin und auf ihre Verwendung als Wolfsjäger. Sie sollen nicht ganz so massig und schwer sein wie die Deutsche Dogge, schließlich sind es Windhunde, aber sie gelten allgemein als die größte Hunderasse. Der Beiname ‚sanfter Riese' ist nur eingeschränkt zutreffend. Zwar sind die meisten Irischen Wolfshunde innerhalb der Familie und im Umgang mit Menschen sehr gutartig und sanftmütig, doch auf dem Renn- oder Coursinggelände zeigen sie ihr ursprüngliches Gesicht und sie brauchen schon eine sichere Führung. Im Umgang mit anderen Hunden ist der Wolfshund normalerweise duldsam bis souverän, aber seine Kraft und Größe machen ihn zu einem nicht immer harmlosen oder einfach zu handhabenden Hund. Gehorsam lernt der Irish Wolfhound leicht, trotzdem behält er eine gewisse Selbstständigkeit, die allen Windhunden mehr oder weniger eigen ist.

Der Irische Wolfshund soll in seiner allgemeinen Erscheinung dem Deerhound ähneln, aber schwerer, größer und massiger sein, insgesamt eine kraftvolle, gut bemuskelte, dabei elegante Erscheinung, leicht und lebhaft in der Bewegung.

Der **Kopf** soll hoch getragen werden, lang und nicht zu breit sein, Stirnknochen leicht erhöht mit einer kleinen Vertiefung zwischen den Augen, der Fang lang und nicht zu spitz, idealerweise mit einem Scherengebiss, aber auch ein Zangengebiss ist erlaubt. Das Auge soll dunkel sein, die Ohren klein und anliegend getragen, ähnlich wie beim Greyhound. Der kräftige und muskulöse Hals ist ziemlich lang und gut gebogen und soll ohne Wamme oder lose Kehlhaut sein.

Der Rücken soll eher lang sein, mit gewölbten Lenden und weit auseinander stehenden Hüfthöckern, die Brust sehr tief, mit breiter Vorbrust, insgesamt aber nur mäßig breit, und gut gewölbten Rippen, der Bauch nach Windhundart gut aufgezogen. Die Rute soll lang, leicht gebogen und gut behaart sein.

Die Vorderhand zeigt lange, gerade Gliedmaßen, mit gut bemuskelten, schräg gelagerten Schultern und gut unterstellten Ellenbogen, die weder ein- noch ausgedreht sein dürfen. Die Hinterhand soll ebenfalls gut bemuskelt sein, mit gut gewinkeltem Knie und tief gestellten Sprunggelenken. Die Pfoten wünscht man sich mäßig groß und rund, mit gut aufgeknöchelten Zehen und starken, gekrümmten Krallen, das Gangwerk in der Bewegung frei und aktiv.

Das raue und harte **Haarkleid** ist zulässig in den Farben Grau, Gestromt, Rot, Schwarz, Reinweiß, Rehbraun und allen beim Deerhound vorkommenden Farben. Der Standard lässt hier also weit mehr Farben zu, als man im Allgemeinen beim Irischen Wolfshund auf Ausstellungen und sonstigen Veranstaltungen zu sehen bekommt. Die häufigste Farbe ist sicherlich Grau in allen Schattierungen, oft mit weißen Abzeichen, daneben Weiß und Weizenfarbig. Alle übrigen Farben sind mehr oder weniger selten. Für Größe und Gewicht gibt es nur Mindestanforderungen, Höchstgrenzen sind nicht angegeben. Rüden sollen mindestens 79 cm groß sein und 54,5 kg wiegen, Hündinnen 71 cm groß und ein Gewicht von 40,5 kg haben. Diese Maße und Gewichte werden fast immer überschritten.

Jede Abweichung von den vorgenannten Punkten gilt als Fehler und wird nach den Grad ihrer Ausprägung gewichtet.

---

boren, auch Wolfshunde neigen dazu, allem nachzulaufen, was sich bewegt.

Der Verdacht auf eine genetische Belastung mit Hüftgelenksdysplasie (HD) hat sich in einer fünf Jahre laufenden Reihenuntersuchung des DWZRV, die alle zur Zucht eingesetzten Wolfshunde erfasst hat, nicht bestätigt. Einzelfälle sind aber immer möglich. Neuere Untersuchungen haben ergeben, dass eine sorgfältige Ernährung (nicht zu reichlich) im Jugendalter und ein gezielter, vorsichtiger Aufbau der Muskulatur helfen können, Probleme mit Hüftgelenksdysplasie zu vermeiden.

Die **Fellpflege** beim Irish Wolfhound ist einfach. Das kurze, raue Haarkleid braucht nur gelegentlich eine Bürste und nur im Falle starker Verschmutzung ein Bad. Der Irische Wolfshund stellt sicherlich größere Anforderungen an seinen Halter, was Platzbedarf, Bewegung und Ernährung anbelangt, aber wenn die nötigen Voraussetzungen erfüllt sind, ist er ein großartiger, mutiger, gelassener und imposanter Begleit- und Familienhund und im sportlichen Bereich eher für das Coursing geeignet.

Populationstendenz: uneinheitlich

Linke Seite: Alles ist mächtig und groß am Irish Wolfhound, trotzdem ist er freundlich und strahlt Ruhe aus.

WINDHUNDRASSEN

■ Galgo Español in der rauhaarigen Variante.

Galgo Español
(Spanischer Windhund)

FCI Standard Nr. 285, Ursprung: Spanien

Der Galgo ist außerhalb Spaniens eine seltene Windhundrasse. Er stammt wahrscheinlich von asiatischen Windhunden ab und war schon in der Antike bekannt. Er gilt als einer der Vorfahren des englischen Greyhounds und wurde vor allem zwischen dem 16. und 18. Jahrhundert in andere europäische Länder exportiert, in erster Linie nach England und Irland. Der Galgo bildete eine Grundlage der Greyhoundzucht. In Spanien findet man heute noch Reste einer reinrassigen Population von Galgos in ländlichen Gebieten, wo sie zur Kaninchenjagd und als Wachhunde Verwendung finden. Daneben werden sie vor allem als Rennhunde eingesetzt und dafür wurden im 20. Jahrhundert erneut englische und irische Greyhounds eingekreuzt. Heute bemüht man sich wieder um Reinzuchten der ursprünglichen spanischen Galgos. Wesentliche Merkmale des Galgos stimmen mit denen des Greyhounds überein. Es existiert neben dem kurzhaarigen Galgo noch eine seltene, rauhaarige Varietät mit halblangem, rauem Haarkleid.

■ Galgo Español, kurzhaarig.

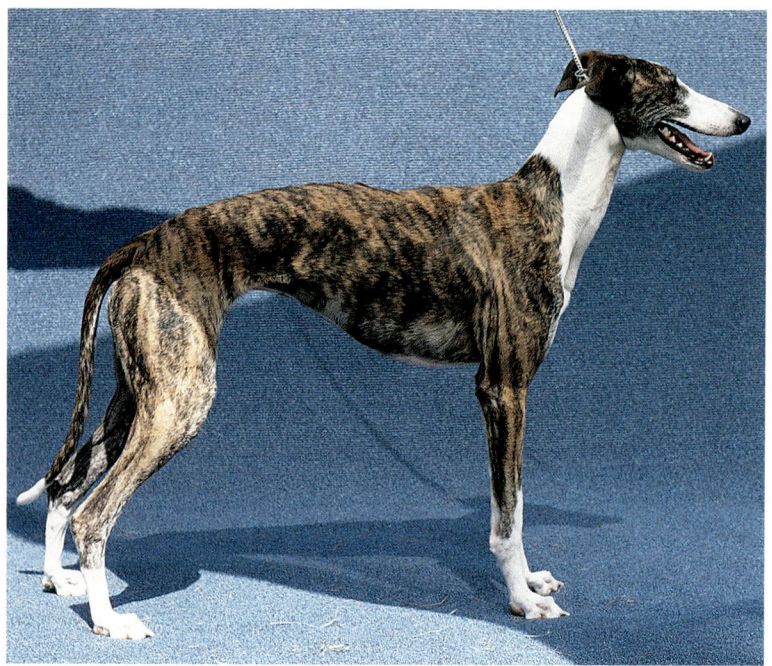

Der Galgo hat noch einen sehr starken Hetztrieb, er ist deshalb für Rennen und Coursing außerordentlich gut geeignet. Im Gegensatz zum Greyhound ist er kaum verletzungsanfällig. Seinen Bewegungsdrang kann man am besten durch Lauftraining und/oder Teilnahme an Veranstaltungen stillen. Natürlich braucht er auch an den Tagen zwischen Training und Rennen ausreichend Bewegung, am besten am Fahrrad oder beim Joggen. Er ist ein unproblematischer, freundlicher und anpassungswilliger **Familienhund**, oft auch wachsam und Fremden gegenüber zurückhaltend. Die **Fellpflege** ist wie bei allen kurzhaarigen Hunden einfach, gelegentliches Baden und Bürsten genügt. Im Haus ist der Galgo eher ruhig, sein Temperament zeigt er vor allem auf der Bahn oder dem Coursinggelände. Daneben ist er auch ein sicherer, robuster Begleithund für einen sportlichen Besitzer, der auch weitere Wanderungen oder Radtouren voll Freude mitmacht. Kindern steht er freundlich gegenüber.

Der so genannte Galgo Ingles-Español ist keine eigenständige Rasse, sondern durch Einkreuzung von englischen und irischen Greyhounds entstanden. Er wurde in Spanien vor allem zum Rennen, aber auch zur Kaninchenjagd eingesetzt. Er wird von der FCI nicht als Rasse anerkannt und ist auch in Deutschland nicht zu Rennen, Coursings oder Ausstellungen zugelassen. Eine Teilnahme am Training ist aber bei den meisten Vereinen auch für diese Hunde möglich.

Populationstendenz: zunehmend

EUROPÄISCHE WINDHUNDE

Rassestandard Galgo Español

Der Standard des Galgos ist sehr detailliert. Er beschreibt den Galgo als einen Windhund von erheblicher Größe (Rüden 62 bis 70 cm, Hündinnen von 60 bis 68 cm), länglicher Gestalt und langem, schmalem Schädel. Ein geräumiger Brustkorb und ein stark aufgezogener Bauch sind typisch, ebenso wie eine sehr lange Rute und eine ausgeprägt senkrecht gestellte, gut bemuskelte Hinterhand. Der Körper ist etwas länger als die Widerristhöhe. Insgesamt soll er Kraft, Robustheit und Beweglichkeit zeigen. Die Haut liegt überall straff am Körper an, das Haarkleid ist bei der kurzhaarigen Varietät fein, glatt und dicht am ganzen Körper, eventuell im hinteren Bereich der Oberschenkel etwas länger, die rauhaarige Varietät zeigt neben dem längeren Körperhaar einen Oberlippen- und Backenbart, buschige Augenbrauen und einen Haarschopf. Alle Farben sind zulässig, doch wird Falbfarben sowie eine hellere oder dunklere Stromung bevorzugt. Der Nasenschwamm soll immer schwarz sein und auch die Lefzen wünscht man sich dunkel pigmentiert.

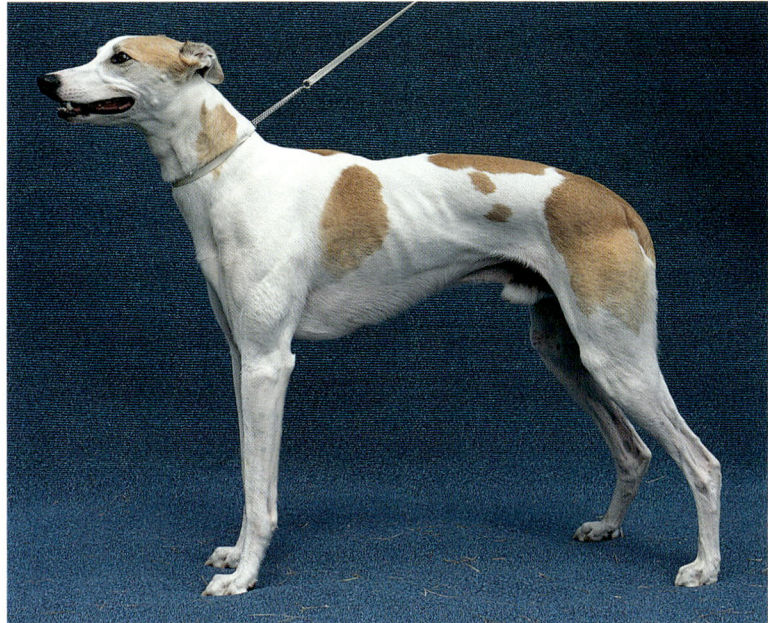

Magyar Agar Rüde.

Magyar Agar (Ungarischer Windhund)

FCI-Standard Nr. 240 b

Wie der Galgo ist auch der Magyar Agar dem Greyhound sehr ähnlich und einem Laien dürfte es nicht leicht fallen, die drei Rassen auseinander zu halten. Auch er stammt wahrscheinlich von asiatischen Windhundrassen ab, die sich im Zuge von Wanderungsbewegungen in Ungarn niederließen. Der Magyar Agar ist ein robuster, ausdauernder und leidenschaftlicher Renn- und Coursinghund, der körperliche Härte durchaus mit einem umgänglichen Wesen vereint.

Auch beim Magyar Agar wurden zeitweise vermehrt Greyhounds eingekreuzt und das hat zu Veränderungen der Rasse geführt. Inzwischen bemüht man sich aber wieder, diese alte robuste Windhundrasse rein zu züchten. Der Ungarische Windhund

Rassestandard Magyar Agar

Seine Gesamterscheinung ist kräftig, ohne grob zu sein, muskulös und sportlich, mit reichlicher Knochensubstanz und langen Gliedmaßen. Der Körper ist etwas länger als die Widerristhöhe. Rüden sind zwischen 65 und 70 cm groß, Hündinnen dementsprechend etwas kleiner.

Der **Kopf** ist keilförmig, mit geräumigem Schädel und kräftigen Backen, das Gebiss ein kräftiges Scherengebiss. Die Augen sollen mittelgroß und dunkel sein, mit offenem Blick. Die Ohren sind größer als die des Greyhounds und nicht so weich, sondern sehr beweglich und hoch angesetzt. Bei Aufmerksamkeit sind sie halb erhoben, Stehohren sind nur bei Erregung kurzfristig erlaubt. Eine gute Pigmentierung von Nasenspiegel, Augenrändern und Lefzen ist wichtig.

Zum kraftvollen Bild des Magyar Agar passt ein mäßig langer, kräftiger, schön geschwungener Hals, ein gestreckter, muskulöser Rumpf und eine tiefe, relativ breite Brust. Der Bauch ist nur leicht aufgezogen, nicht so stark wie beim Greyhound. Der Hals mündet in einen geraden oder wenig gewölbten Rücken mit gut bemuskelter Lendenpartie und breiter, leicht abfallender Kruppe. Die Schulter ist lang und gut anliegend, der Unterarm gerade, die Mittelhand kurz, die Ellbogen anliegend. Die Hinterhand ist gut gewinkelt, die Oberschenkel breit und gut bemuskelt. Der Mittelfuß steht etwas nach vorne. Der **Gang** des Magyar Agar ist elastisch, ruhig und raumgewinnend. Die Rute soll bis zum Sprunggelenk reichen und wird hängend getragen, nur bei Erregung darf sie bis zur Rückenhöhe erhoben werden. Die **Behaarung** unterscheidet sich wieder von der des Greyhounds, das Haarkleid ist kurz und glatt, aber nicht so dünn. Im Winter kann der Magyar Agar eine dichte Unterwolle entwickeln. Alle bei Windhunden vorkommenden Farben sind erlaubt.

Die Ähnlichkeit mit dem Greyhound ist deutlich, doch ist der Magyar Agar ein eher kräftiger und robuster Hund und wenig verletzungsanfällig.

ist nicht nur ein unermüdlicher Renn- und Coursinghund, sondern auch ein gutmütiger, ruhiger und intelligenter Hausgenosse, der Fremden zunächst reserviert gegenübersteht, dafür aber auch als Wachhund eingesetzt werden kann, und ein sicherer Begleithund. Er braucht ausreichend Bewegung, geht gut am Rad, ist von robuster Gesundheit und nicht verletzungsanfällig.

Die Fellpflege ist unkompliziert, nur die Winterwolle muss gut ausgebürstet werden. In Deutschland zählt auch der Magyar Agar zu den seltenen Windhundrassen, doch kann man ihn auf größeren Rennen und Coursings ebenso wie auf Ausstellungen finden.

Populationstendenz: gleichbleibend

Barsoi (Psowaya Barsaya)

FCI-Standard Nr. 193b, Ursprung: Länder der ehemaligen UdSSR

Neben dem Greyhound und dem Afghanischen Windhund zählt der Barsoi zu den bekanntesten Windhunden und seine Zucht hat auch im deutschsprachigen Raum schon eine lange Tradition. Es war der Berliner Barsoi-Club, aus dem der DWZRV, der Deutsche Windhundzucht- und Rennverband, hervorging, der heute in Deutschland sämtliche Windhundrassen vertritt. In Russland bedeutet der Name ‚Barsoi' nur ‚schneller Hund' und wird für alle Windhunde verwendet. Während man beim Afghanischen Windhund zwei Ursprungstypen kennt, den Steppen- und den Bergafghanen, gibt es beim Barsoi zahlreiche Grundtypen, die mehr oder weniger stark in den heutigen Barsoi eingegangen sind. Der russische Kynologe Gubinin unterscheidet um 1890 sieben Hetzhundtypen, die aber teilweise dem aktuellen Barsoi nur wenig ähneln. So zeigen beispielsweise der Berg-Barsoi und der Krim-Barsoi herabhängende Ohren, was eher auf eine Verwandtschaft mit den Orientalischen Windhunden deutet, der polnische Chort-Barsoi war kurzhaarig oder leicht befedert, ebenso wie der nordrussische Barsoi, der wie die englischen bzw. keltischen Windhunde zur Wolfs- und Hasenjagd eingesetzt wurde. Auch ein rauhaariger Typ, ähnlich dem Deerhound, ist bekannt. Die beiden Typen, die dem heutigen Barsoi am meisten ähneln, sind der Kurländische Barsoi, der größte und kräftigste von allen, er zeigt ein seidigeres, gewelltes Haarkleid, nicht so üppig und lang wie beim heutigen Barsoi, und der Psovi Barsoi mit längerem Fell. Auch farblich waren diese Hundetypen recht unterschiedlich, der Berg-Barsoi, der Krim-Barsoi und der Chort-Barsoi trugen ein dunkles Haarkleid, während die hellen Farben vom Kurländischen Barsoi und vom Psovi-Barsoi stammen. Der heute in Deutschland gültige Standard spricht nur von drei Ursprungstypen, nämlich dem alten Russischen Windhund (Psovi-Barsoi), dem Berg- und dem Krim-Barsoi.

Die ersten Bilddokumente der russischen Barsois stammen aus dem 11. Jahrhundert, man findet Abbildungen windhundähnlicher Hunde auf den Fresken einer Kirche in Kiew. Die ersten schriftlich niedergelegten Regeln für die Jagd mit dem Barsoi stammen dann aus der Mitte des 17. Jahrhunderts. Der Barsoi war der Hund der herrschenden Schicht, Adel und Gutsbesitzer bedienten sich seiner zur Wolfsjagd und jahrhundertelang hielten sich Landadelige und Grundbesitzer Barsois in großer Zahl, Meuten von hundert und mehr Hunden waren keine Seltenheit. So wie es heute in den Ursprungsländern der Orientalischen Windhunde noch üblich ist, konnte man Windhunde nicht käuflich erwerben, sondern allenfalls als Geschenk oder im Tausch erhalten. Auf Grund der großen räumlichen Ent-

EUROPÄISCHE WINDHUNDE

Barsois wurden in Russland früher in großen Rudeln zur Wolfsjagd verwendet.

fernungen vermischten sich die einzelnen Populationen nur wenig miteinander, ein Austausch von Zuchttieren fand nur gelegentlich statt.

Der Barsoi war, wie alle großen alten Windhundrassen, ein Hund der Reichen und Mächtigen und als solcher war er anfällig für politische Veränderungen jeder Art. Als in der zweiten Hälfte des 19. Jahrhunderts in Russland die Leibeigenschaft aufgehoben wurde, bedeutete das das Ende des feudalistischen Russlands und die Bedingungen für den Barsoi änderten sich schlagartig. Ende des 19. Jahrhunderts entstanden eine kaiserliche Jagdgesellschaft, die für die Zucht von Jagdhunden zuständig war, und eine Jagdverordnung, die alles Weitere regelte. 1888 hatte man sich auf einen einheitlichen Typ geeinigt und erstellte einen Standard. Die Zucht von Barsois, die seit dem Ende des feudalistischen Russlands fast zum Erliegen gekommen war, erfuhr einen neuen Aufschwung. Von den alten Linien waren nur noch wenige gute Vertreter vorhanden, auf die man zurückgreifen konnte.

Die Zuchtlinien wurden nach den Jagdgebieten benannt. Am bekanntesten bei uns wurden ‚Perchino' und ‚Oseroff'. Parallel zum neuen Aufschwung der Barsoizucht in Russland entwickelte sich auch die Zucht in Westeuropa und Amerika und zahlreiche Exporte aus namhaften Linien erfolgten in der Zeit bis zum Zweiten Weltkrieg.

Mit der Russischen Revolution 1917 war die Zeit der großen Jagdgebiete endgültig vorbei und auch die Zeit der großen Zuchten. Nur wenige hervorragende Zuchttiere bildeten den Bestand nach dem Zweiten Weltkrieg und die Bedingungen für den Barsoi verbesserten sich wieder. Die private Barsoizucht kam allmählich wieder in Schwung, auch eine staatliche Zucht wurde begonnen. Der traditionelle russische Barsoi wurde zum Gebrauchsjagdhund, der unter anderem zum Fang von Pelztieren eingesetzt wurde, weil er im Gegensatz zur Schusswaffe das Fell nicht beschädigte.

Im Westen entwickelte sich bis zum Ende der 60er-Jahre des vergangenen Jahrhunderts eine völlig eigenständige Barsoizucht,

Rassestandard Barsoi

Der gültige **Standard** des Barsois hebt seine imponierende Größe, sein reiches Haarkleid, die Schönheit seiner Farben und Ausgeglichenheit seiner Proportionen, die Harmonie seiner Bewegungen und ein ruhiges und zurückhaltendes Wesen hervor. Gleichzeitig soll er aber ‚Raubzeugschärfe' zeigen, ein Merkmal, das auf die heute noch in Russland aktuelle jagdliche Verwendung hindeutet und das ohne die nötige Gehorsamserziehung den Windhundbesitzer in unseren Breiten in erhebliche Schwierigkeiten bringen kann.

Die Schulterhöhe beim Barsoirüden soll 70 bis 82 cm betragen, auch größer ist zulässig, solange die Größe nicht auf Kosten der Harmonie geht oder die Schnelligkeit beeinträchtigt. Die Hündinnen sind entsprechend kleiner. Der Widerrist ist nur wenig höher als das Kreuzbein. Sein Format ist leicht rechteckig, die Rumpflänge übertrifft die Schulterhöhe um ein bis zwei Zentimeter. Vom Typus her soll er ausgesprochen linear oder leptosom sein, also langschädelig, langgliedrig, schmal, mit flachem, aber tiefem Brustkorb.

Der **Kopf** ist lang, schmal, trocken und fein gemeißelt, spitzt sich zur Nase hin allmählich zu, der Fang ist etwas länger als der Schädel. Ein Stirnabsatz ist nicht vorhanden. Der Oberkopf ist flach und schmal, der Hinterhauptstachel ausgeprägt. Der Fang soll kräftig, lang und schmal sein, mit vollständigem, kräftigem Scheren- oder Zangengebiss, die Augen groß und mandelförmig, möglichst dunkel (kastanienbraun) mit dunkel pigmentierten Lidrändern und ziemlich nahe zusammenliegend. Die Ohren sind hoch und weit hinten angesetzt, kleine und feinledrige Rosenohren, die im Affekt aufgerichtet werden und dann meistens nach vorne abkippende Spitzen zeigen. Der Kopf wird von einem langen, gut bemuskelten und seitlich flachen Hals getragen, der Rücken bildet namentlich beim Rüden einen flachen Bogen, dessen höchster Punkt am Übergang vom Brust- zum Lendenteil liegt. Brust- und Lendenteil sind etwa gleich lang, der Lendenteil ist breit und sehr muskulös. Die Oberlinie bei der Hündin kann etwas flacher verlaufen. Die Brust ist lang und sehr tief, aber ziemlich schmal und flach. Sie zeigt nur eine geringe Rippenwölbung. Der Bauch ist sehr stark aufgezogen. Die Kruppe ist lang, breit und stark bemuskelt, in Fortsetzung der Rückenwölbung nach hinten abfallend. Die Hüftknochen sollen mindestens eine Handbreit auseinander stehen. Die Rute ist tief angesetzt und reicht, zwischen den Hinterschenkeln durchgezogen, mindestens bis zum oberen Hüftbeinrand. Sie ist reich behaart und wird in der Ruhe hängend, im Affekt erhoben getragen, soll aber dabei die Rückenlinie nicht überragen. Eingerollte oder zu hoch getragene Ruten gelten als Schönheitsfehler.

Die Vordergliedmaßen sind lang, trocken bemuskelt und die Läufe von allen Seiten gesehen gerade. Die Winkelungen insgesamt eher steil, Schulter- und Ellbogenwinkel stark geöffnet. Zu steile Winkelungen, so genannte Säulengliedmaßen, gelten jedoch als Fehler. Die Hintergliedmaßen sind ebenfalls lang, sehr stark bemuskelt und weniger steil gewinkelt als die Vordergliedmaßen. Von hinten gesehen stehen sie parallel, aber etwas weiter auseinander als vorne. Von der Seite gesehen sind sie leicht nach hinten gestellt. Die Pfoten sind vorne und hinten parallel gestellt, schmal und oval, mit gewölbten und geschlossenen Zehen und gut pigmentierten Krallen und Ballen.

Das **Gangwerk** ist im Schritt und im Trab federnd und weit ausgreifend, im Galopp zeigt der Barsoi große, fließende Sprünge.

Das **Haarkleid** ist lang und seidig, gewellt oder gelockt. Kurzhaar, hartes Haar oder Kräuselhaar gelten als Fehler. Besonders reich und dicht ist das Haarkleid am Hals, an der Unterbrust, an den Rückseiten der Vorderläufe, an den Hinterbacken und der Rute. Kurz ist das Haar nur am Kopf, an den Ohren und den Vorderseiten der Läufe. Fast alle Farben sind erlaubt, Weiß, Gold in allen Schattierungen, Rot, Schwarzgewolkt mit dunklem Fang und Läufen, Grau, Gestromt, Schwarz. Alle diese Farben kommen sowohl einfarbig als auch als Scheckung auf weißem Grund vor. Eine Besonderheit beim Barsoi ist der ‚Mantel', eine ausgedehnte dunkle Zeichnung über den ganzen Rücken auf hellem Grund. Brandzeichnung ist erlaubt, aber nicht erwünscht, Kaffeefarbig oder Getüpfelt gelten als Fehler.

Das Wesen soll sich durch vornehme Ruhe und Zurückhaltung, Sicherheit und Unerschrockenheit auszeichnen.

---

die nicht auf Zuchttiere aus dem Ursprungsgebiet zurückgreifen konnte. Hier sollen auch gelegentlich Collies eingekreuzt worden sein, um ein reicheres Haarkleid zu erzielen, was dann aber zu runderen Knochen an den Läufen und zu runderen Pfoten geführt haben soll. Trotzdem haben sich, wie sich heute zeigt, die Typen nur wenig auseinander entwickelt. Der Barsoi westlicher Prägung ist größer, hat ein reicheres Haarkleid und ein freundliches Wesen. In der ehemaligen UdSSR wurde mehr Wert auf Gebrauchseigenschaften wie Jagdtauglichkeit und Gehorsam gelegt, während eine Zuchtselektion nach Schönheit erst in zweiter Linie stattfand.

So weit der Standard. Eine sehr wichtige Eigenschaft des Barsois kommt darin nicht vor – der Barsoi ist mehr als alle anderen Windhunde lernwillig und gehorsam. Es gibt nur wenige Windhunde, die sich im vollen Lauf vom Hasen abrufen lassen und die meisten davon sind Barsois. Offensichtlich hat die Selektion auf Jagdeigenschaften, auf Zusammenarbeit mit dem Menschen dazu geführt, dass **Lernwilligkeit** und Gehorsam bei dieser Hunderasse oft stärker ausgeprägt sind als bei anderen Windhunden. Damit ist ausdrücklich nicht Lernfähigkeit gemeint, denn es ist sicher nicht so, dass die eher schwer zu erziehenden orientalischen Windhundrassen weniger lernfähig sind, vielmehr ist es ihre Unabhängigkeit, die eine Erziehung erschwert.

Der Barsoi aber ist von Natur aus gehorsam und bei freundlicher Erziehung wird er immer bemüht sein, es seinem Herrn recht zu machen. Erziehung ist aber auch notwendig, wenn man die ursprünglich wichtigen Eigenschaften des Barsois betrachtet: Er wurde zu Wolfsjagd eingesetzt und vor nicht allzu langer Zeit in der ehemaligen UdSSR zur Pelztierjagd. Der Drang zu jagen ist dem Barsoi normalerweise angeboren, wenn auch bei den westeuropäischen und amerikanischen Linien weniger ausgeprägt als bei den russischen, und dieses typische Verhalten muss hier und heute kanalisiert und beherrscht werden. Auch die im Standard vermerkte ‚Raubzeugschärfe' ist heute allenfalls für einen aktiven Jäger eine wertvolle Eigenschaft, der normale Barsoibesitzer muss daraus schließen, dass man Barsois und Katzen möglichst jung aneinander gewöhnen sollte, wenn man Schwierigkeiten vermeiden will.

Mit anderen Hunden kommt der Barsoi meistens gut aus, seine Gelassenheit und Souveränität lassen ihn ein wenig über den Dingen stehen. Wenn er sich aber angegriffen fühlt, wird er zur Sache gehen. Er zeigt ein ausgeprägtes Rudelverhalten, deshalb sind auch Rangordnungskämpfe vor allem unter Rüden keine Seltenheit. Wenn aber der Barsoi seinen Herrn als Rudelführer akzeptiert, wird dieser in der Lage sein, solche Kämpfe zu unterbinden.

Alle Blicke auf den Hasen gerichtet – als Gemeinschaftsjäger arbeiten Barsois im Team.

Bewegung ist wichtig, die meisten Barsois lieben die Rennbahn und vor allem das Coursing. Aber der Barsoi ist ein Gemeinschaftsjäger, das heißt, er läuft nicht einfach drauflos, dem Objekt hinterher, um es zu fangen, sondern er wird sich auch um den Standort seiner Mitjäger kümmern, eventuell den Kopf drehen oder langsamer werden und einen Positionswechsel vornehmen wollen. Das kann in einem Rennen schon mal zu einer Disqualifikation führen, ohne dass ein eigentlicher Angriff vorliegt. Man darf nicht vergessen, dass die Regeln für das Rennen in erster Linie für Greyhounds gemacht wurden, die schon über viele Generationen nicht nur auf Schnelligkeit, sondern auch auf korrektes Rennverhalten gezüchtet wurden. Barsois, die dieses Verhalten nicht zeigen, sind beim Coursing besser aufgehoben: Zum einen müssen sie nicht auf engem Raum nebeneinander laufen, zum anderen wird die Berücksichtigung der Position des Mitjägers und eine daran angepasste Anlage des Laufes mit Punkten für Zusammenarbeit belohnt.

Trotz seiner Größe und Kraft ist der Barsoi ein angenehmer **Hausgenosse**, der sich an seine Umgebung anpasst, nicht nervös oder aggressiv, aber bereit, Haus und Hof und vor allem seine Familie zu verteidigen. Mit anderen Haustieren und Kindern kommt er meist gut aus, vor allem, wenn er schon jung daran gewöhnt wurde. Im Haus nimmt er nicht viel Raum ein, bewegt sich vorsichtig und den Platzverhältnissen angepasst.

WINDHUNDRASSEN

Die **Fellpflege** ist trotz des langen seidigen Haarkleids recht einfach, weil das Fell von der Struktur her keine Tendenz zum Verfilzen zeigt und der Barsoi von Natur aus sauber ist. Und seine Eignung zum Begleithund steht außer Frage; der Barsoi lernt schnell und willig, was er wissen muss. Ob man ihn ohne Leine laufen lassen kann, hängt im Wesentlichen von der Erziehung ab. Im freien Gelände ohne Wild wird das immer möglich sein, aber ob die Erziehung weit genug gediehen ist, auch beim Anblick eines davonhoppelnden Kaninchens oder einer Katze über den Hetztrieb zu dominieren, das muss sorgfältig erwogen werden.

Populationstendenz: zunehmend

Chart Polski (Polnischer Windhund)

FCI-Standard Nr. 333, Ursprungsland: Polen

Der Chart Polski ist ein heute ein seltener Windhund, aber er hat eine lange Tradition. Schon seit dem 13. Jahrhundert ist er in Polen urkundlich belegt. Er sieht aus wie eine Kreuzung zwischen Barsoi und Greyhound, stammt aber wahrscheinlich von salukiartigen asiatischen Windhunden ab. Sein äußeres Erscheinungsbild ist über Jahrhunderte hinweg ziemlich einheitlich geblieben. Wie fast alle Windhunde war er ein Hund des Adels und der Großgrundbesitzer, der vorzugsweise bei der Jagd zu Pferde zum Einsatz kam. Laut Standard wurde er dabei vor allem zur Jagd auf Feldhase, Fuchs, Reh und Trappe, aber auch auf den Wolf eingesetzt.

In Polen wurde nach dem Zweiten Weltkrieg 1946 die Jagd mit Windhunden und ihre Haltung verboten. Deshalb galt der Chart Polski lange als ausgestorben. Er hatte sich aber ebenso wie der Barsoi in einigen Exemplaren bei Leuten erhalten, die ihn aus Liebhaberei oder zum Wildern hielten. Als sich in den 70er-Jahren des 20. Jahrhun-

■ Oben: Chart Polski.

■ Rechts: Auch auf Ausstellungen präsentiert sich der Polnische Windhund souverän.

52

Rassestandard Chart Polski

Laut **Standard** ist der Chart Polski ein großer, kraftvoller, muskulöser Hund, deutlich größer und stärker als alle anderen kurzhaarigen Windhunde. Sein starker Knochenbau, die ausgeprägte Muskulatur und die kraftvollen Kiefer sind durch die Anpassung des asiatischen Windhundes an die klimatischen und sonstigen Lebensbedingungen in Polen entstanden. Sein Format wird durch ein liegendes Rechteck umrissen, das Verhältnis von Körperlänge zu Widerristhöhe soll 10,2 bis 10,3 : 10 betragen.

Das **Wesen** des Polnischen Windhundes soll sicher und selbstbewusst sein, dabei zurückhaltend und mutig. Bei der Verfolgung des Objekts ist er ausdauernd, geschickt und schnell. Im Affekt sind seine Reaktionen schnell und heftig und er verhält sich anderen Hunden gegenüber ziemlich dominant.

Der kräftige, trockene und lange **Kopf** hat ein flaches Schädeldach mit wenig hervortretenden Stirnvorsprüngen und Augenbrauenwülsten. Auch der Stopp ist nur wenig betont. Der Nasenschwamm soll schwarz oder dunkel sein, der Fang kräftig und eher stumpf. Die Kiefer sind ebenso wie die Zähne kräftig und stark, ein Scherengebiss wird bevorzugt, Zangengebiss ist zulässig. Das Auge soll möglichst dunkel sein, aber je nach Fellfarbe ist auch bernsteinfarben zulässig. Der Ausdruck soll aufmerksam und durchdringend sein. Die Ohren sind schmal und mittelgroß, der Ansatz befindet sich in Augenhöhe. Sie können auf verschiedene Arten getragen werden: nach hinten gelegt am Hals anliegend, dachförmig oder bei Erregung völlig aufgerichtet, eventuell mit leicht nach vorne gekippter Spitze.

Der Hals soll lang, muskulös und kräftig sein, mit ovalem Querschnitt, der Rücken eine sanft gewölbte, breite und muskulöse Lendenpartie haben. Die Kruppe ist breit und muskulös und fällt allmählich nach hinten ab. Der Brustkasten ist geräumig und sehr tief, die Brustbeingegend liegt in Höhe des Ellenbogengelenks. Die Vorderläufe sind lang und gut bemuskelt, von vorne gesehen parallel stehend, die Hinterhand ebenfalls lang und gut bemuskelt, leicht nach hinten gestellt. Die Bewegungen sind energisch und fließend, raumgreifend im Schritt wie im Trab. Passgang ist beim langsamen Vorführen erlaubt, der Wechsel in die normale diagonale Schrittfolge soll aber bei schnellerem Tempo sofort erfolgen.

Die **Behaarung** ist kurz und elastisch-fest, nicht drahtig oder seidig. Am Widerrist, am Gesäß und an der Rutenunterseite ist das Haar am längsten. Alle Fellfarben sind erlaubt. Die Farbe des Nasenschwamms kann bei heller Fellfarbe angepasst hell sein.

Die Widerristhöhe beträgt 70 bis 80 cm für Rüden, für Hündinnen 68 bis 75 cm. Abweichungen nach oben sind erlaubt, wenn das typische Erscheinungsbild gewahrt ist.

---

derts die politischen Verhältnisse etwas lockerten, tauchten auch die übrig gebliebenen Chart Polskis wieder auf. Der Chart Polski ist wie der Magyar Agar ein robuster, pflegeleichter Hund, hervorragend angepasst an die klimatischen und topografischen Gegebenheiten seines Ursprungslandes.

Er ist **leicht zu erziehen** und von Natur aus gehorsam, verlangt aber, weil er groß und kräftig ist und zu schnellen, heftigen Reaktionen neigt, eine feste Hand und konsequente Führung. Unempfindlich, konditionsstark, schnell und muskulös wie er ist, braucht er ausreichend Bewegung. Bei entsprechender Gewöhnung passt er sich auch an eine Familie gut an. Er kann sowohl auf der Rennbahn als auch im Coursing eingesetzt werden. Nicht unbedingt ein Stadthund, aber ideal für sportliche Besitzer.

Populationstendenz: uneinheitlich

Mediterrane Windhunde

Mediterrane Windhunde

- Klein bis mittelgroß
- Großer Freiheits- und Bewegungsdrang
- Rot in allen Schattierungen oder Weiß
- Bauch nicht so stark aufgezogen
- Verträgt Hitze
- Stehende Ohren

Ob die Mediterranen Windhunde wirklich den Windhunden zuzuordnen sind, ob man sie zu den Urtyphunden oder zu den Laufhunden zählt, ist ein alter, bis heute noch nicht entschiedener Streit. Sie können nach Sicht jagen

WINDHUNDRASSEN

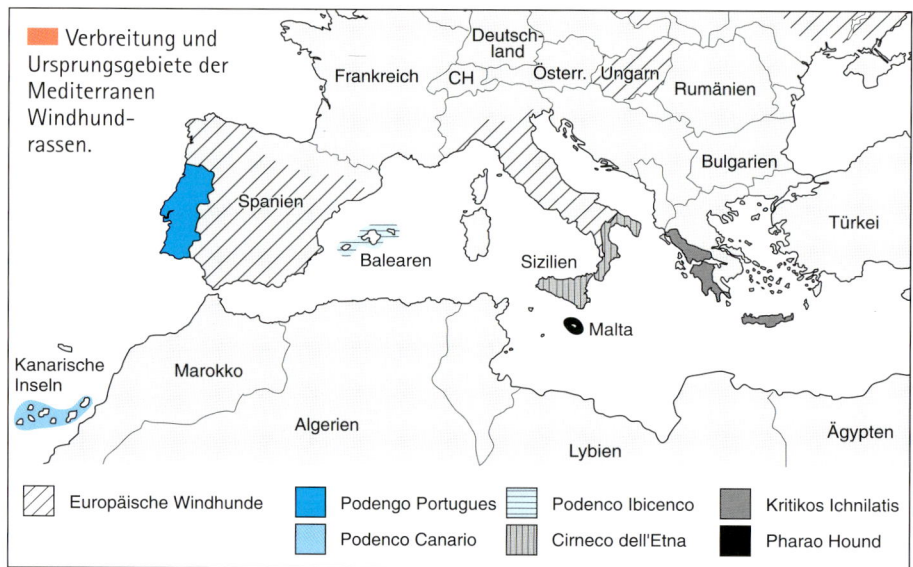

Podenco Ibicenco, in Ibiza gelegentlich auch in rauhaarig zu finden.

wie die Windhunde. Aber ihr Geruchssinn ist viel stärker ausgeprägt als bei den eigentlichen Windhunden und sie sind meist in der Lage, einer Spur zu folgen und das Wild mit der Nase aufzustöbern. Auch ihr hervorragendes Gehör wird bei der Jagd zu Hilfe genommen. Wenn man Besitzer oder Züchter fragt, erhält man unterschiedliche Antworten. In Deutschland werden diese Hunderassen seit 1999 vom DWZRV vertreten und sie nehmen auch in wachsender Zahl nicht nur an Windhundspezialzuchtschauen, sondern auch an Rennen und vor allem Coursings teil. Die windhundnahen Rassen, wie sie hier genannt werden sollen, sind alle im Mittelmeerraum beheimatet. Es handelt sich um sehr alte Hunderassen und eine gezielte Zucht fand wahrscheinlich über Jahrhunderte hinweg nicht statt, aber in der Isolation der Mittelmeerinseln hat sich ein Hundetyp erhalten, wie er uns von zahlreichen ägyptischen Abbildungen bekannt ist. Vermischungen mit anderen Hunderassen fanden nicht statt. Sie haben nicht das anliegende, nach hinten gefaltete Rosenohr der europäischen Windhunde und auch nicht das Hängeohr der Orientalen, sondern große Stehohren. Die eingerollte Rute ihrer altägyptischen Vorfahren zeigen sie nicht mehr, sie wird in entspanntem Zustand hängend getragen, in der Erregung sichelförmig oder mehr oder weniger steil nach oben stehend. Typisch ist auch die rote Farbe in allen Schattierungen, rot mit weißen Abzeichen oder weiß mit roten Abzeichen, und der haut- bis leberfarbene Nasenschwamm. Die Bemuskelung ist eher flach, sie ähnelt mehr der eines Sloughi als der eines Greyhounds, der Rücken ist gerade und der Bauch nicht so stark aufgezogen wie bei den eigentlichen Windhunden.

Pharao Hound (Kelb Tal Fenek)

FCI-Standard Nr. 248, Ursprungsland: Malta

Am bekanntesten unter den Windhundleuten im deutschsprachigen Raum ist der Pharao Hound oder Kelb Tal Fenek. Dieser ursprüngliche Name deutet vielleicht schon an, dass es sich nicht um einen eigentlichen Windhund handelt, denn ‚kelb' benennt im arabischen Sprachraum eben nicht die Windhunde, sondern alle übrigen.

MEDITERRANE WINDHUNDE

Er wird schon seit mehreren Jahren vom DWZRV betreut und nimmt sowohl an Ausstellungen als auch an Rennen und Coursings teil. In seiner Heimat wird er zur Kaninchenjagd verwendet. Er jagt sowohl nach Sicht als auch mit dem Geruchssinn und sein vorzügliches Gehör ist ihm ebenfalls beim Aufstöbern und Verfolgen des Wildes behilflich.

Er ist mittelgroß, schnell und leichtfüßig in der Bewegung, dabei kraftvoll und aufmerksam. Pharaonenhunde sind robuste, vorzüglich an das Klima und die Topografie ihrer Heimat angepasste Hunde, die sich aber auch in Mitteleuropa sehr wohl fühlen und weder Kälte noch schlechtes Wetter scheuen.

Der Pharao Hound hat in den letzten Jahren in Deutschland immer mehr Anhänger gewonnen, ist aber noch weit davon entfernt, ein Modehund zu sein. Sein angenehmes, lebhaftes Wesen, sein zutrauliches Verhalten, seine Intelligenz und Wachsamkeit haben die Zahl seiner Freunde wachsen lassen. Aber auch er ist ein Hetzhund, das heißt, er braucht neben Ruhephasen viel Bewegung und neigt zu heftigen Reaktionen, wenn er ein ihm geeignet erscheinendes Beutetier sieht. Er ist gelehrig und ziemlich gehorsam und kann mit freundlicher Geduld und Konsequenz gut erzogen werden. Das kurze Fell braucht nicht viel Pflege. Er ist meist ein leidenschaftlicher Renn- und Coursinghund und auch auf Ausstellungen gut zu führen. Auch Agility-Training oder die Begleithundeprüfung sind mit einem Pharao Hound durchaus möglich. In die Familie fügt er sich ohne Probleme ein.

> ### Rassestandard Pharao Hound
>
> Der **Kopf** ist keilförmig, der Vorderkopf etwas länger als der Schädel. Die Farbe des Nasenschwamms und die der Augen sind an die Farbe des Fells angepasst. Der Ausdruck ist aufmerksam und intelligent. Die Rückenlinie ist nahezu gerade, die Kruppe fällt zum Rutenansatz hin leicht ab. Die Brust ist tief, aber der Bauch nur mäßig aufgezogen. Die Widerristhöhe des Pharao Hound ist etwas geringer als die Körperlänge. Der Kopf wird hoch getragen, die Bewegungen sind fließend und raumgreifend.
>
> Das **Haarkleid** ist kurz und glänzend, ohne jegliche Befederung, in der Struktur von fein bis harsch. Farbe Rot bis Dunkelrostfarben, folgende weiße Markierungen sind zulässig: weiße Schwanzspitze und weißer Brustfleck, weiße Abzeichen an den Zehen und eine schmale weiße Blesse auf der Mittellinie des Gesichts. Mehr Weiß ist unerwünscht. Die ideale Größe für Rüden beträgt 56 cm, für Hündinnen 53 cm.

■ Pharao Hound in seiner außergewöhnlichen roten Farbe.

■ Der liegende Pharao Hound erinnert an den ägyptischen Schakalgott Anubis.

WINDHUNDRASSEN

Cirneco dell'Etna

FCI-Standard Nr. 199, Ursprungsland: Italien (Sizilien)

Wie der Pharaonenhund ist auch der Cirneco dell'Etna eine jahrtausendalte Hunderasse, die durch die isolierte Inselpopulation fast unverändert geblieben ist. Ob er nun von den Niltaljagdhunden der Pharaonenzeit abstammt und durch die Phönizier nach Sizilien gebracht wurde, oder ob es sich um eine alte Rasse sizilianischen Ursprungs handelt, ist noch nicht vollständig geklärt.

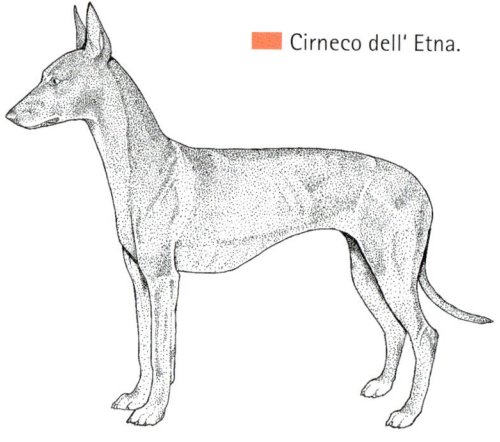

Cirneco dell' Etna.

Der Cirneco dell'Etna ist im deutschsprachigen Raum sehr selten. Er ist sehr robust, in Sizilien wird er zur Jagd auf Kaninchen an den Hängen des Ätna benutzt. Auch bei der Haltung als Familien- oder Begleithund braucht er viel Bewegung und Beschäftigung, Menschen gegenüber aber ist er sanft und zärtlich. Er kann auch gut am Rad oder beim Joggen bewegt werden. Auf Rennen sieht man ihn nicht, weil die Population hier zu klein ist, aber am Renntraining und bei Coursingveranstaltungen und Ausstellungen kann er teilnehmen. In der Haltung ist er durch seine Größe und sein kurzes Fell nicht besonders anspruchsvoll, er ist gesundheitlich robust und durchaus gelehrig.

Podenco Ibicenco

FCI-Standard Nr. 89, Ursprungsland Spanien (Balearen)

Auch der Podenco Ibicenco oder Balearen-Windhund (Ca Eivissec, früher auch Pharaonenhund) ist ein Inselhund. Er ist auf Mallorca, Menorca, Ibiza und Formentera beheimatet, heute aber auch in ganz Katalonien, der Gegend um Valencia, im französischen Roussillon und in der Provence. Im deutschsprachigen Raum hat er in den letzten Jahren mehr Liebhaber gefunden. Es handelt sich beim Podenco Ibicenco um eine alte Jagdhundrasse, die auch heute noch in ihrer Heimat zur Kaninchen- und Hasenjagd verwendet wird, gelegentlich auch bei größerem Wild. Wie der Pharao Hound jagt auch der Podenco Ibicenco so-

---

Rassestandard Cirneco dell'Etna

Sein äußeres **Erscheinungsbild** ist dem des Pharaonenhundes sehr ähnlich, auch wenn er etwas kleiner und gedrungener ist. Seine Größe entspricht etwa der eines Whippets, die Rüden sind 46 bis 50 cm groß, die Hündinnen 42 bis 46 cm. Im Gegensatz zum Pharao Hound ist er quadratisch, das heißt seine Körperlänge entspricht seiner Widerristhöhe. Die Farbe seines Nasenschwamms richtet sich nach der Fellfarbe, von dunklerem Braun bis Fleischfarben, und auch seine Augen sollen nicht zu dunkel sein, sondern ocker, bernsteinfarben oder grau. Sie sind seitlich eingesetzt und eher klein. Die Kiefer sind nicht allzu kräftig, aber normal entwickelt, der Unterkiefer etwas schwächer mit leicht fliehendem Kinn, das Gebiss des Cirneco dell'Etna ist ein vollzahniges Scherengebiss.

Der Hals ist in der Oberlinie gewölbt und so lang wie der Kopf, der Rücken fällt zur Kruppe hin in gerader Linie leicht ab. Die Rückenmuskulatur ist nicht sehr ausgeprägt, aber fest, der Brustkorb geht fast bis zu Ellbogenhöhe, die Brust ist eher eng. Die Rute ist tief angesetzt, lang und gleichmäßig stark, in der Ruhe sichelförmig getragen.

Der Cirneco dell'Etna ist nicht rot wie der Pharaonenhund, sondern heller oder dunkler falbfarben, einfarbig oder mit weißen Abzeichen. Einfarbig weiß oder mit orangeroten Flecken ist zulässig.

Das **Haarkleid** ist kurz auf Kopf, Ohren und Gliedmaßen, auf Rumpf und Rute etwa 3 cm lang, aber glatt und anliegend.

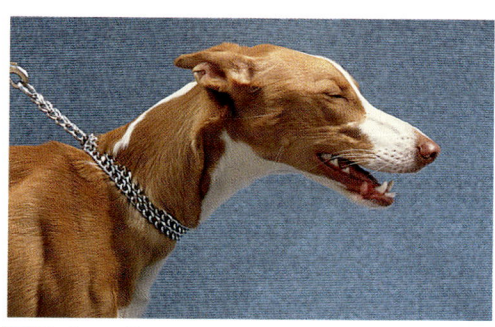

Podenco Ibicenco.

wohl auf Sicht als auch mit dem Geruchssinn und nach Gehör. Er wird zur Jagd mit der Meute benutzt, wobei eine Meute meist nur aus Hündinnen und höchstens einem Rüden besteht, denn die Rüden sind untereinander oft streitlustig und nicht zur Zusammenarbeit bereit. Diese ursprüngliche und robuste Rasse ist auch unter den Namen Mallorqui, Xarnelo, Charnege, Charnegui und Balearen-Hund bekannt. Die Hunde sollen durch die Phönizier, die Karthager oder auch die Römer auf die spanischen Mittelmeerinseln gebracht worden sein.

Die **Haltung** des Podenco Ibicenco ist nicht ganz einfach. Sein Bewegungsdrang ist sehr groß und seine Jagdleidenschaft ebenso. Im Gegensatz zu den Windhunden im engeren Sinn folgt er dem Wild nicht nur, solange er es sieht, sondern jagt auch mit der Nase und dem Gehör. Trotzdem ist eine Erziehung mit Geduld und Konsequenz möglich und auch eine jagdliche Verwendung in unseren Breiten, denn diese Rasse kann nicht nur hervorragend einer Spur folgen, sondern apportiert auch sehr gut. Mehrere Rüden zusammen zu halten kann schwierig sein, denn sie sind Geschlechtsgenossen gegenüber meist unverträglich, während Hündinnen untereinander fast immer unproblematisch sind. Der Podenco Ibicenco ist eher ein Hund für ländliche Gebiete. Er braucht nicht nur viel Bewegung, sondern auch einen Garten mit hoher Umzäunung, denn seine Sprungkraft ist enorm und sein Freiheitsdrang ebenfalls. Im Umgang mit Halter und Familie ist er freundlich und zu jedem Unsinn bereit, zu Fremden eher misstrauisch, manchmal ängstlich. Nicht alle Hunde dieser Rasse finden die Jagd nach dem künstlichen Hasen reizvoll und sie lassen sich oft auch nur schwer wieder einfangen.

Podenco Canario

FCI-Standard Nr. 329, Ursprungsland: Spanien (Kanarische Inseln)

Obwohl das geographisch nicht ganz richtig ist, wird auch der Podenco Canario zu den Mediterranen Windhunden gezählt. Sein Ursprung liegt ebenfalls im alten Ägypten. Auch er hat sich durch seine besonderen jagdlichen Fähigkeiten und durch die Insellage seiner Heimat fast unverändert über Jahrtausende erhalten.

Der Podenco Canario ist wie auch der Podenco Ibicenco an die eingeschränkten

---

Rassestandard Podenco Ibicenco

Der Podenco Ibicenco ist größer als der Pharaonenhund und der Cirneco dell'Etna. Rüden 66 bis 72 cm, Hündinnen 60 bis 67 cm. (Eine gewisse Abweichung von der Standardgröße nach oben und unten wird toleriert.) Der Podenco Ibicenco kommt in den Varietäten Glatthaar, Rauhaar und Langhaar vor. Das Glatthaar soll glänzend und fest sein, das Rauhaar hart und sehr dicht, eventuell mit Bart, das Langhaar soll weicher sein und eine Länge von mindestens 5 cm aufweisen.

Er hat einen im Verhältnis zum Körper eher kleinen **Kopf**, trocken und schmal. Das Auge ist schräg und klein, hell bernsteinfarben, der Blick ist intelligent und aufgeweckt, der Nasenschwamm ebenso wie die Lefzen fleischfarben. Die Ohren sind sehr beweglich und werden meistens aufgerichtet getragen, können aber auch nach vorne, zur Seite oder nach hinten gerichtet werden.

Die **Haut** ist straff am Körper anliegend, insbesondere auch im Halsbereich (keine Wamme) und rötlich gefärbt. Die Brust ist tief, lang und schmal, aber sie geht nicht ganz bis zu den Ellenbogen, der Bauch ist nur mäßig aufgezogen. Die Muskulatur ist kräftig, aber eher flach. Der Podenco Ibicenco bewegt sich vorzugsweise im Trab oder schnellen Galopp.

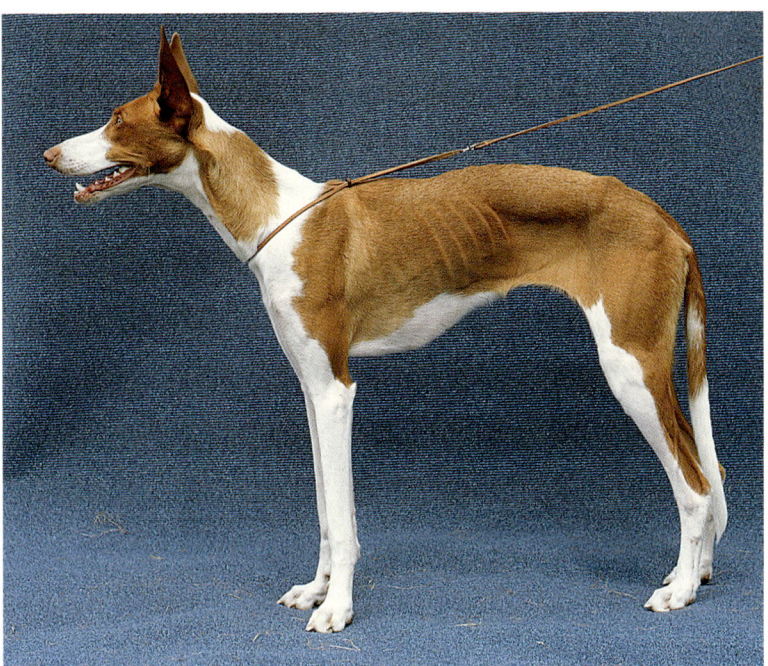

■ Die glatthaarige Variante des Podenco Ibicenco, vergleiche auch Fotos Seite 11 und 54, in seiner typischen Rot-Weiß-Färbung.

WINDHUNDRASSEN

Podenco Canario.

> **Rassestandard Podenco Canario**
>
> Er ist mittelgroß, etwas kleiner als der Podenco Ibicenco, schlank, von leicht rechteckigem Format, sehr ausdauernd und robust.
>
> Die Brust ist gut entwickelt, reicht jedoch nicht bis zur Ellenbogenhöhe, der Bauch ist nicht zu stark aufgezogen. Wie die eigentlichen Windhunde hat er kaum Unterhautfett, sein Knochengerüst mit Rippen und Wirbelsäule ist ebenso gut zu erkennen wie das Spiel der Muskeln. Rüden sind 55 bis 64 cm groß, Hündinnen 53 bis 60 cm. Geringe Abweichungen nach oben und unten werden toleriert.
>
> Das Haar ist kurz, glatt und dicht, in der Farbe rot mit weiß, wobei das Rot von Hellorange bis Kastanienbraun geht. Alle Kombinationen dieser Farben sind erlaubt. Der Nasenschwamm ist je nach Fellfarbe haut- bis leberfarben, das Auge hell- bis dunkelbernsteinfarben. Der Blick ist intelligent und zeigt Adel.

Raum- und Lebensverhältnisse in unseren Breiten nur wenig angepasst. Er hat nicht nur den Hetztrieb der eigentlichen Windhunde, auch er jagt mit Nase und Gehör. Das macht ihn zu einem nicht einfach zu haltenden Hund. Zwar ist er gelehrig und ein hervorragender Spurenleser, so dass einer jagdlichen Verwendung nichts im Wege steht, aber er braucht sehr viel Bewegung und eine sorgfältige Erziehung. Sein Freiheitsdrang ist groß, der künstliche Hase beim Rennen oder Coursing erregt nicht immer seine Aufmerksamkeit. Er ist sehr **temperamentvoll**, eher unruhig und nervös als gelassen und braucht deshalb genügend Bewegung und sinnvolle Beschäftigung. Seinem Herrn ist er treu ergeben, anderen Hunden gegenüber aber manchmal etwas schwierig.

Er muss früh und sorgfältig sozialisiert werden, um später ein angenehmer Hausgenosse zu sein. In Pflege und Ernährung ist er nicht anspruchsvoll, körperlich robust und ungeheuer ausdauernd. Ein Hund also für den sportlichen Halter, der mit ihm joggt oder ihn am Fahrrad trainiert oder nach entsprechender Ausbildung zur Jagd mitnimmt.

Podengo Portugues

FCI-Standard Nr. 94, Ursprungsland: Portugal

Der portugiesische Podengo unterscheidet sich von den übrigen Mittelmeerrassen deutlich. Es scheint nicht ganz geklärt zu sein, ob er von den altägyptischen Jagdhunden des Niltales abstammt wie etwa die spanischen Podencos oder doch ein Abkömmling kleiner, auf der Iberischen Halbinsel beheimateter Wölfe ist. In jedem Fall handelt es sich um eine sehr alte Rasse, die nur wenig planvoll gezüchtet wurde und deshalb kein sehr einheitliches Erscheinungsbild zeigt. Heute ist die Rasse vorwiegend im Norden Portugals verbreitet und wird dort nicht nur zur Jagd auf Kaninchen und sonstiges Kleinwild, sondern auch als Wachhund eingesetzt.

Der Podengo Portugues ist ein sehr gelehriger Hund, wachsam, aufmerksam und agil. Natürlich braucht er ausreichend Bewegung, hier merkt man wieder die Nähe zum Windhund, aber er fügt sich gut in eine Familie ein und ist im Allgemeinen auch anderen Hunden gegenüber tolerant.

NICHT FCI-ANERKANNTE WINDHUNDRASSEN

Podengo Portugues grande.

Podengo Portugues medio.

Podengo Portugues pequeno.

■ Der Podenco Portugues kommt in drei sehr verschiedenen Typen vor.

Rassestandard Podengo Portugues

Es gibt ihn in drei Größen: grande, medio und pequeno.

Der Podengo Grande ist auch im Ursprungsland fast ausgestorben. Er erreicht fast die Größe eines Greyhounds. Der häufigste Vertreter der Rasse ist der Podengo Medio mit einer Widerristhöhe von 40 bis 55 cm, also etwa so groß wie ein Whippet. Der Podengo Pequeno ist nur 20 bis 30 cm groß. Die einzelnen Größen gibt es außerdem noch mit unterschiedlicher Behaarung. Sie können kurz- oder langhaarig sein, das Kurzhaar ist glatt und dicht, das Langhaar rau und in der Struktur ähnlich wie Wildsauborsten. Die langhaarigen Podengos haben auch einen dichtbehaarten Fang und einen deutlichen Bart. Die Ohren werden aufgerichtet getragen (Stehohren) wie bei den übrigen mediterranen Hunden, aber der Nasenschwamm ist dunkler als das Fell, und auch die Schleimhäute sind dunkel pigmentiert.

Seine Widerristhöhe liegt deutlich unter seiner Körperlänge, was sich umso mehr zeigt, je kleiner er ist. Auch scheinen die kurzhaarigen Varianten im Allgemeinen etwas kräftiger gebaut zu sein als die langhaarigen. Der Podengo Portugues kommt in den Farben Weiß, Gelb, Falb und Schwarz vor, einfarbig oder mit weißen Abzeichen ist ebenso zulässig wie Weiß mit farbigen Abzeichen.

Nicht zu unterschätzen ist die immer vorhandene Hetzleidenschaft, die, gepaart mit einem hervorragenden Geruchssinn, immer wieder für Überraschungen sorgen kann. Erfahrungen mit Coursing und Rennen gibt es in Deutschland kaum, denn es werden zur Zeit nur sehr wenige portugiesische Podengos hier gehalten. Aber es ist auf jeden Fall einen Versuch wert, dem Hund auf diese ungefährliche Art ausreichende Bewegung zu ermöglichen. Auch auf Ausstellungen hat er Seltenheitswert, was dieser fröhlichen und aktiven Hunderasse gute Siegeschancen gibt. Der nicht anerkannte Podenco Andaluz ähnelt dem Podengo Portugues stark.

Nicht FCI-anerkannte Windhundrassen

Neben den zahlreichen von der FCI anerkannten Windhundrassen gibt es noch viele, nur lokal verbreitete Rassen, die bei uns gar nicht oder nur in einzelnen Exemplaren in Erscheinung treten. Es gibt nur wenig und teilweise widersprüchliche Literatur darüber, deshalb sollen sie an dieser Stelle nur knapp vorgestellt werden. Eine genaue Untersuchung und Darstellung dieser Rassen würde ohne Probleme ein weiteres Buch füllen.

WINDHUNDRASSEN

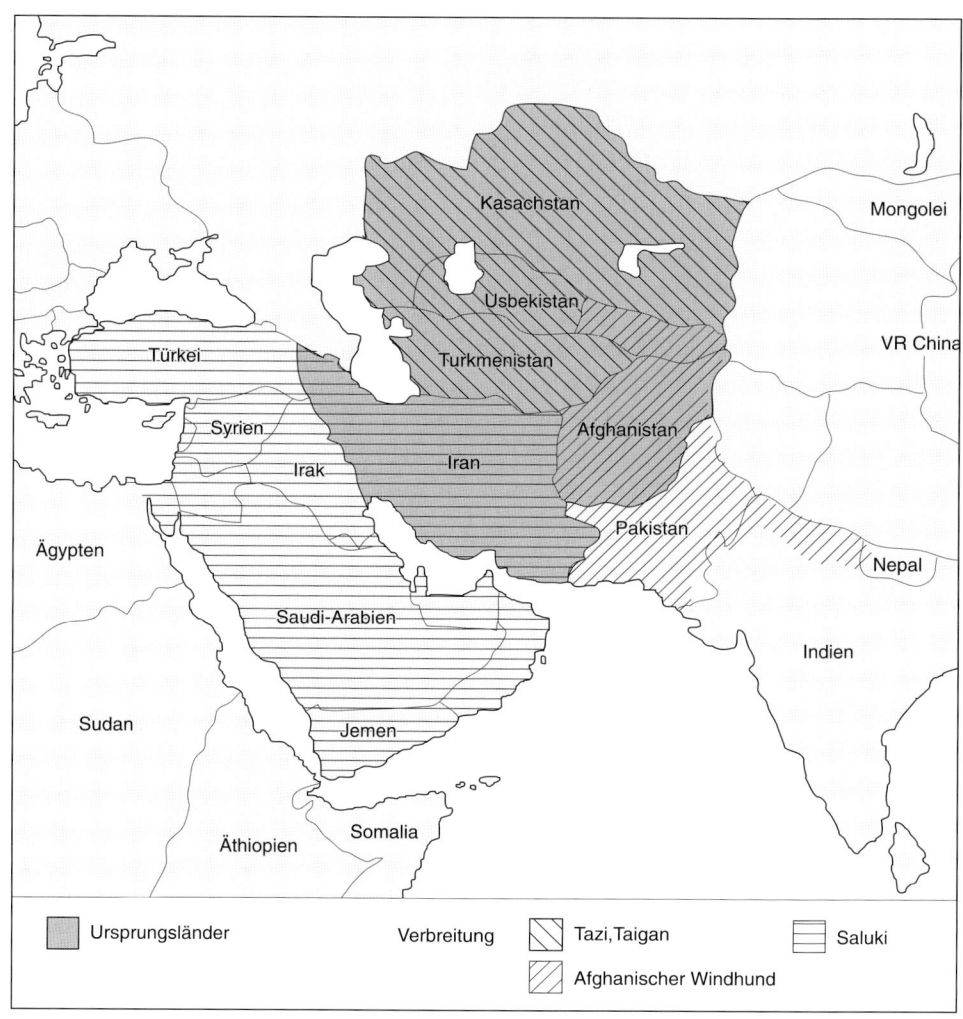

Orientalische Windhunde, Ursprungsländer und Verbreitung II.

Taigan.

Taigan

Die Bemühungen um die Anerkennung dieser aus Kirgisien und Usbekistan stammenden Rasse haben in den 80er-Jahren des 20. Jahrhunderts in Russland ihren Anfang genommen. Anfang der 90er-Jahre gab es dann Bestrebungen, eine gezielte Zucht mit einzelnen typischen Exemplaren aufzubauen und einen gültigen Standard zu erarbeiten, der die Grundlage für eine Reinzucht bilden könnte. Obwohl die Zuchtbemühungen von Russland ausgehen, zählt der Taigan ohne Zweifel zu den Orientalischen Windhunden. Er steht dem ursprünglichen Afghanischen Windhund nahe und ist wie dieser hervorragend an gebirgiges Gelände und große Höhen angepasst. Auch in Höhenlagen über 2700 m ist er in der Lage zu arbeiten (zu jagen). Sein starkes Skelett, die bewegliche Wirbelsäule, seine Wendigkeit, Sprungkraft und Energie, das alles kennzeichnet einen Arbeitshund im besten Sinn.

Die Bemühungen um einen Standard zielen deshalb in erster Linie auf die Erhaltung dieser Qualitäten ab. Seine Behaarung ist an die klimatischen Bedingungen seiner Heimat Zentralasien angepasst und bietet neben dem Schutz vor Kälte auch einen gewissen Schutz vor Verletzungen. Am Hinterkopf, den Ohren, dem Hals und den Vordergliedmaßen ist die Behaarung lang, ebenso an der Vorbrust und an den Hintergliedmaßen bis zum Sprunggelenk. Die am häufigsten vorkommende Farbe scheint Schwarz zu sein, aber auch Rot, Blond, Grau und Weiß sollen den verschiedenen Berichten nach existieren. Im deutschsprachigen Raum gibt es nur wenige Exemplare. Die schweizerische Zeitschrift „der windhundfreund" veröffentlichte in Nr. 237 im Mai 2000 eine ausführliche Beschreibung und den Entwurf eines Standards in französischer und deutscher Sprache.

Tazi

Auch der Tazi ist eine orientalische Windhundrasse. Das Wort ‚Tazi' als solches wird auch als Sammelname für verschiedene Windhundrassen verwendet. Im Arabischen bedeutet ‚Tazi' soviel wie ‚der Rennende'. Lange Zeit galt ‚Tazi' als Synonym für ‚Afghanischer Windhund', in Anatolien wird der Saluki als Tazi bezeichnet.

Aber es handelt sich wohl doch um eine eigene Rasse. Im Gegensatz zum mehr rechteckigen Taigan ist der Tazi wie der Afghane fast quadratisch, aber kurzhaarig. Auch sein Ursprung liegt in Zentralasien, aber er ist nicht auf die gebirgigen Regionen spezialisiert wie der Taigan. Die Bemühungen um Anerkennung dieser Rasse gehen ebenfalls von Russland aus, in Mitteleuropa gibt es nur sehr wenige Exemplare.

Rampur-Windhund

In Europa weitgehend unbekannt ist der indische Rampur-Windhund. Sein äußeres Erscheinungsbild ähnelt mehr dem des Slou-

Tazi, auch Russischer Steppenwindhund genannt.

Rampur-Windhund.

ghi als dem des Afghanen oder Saluki. Er ist kurzhaarig. Einkreuzungen von Greyhounds haben sein Aussehen stark verändert, was sich unter anderem an den Ohren zeigt, die zwar Hängeohren sind, aber relativ klein und nach Art von Rosenohren nach hinten gefaltet werden können. Wegen dieser Einkreuzungen könnte man ihn auch als europäisch-orientalischen Windhund bezeichnen. Wie viel vom Genmaterial der ursprünglichen Rasse noch vorhanden ist, ist nicht bekannt. Er wird

WINDHUNDRASSEN

Chortaj.

American Staghound.

auch heute noch als Arbeitshund (Hetzhund) gezüchtet. Seine Körpergröße variiert relativ stark und liegt im Bereich zwischen 56 und 76 cm.

Chortaj (Chort)

Der Chortaj ist wohl zu den europäischen Windhundrassen zählen. Er ähnelt dem Chart Polski sehr stark und ist wohl aus einer Kreuzung von inzwischen ausgestorbenen russischen Hetzhundrassen mit Greyhound und Barsoi entstanden. Er wird heute noch in Teilen der ehemaligen Sowjetunion als Jagdhund (Hetzhund) eingesetzt. Zuchtbemühungen gibt es in der Gegend um Moskau. Die Schulterhöhe eines Rüden beträgt etwa 75 cm.

American Staghound

Der American Staghound ist in Europa weitgehend unbekannt. Er entstand im 19. Jahrhundert in den USA aus den Rassen Irish Wolfhound, Deerhound und Greyhound. Wie der Irische Wolfshund und der Deerhound wurde er gezüchtet, um Wölfe abzuwehren, die zusammen mit Kojoten die Herden der Siedler bedrohten. Er hat raues Deckhaar mit feiner Unterwolle, zeigt oft eine greyhoundtypische Zeichnung und variiert in der Größe zwischen 63 und 84 cm. Nasenschwamm und Lefzen sind dunkel pigmentiert, das Auge dunkel umrandet und in der Farbe dem Haarkleid angepasst. Er ist verträglich mit anderen Hunden und kann auch in der Gruppe jagen. Robust und schnell wie er ist, findet er heute, nachdem die Wölfe keine Bedrohung mehr darstellen, bei der Hirschjagd Verwendung. Er ist gehorsam und ein guter, treuer Begleithund, braucht aber viel Raum um sich, ist also eher für ländliche Gebiete geeignet.

Lurcher

Der Lurcher ist keine eigentliche Windhundrasse, sondern eine nach den Bedürfnissen und Wünschen der jeweiligen Besitzer gezüchtete Mischlingsform. In Großbritannien und Irland, wo er vor Jahrhunderten entstanden ist, ist er auch heute noch weit verbreitet, auf dem europäischen Festland aber kaum zu finden. Auf den Britischen Inseln wird er noch immer zur Hasen- und Kaninchenjagd eingesetzt. Entstanden ist er aus den Windhundrassen Deerhound, Greyhound und Whippet, aber auch Collie und Terrier und möglicherweise noch einige andere waren an seiner Entstehung beteiligt. Heute verpaart man vermehrt Lurcher mit Lurcher, um einen homogeneren Typ zu erhalten. Den Genen seiner Ahnen entsprechend variiert die Größe der Lurcher stark und auch das Haarkleid kann kurz- oder rauhaarig sein. Das Auge ist meist dunkel,

NICHT FCI-ANERKANNTE WINDHUNDRASSEN

Der Lurcher zeigt sich in sehr uneinheitlichen Typen, glatt- und rauhaarig.

Nasenschwamm und Lefzen gut pigmentiert. Alle Farben kommen vor und auch die greyhoundtypische Zeichnung. Er hat ein Rosenohr. Der Lurcher ist ein robuster, wenig verletzungsanfälliger Windhund, gelehrig und gehorsam, schnell und ausdauernd. Seine Hetzleidenschaft ist groß, lässt sich aber durch gute Erziehung beherrschen. Als nicht anerkannte Rasse kann er nicht an Ausstellungen teilnehmen und eine Teilnahme an offiziellen Rennen ist ebenso unmöglich, auch weil er so unterschiedliche Größen hat. Beim Coursing in Frankreich und Deutschland sieht man ihn gelegentlich, auch wenn er außer Konkurrenz läuft. Agility-Training ist sicherlich eine gute Möglichkeit für diese intelligente und lebhafte Windhundform. Mit anderen Hunden ist der Lurcher meist verträglich und auch als Begleit- oder Familienhund geeignet. Wie alle Windhunde braucht er viel Auslauf.

Windhund: ja oder nein?

Rechte Seite: Nicht nur die Farbe sollte ein Entscheidungskriterium sein bei der Wahl des Hundes.

Der Entschluss zur Anschaffung eines Hundes ist gefallen. Aber welche Rasse?
- Käme ein Windhund für mich in Frage? Windhunde leben in Mitteleuropa weit entfernt von ihrer ursprünglichen Bestimmung, der Jagd. Jahrhundertelang wurden sie nicht auf äußere Merkmale hin, sondern auf körperliche Leistungsfähigkeit und Jagdtauglichkeit hin gezüchtet.
- Macht es Sinn, sich unter unseren heutigen Voraussetzungen solch einen Hund anzuschaffen?

Wie wir bei den Beschreibungen der einzelnen Windhundrassen gesehen haben, ist den Windhunden eines gemeinsam, bei allen Unterschieden in Größe und Haarkleid: der Bewegungsdrang und die Hetzleidenschaft. Es ist zwar leichter, ein Windspiel ausreichend zu bewegen als einen Irischen Wolfshund, aber grundsätzlich gilt eines für alle:

Bewegung muss sein, wenn Sie einen glücklichen, zufriedenen Windhund haben wollen.

Ein Garten genügt nicht, denn Windhunde pflegen im Garten zu liegen oder herumzuschlendern, sie rennen nicht hektisch am Zaun auf und ab und verschaffen sich so ihre Bewegung selbst. Es gibt Autoren, die zwei Stunden Bewegung am Tag für unabdingbar halten. Das hängt allerdings ganz von der Art der Bewegung ab: Normales Spazierengehen ist für einen jüngeren Hund sicherlich nicht sehr anstrengend und man kann das stundenlang tun, ohne größere Ermüdungserscheinungen hervorzurufen. Andererseits können ein kleiner Spaziergang morgens und eine flotter Trab am Rad abends von einer halben Stunde Dauer schon ausreichend sein und auch eine Stunde spielen und Toben mit anderen Hunden kann recht anstrengend sein. An einem Trainingstag wird man keine ausgedehnten Spaziergänge unternehmen und an einem Renn- oder Coursingtag schon gar nicht, um dem Hund genügend Kraft für den Wettkampf zu lassen.

> **Hinweis!**
>
> Man muss sich vergegenwärtigen, was das **Zuchtziel der Windhunde** war und ist: Nicht die Ausdauerleistung, das stundenlange Traben an der Leine oder am Fahrrad, nicht die Funktion als Begleithund oder Hüter des Hauses, sondern die Fähigkeit, an einem ganz bestimmten Punkt alle Kraft zusammennehmen zu können, mit allem, was der Körper hergibt, hinter dem Hetzobjekt herzujagen und es schließlich zu fangen.

Gesunde Windhunde sind immer bereit, ihre ganze Muskelkraft einzusetzen, und glücklich, wenn sie rennen können. Sie vergessen dabei völlig ihre Umgebung, sind taub für die Rufe ihres Herrn, blind für die Gefahren des Autoverkehrs und sie kennen auch **keine Reviergrenzen**. Während sich andere Haushunde meist innerhalb ihres Reviers bewegen und dieses auch verteidigen, haben Windhunde nur in den seltensten Fällen ein ausgeprägtes Revierverhalten. Es nützt auch nicht viel, sie in den ersten sechs Lebensmonaten nur im engeren Umfeld um Haus und Garten zu bewegen, um sie an das Revier zu binden. Vielleicht sind die Reviere, die man hier und heute den Windhunden anbieten kann, auch einfach zu klein, vielleicht brauchen sie ein Revier von mehreren Hundert Hektar und würden diese Grenzen auch akzeptieren. Es ist nicht möglich, das auszuprobieren.

Sicher ist, dass Windhunde es nicht nur lieben, allein lange Erkundungstouren durch die Gegend zu unternehmen, wobei sie auch bewohnte Gegenden durchaus

interessant finden, und explosiv loszulaufen, wenn sie glauben, ein jagdbares Wild erspäht zu haben, sondern sie finden auch dank ihres hervorragenden Ortssinns immer wieder zum Ausgangspunkt zurück. Der Besitzer muss nur genug Geduld haben, dann kann er seinen Hund wieder in Empfang nehmen. Das hört sich ganz gut an, kann aber für den Windhundhalter schon großen Stress bedeuten. Nicht nur die Gefahren, die vom Verkehr oder von einem Jäger ausgehen können, machen ihm zu schaffen, auch ängstliche oder entsetzte Reaktionen anderer Passanten oder Hundebesitzer sind nicht selten, wenn ein Windhund frei durch die Gegend rennt und womöglich noch einem Eichhörnchen nachstellt. Zwar vermeiden frei laufende Windhunde im Normalfall jeden Kontakt mit Menschen oder anderen Hunden, auch wenn sie nicht jagen, hier kommt ihre natürliche Zurückhaltung zum Vorschein, aber sie können allein schon durch ihre Größe und ihr vermeintlich wildes Verhalten auf andere beängstigend wirken.

- Bin ich mir im Klaren darüber, was auf mich zukommt, wenn ich mir einen Windhund anschaffe?

Ich hole mir nicht nur einen angenehmen, freundlichen und bei guter Pflege nicht riechenden Mitbewohner ins Haus, der gelassen seine Tage auf dem Sofa verbringt und uns durch das Gewinnen von Titeln und Pokalen erfreut, sondern auch ein Tier mit nicht immer bequemen angeborenen Verhaltensweisen.

Wenn das Motiv zur Anschaffung eines Windhundes der sportliche Ehrgeiz ist, dann muss ich akzeptieren, dass ein Hund ein Lebewesen ist und kein Sportgerät, das immer funktioniert. Auch beste Zuchtlinien, vorzügliches Training und sorgfältigste Vorbereitung können keinen Erfolg garantieren, es kann immer einen schnelleren oder schöneren Hund geben. Und dann gibt es da ja noch die Hunde, die sich nicht so entwickeln, wie man das erwartet, die von der Genetik her zwar sehr viel versprechend sind, es aber einfach ‚nicht bringen'. Bin ich dann willens, trotzdem den erhöhten Anforderungen zu genügen, die diese Rassen an die Haltung stellen? Das alles sind Fragen, die man klugerweise vor der Anschaffung eines Windhundes klärt.

Welcher Windhund ist der Richtige für mich?

Wenn die Entscheidung für einen Windhund gefallen ist, hat man immer noch die Qual der Wahl unter den vielen unterschiedlichen Rassen. Die Haltung eines Windspiels ist nicht mit der eines Wolfhounds zu vergleichen, die Pflege eines Afghanen ist viel aufwändiger als die eines Whippets. Die Möglichkeiten zur Teilnahme an Veranstaltungen sind von Rasse zu Rasse unterschiedlich. Natürlich können Tabellen einen Sachverhalt immer nur schematisiert darstellen, aber sie bieten einen schnellen Überblick und verweisen auf die Punkte, über die man sich genauer informieren sollte. Die Tabelle auf Seite 68 zeigt die Möglichkeiten zu hundesportlichen Aktivitäten der verschiedenen Rassen; die Tabellen auf Seite 69 geben Auskunft über Eigenschaften und Bedürfnisse.

Die Orientalen sind von Wesen her distanziert, manchmal auch eigensinnig, aber meistens freundlich. Gelegentliche Temperamentsausbrüche kommen bei allen Rassen vor, aggressive Hunde findet man am ehesten bei den Afghanen (dominant-aggressiv) und bei den Azawakhs (ängstlich-aggressiv). Bei Sloughis kann der Pflegebedarf erhöht sein, da manche von ihnen eine dichte Winterwolle bilden, die in Frühling ausgekämmt werden muss, um ein scheckiges Aussehen zu vermeiden.

Die Europäischen Windhunde sind im allgemein lebhaft und freundlich, nicht so distanziert wie die Orientalen und leichter zu erziehen. Die großen Rassen Greyhound, Deerhound, Irish Wolfhound, Barsoi, Chart Polski, Magyar Agar und Galgo besitzen aber wegen ihrer schnellen Reaktionen und ihrer großen körperlichen Kraft ein nicht zu unterschätzendes Gefahrenpotential.

Alle Mediterranen Windhunde jagen nicht nur nach Sicht, sondern orientieren sich auch nach ihrem Gehör und Geruchssinn. Sie haben einen ausgeprägten Frei-

Kaum zu Halten – Afghanenhündin am Start.

heitsdrang. Im Allgemeinen sind sie intelligent, freundlich und gut erziehbar, Podenco Ibicenco-Rüden sind allerdings anderen Rüden gegenüber manchmal ziemlich unduldsam.

Über Eigenschaften und Bedürfnisse der ‚Exoten' (nicht von der FCI anerkannte Windhundrassen), die nur in einzelnen Exemplaren in Europa vertreten sind, lassen sich nur wenige Aussagen machen. Die allgemeinen Windhundeigenschaften wie Jagd nach Sicht, Hetztrieb und Lust an der Bewegung können wohl vorausgesetzt werden; wer genauere Angaben braucht, sollte sich bei Züchtern oder Haltern dieser Hunde darum bemühen.

Bei Afghanischen Windhunden gibt es neben den reinen Schönheits- und Rennlinien so genannte S + L-Hunde (Schönheit und Leistung), die man in allen Bereichen einsetzen kann. Die Rassen Saluki und Sloughi findet man in allen Bereichen, während Azawakhs im Rennbereich eher selten zu sehen sind.

Teilnahme am Agility-Training kann für die ganz großen Windhundrassen ein Problem sein, weil die Geschicklichkeitsübungen auf eine mittlere Größe abgestimmt sind. Die Teilnahme an Rennen ist bei den Minderrassen manchmal schwierig, da es in Deutschland nur wenige lizenzierte Hunde gibt, andererseits aber mindestens drei Hunde gemeldet sein müssen. Bei den Ausstellungen ist eine Minderrasse eher ein Vorteil, weil die Konkurrenz nicht so groß ist. Lurcher können leider, weil es sich nicht um eine anerkannte Windhundrasse handelt, nicht an Ausstellungen und sonstigen Veranstaltungen teilnehmen, eine Teilnahme am Training ist aber möglich,

WINDHUND: JA ODER NEIN?

Punktebewertung von 0 bis 4 (0 = gar nicht/gering, 4 = sehr gut/groß)

Eignung der verschiedenen Windhundrassen für sportliche Aktivitäten				
	Rennen	Coursing	Ausstellung	Agility etc.
Orientalische Windhunde				
Afghane (Renntyp)	4	4	0-1	2-3
Afghane (Ausstellungstyp)	0-2	2-3	4	0-2
Saluki	2-4	2-4	2-4	0-3
Sloughi	2-4	2-4	2-4	0-3 (wenig bekannt)
Azawakh	0-3	2-4	2-4	0-2 (wenig bekannt)
Europäische Windhunde				
Windspiel	2-3	2-3	2-4	weniger geeignet
Whippet	4	4	4	2-4 (ein echter Allrounder)
Greyhound	4	1-4	2-4	2-4
Deerhound	2 (selten)	2-4	2-4	Begleithund ja, Agility weniger geeignet
Irish Wolfhound	0-2 (selten)	2-4	2-4	wie Deerhound
Galgo	2-4 (selten)	2-4	2-4	2-3
Barsoi	2-4	3-4	2-4	Begleithund ja, Agility weniger geeignet
Magyar Agar	4	3-4	2-4	sehr gut geeignet
Chart Polski	2-4 (selten)	2-4	2-4	2-3 (eigensinnig)
Lurcher	Teilnahme nur im Training möglich			sehr gut geeignet
Mediterrane Windhunde				
Pharao Hound	1-3 (selten)	1-4	2-4	wenig bekannt
Cirneco Dell'Etna	0 (zu selten)	1-3	2-4	nichts bekannt
Podenco Ibicenco	0-1 (selten)	1-4	2-4	wenig bekannt
Podenco Canario	wie Podenco Ibicenco			
Podengo Portugues	0 (zu selten)	1-3	2-4	wenig bekannt

ebenso eine Agility- oder Begleithundeausbildung. Das gleiche gilt auch für die ‚Exoten'. Als angemessene Möglichkeit der körperlichen Bewegung ist der Besuch des Trainings anzuraten.

Die mediterranen Rassen werden im deutschsprachigen Raum nur vereinzelt gehalten, deshalb ist eine Teilnahme an Rennen meistens nicht möglich. Trainingsläufe aber können sie ohne weiteres absolvieren. Die Chancen bei Ausstellungen sind meistens sehr gut, weil die Konkurrenz nicht sehr stark ist. Agility-Training und Begleithundeausbildung sollte von den körperlichen und charakterlichen Voraussetzungen her sehr gut möglich sein, doch bis jetzt gibt es nur wenig Erfahrung in diesem Bereich. Es kommt auf einen Versuch an! Es soll hier jedoch nicht verschwiegen werden, dass der große Freiheitsdrang dieser Rassen gelegentlich Probleme bereiten kann, wenn man diese Hunde nach Renn- oder Coursingläufen wieder einfangen will.

WELCHER WINDHUND IST DER RICHTIGE FÜR MICH?

Eigenschaften und Bedürfnisse der Orientalischen Windhunde

	Temperament	Gehorsam	Platzbedürfnis	Wesen, Sonstiges	Pflegebedarf
Afghane	2 bis 3, sehr uneinheitlich, im Alter ruhig	1	2–3	Freundlich distanziert, Rüden oft dominant	3–4
Saluki	Jung lebhaft, später ruhig und gelassen	1–3	2	Freundlich distanziert, manchmal scheu oder dominant	1–2
Sloughi	wie Saluki	2–3	2	Freundlich distanziert, gelegentlich dominant	1–2
Azawakh	Von lebhaft bis hoheitsvoll	2	2	Freundlich distanziert, manchmal aggressiv	1–2

Eigenschaften und Bedürfnisse der Europäischen Windhunde

	Temperament	Gehorsam	Platzbedürfnis	Wesen, Sonstiges	Pflegebedarf
Windspiel	Lebhaft, munter	2–3	1	Gern in Gruppen, wärmeliebend	1
Whippet	Lebhaft, aktiv	3–4	1	Lauffreudig, idealer Begleithund, selten dominant	1
Greyhound	Lebhaft, aber nicht unruhig 3	3–4	2–3	Freundlich, gut erziehbar, Rüden gelegentlich dominant	1–2
Deerhound	Ruhig, souverän 2	2–3	3–4	Sicher, freundlich, lebt auf bei der Jagd	2–3
Irish Wolfhound	Ruhig, gelassen 2	2–3	4	Sicher, freundlich, wachsam	2–3
Galgo	Lebhaft, aktiv	3	2–3	Wie Greyhound, Freiheitsdrang	1–2
Barsoi	Gelassen und ruhig, jagdeifrig	3–4	3–4	Sehr gehorsam, schnell reagierend. Vorsicht mit Katzen	2–3
Magyar Agar	Lebhaft, robust	3	3	Freundlich, Rüden etwas dominant	
Chart Polski	Gelassen, abwartend	2–3	3	Distanziert, gehorsam, dominant, schnell reagierend	1–2

Eigenschaften und Bedürfnisse der Mediterranen Windhunde

	Temperament	Gehorsam	Platzbedürfnis	Pflegebedarf
Pharao Hound	Lebhaft 2–3	2–3	2–3	1–2
Cirneco Dell'Etna	Lebhaft 3	2–3	2	1–2
Podenco Ibicenco	Lebhaft 3–4	2–3	2–3	1–2
Podenco Canario	Lebhaft 3	2–3	2–3	1–2
Podengo Portugues	Lebhaft 3	2–3	1–3, je nach Größe	1–3, je nach Behaarung

Windhundsport

Rechte Seite:
Oft, aber nicht immer entscheidet der Start über den Ausgang des Laufes.

- Brauchen Windhunde Sport?
- Holt man sich auf den Renn- und Trainingsplätzen nicht nur Krankheiten und riskiert Beißereien?
- Und zeigt man außerdem seinem Hund, wie man einen Hasen jagt, damit er es dann immer wieder tun will, auch in der freien Natur?
- Muss ich mich einer Organisation anschließen, um Windhundsport betreiben zu können?
- Wird die Schönheit meiner Afghanen unter dem Sport leiden?
- Werden die Muskeln der kurzhaarigen Hunde bei Ausstellungen zu stark in Erscheinung treten, die Bewegungen eher kraftvoll als fließend und elegant werden?

Windhundsportarten

Rennen:
- Rundkurs, etwa 480 m
- Bis zu sechs Hunde in einem Lauf
- Gras- oder Sandbahn
- Bewertung nach Zeit

Coursing:
- Geländelauf, imitiert den Lauf des Hasen
- zwei Hunde in einem Lauf
- Kurs auf natürlichem Gelände, Wiese oder Feld
- Bewertung nach verschiedenen Punktesystemen

Artgerechte Windhundhaltung ist auch möglich ohne den organisierten Windhundsport, ohne das Leben auf Renn- und Coursingplätzen, aber wenn man einen Windhund hat, wird man früher oder später mit der Frage konfrontiert: „Was tue ich mit meinem Hund?"

Ein junger Windhund braucht keinen organisierten Sport. Bis zum Alter von neun Monaten ist es sinnlos, ein sportliches Training zu beginnen. Der Verein und der Rennplatz bieten dem jungen Windhund aber vielfältige Kontakte mit anderen Hunden und mit Menschen. Wenn man das erste Mal mit einem Junghund auf dem Platz kommt, wird der vielleicht scheu oder gar ängstlich reagieren, Distanz halten wollen zu den vielen fremden Menschen oder Hunden und sich erst nach einiger Zeit näher an sie heranwagen. Vielleicht wird der Besitzer es dann mit einem kurzen Spaziergang durch Hunde und Menschen, einem kurzen Blick auf das Geschehen auf der Rennbahn genug sein lassen. Aber es schadet auch nichts, den ersten Besuch etwas auszudehnen, schon jetzt eine gewisse Vertrautheit entstehen zu lassen. Der zweite und dritte Besuch sind dann schon viel leichter, der junge Hund fasst Mut, darf vielleicht mal nach dem Hasenfell schnappen, den Startkasten näher anschauen, die Bahn genau betrachten und, wenn Pause ist, kurz das neue Umfeld erkunden. Und irgendwann wird der Junghund dann schon den Weg kennen, den das Auto auf der Fahrt zum Platz nimmt, und er wird sich schon freuen, bevor die Rennbahn überhaupt in Sicht kommt.

> Der Ausdruck ‚hasenscharf' ist allgemein gebräuchlich, aber missverständlich, denn damit ist nicht ein lebender Hase gemeint, sondern das künstliche Objekt aus Fell oder Plastik, das auf dem Coursinggelände oder der Rennbahn als Lockmittel benützt wird.

Gewöhnung an den Platz und soziale Kontakte mit anderen Hunden und Menschen sind ungeheuer wichtig, wenn man mit seinem Hund aktiv am Renn- oder Coursinggeschehen teilnehmen will. Schließlich läuft der Hund nicht allein, sondern in einem Feld von Hunden und auch beim Coursing

■ Auch ein Rhodesian Ridgeback liebt Bewegung und ist mit Begeisterung beim Windhundetraining dabei.

■ Der Boden bebt, wenn die Greyhounds auf der Rennbahn laufen.

WINDHUNDSPORT

Wenn es nicht möglich ist, mit einem Junghund schon früh gelegentlich auf den Platz zu kommen, sollte man die Welpenspielstunden besuchen, die von vielen Hundevereinen angeboten werden und sich für Spaziergänge mit anderen Hundebesitzern verabreden, damit die Hund-Hund-Kontakte nicht zu kurz kommen.

Lauftraining mit Nichtwindhunden

In den vielen Jahren Beschäftigung mit Windhunden waren immer wieder Besitzer anderer Hunderassen dabei, die sich für unser Training interessiert haben und es gerne mit ihren Hunden ausprobieren wollten. Dabei hat sich herausgestellt, dass die meisten Hunde sehr schnell lernen, was von ihnen verlangt wird. Das liegt daran, dass bei der Mehrheit durchaus noch ein gewisser Hetztrieb vorhanden ist und dass die Hunde sehr schnell verstehen, dass sie hinter dem sich bewegenden Objekt herrennen sollen.

soll er mit seinem Partner zusammenarbeiten. Ein Hund, der ängstlich ist, kann sich nicht auf seinen Lauf konzentrieren, denn er muss sich immer vergewissern, dass nirgendwo eine Gefahr lauert.

RENNEN

Man kann das trainieren, indem man zuerst nur kurze Geraden laufen lässt und, wenn man das einige Mal geübt hat, sie zuerst nur um eine Kurve gehen lässt. Das sollte man wieder so lange üben, bis es sitzt. Dann kann man versuchen, die Hunde eine volle Runde auf der Rennbahn oder einen ganzen Coursingparcours laufen zu lassen.

Vielen Hunden fällt das Coursing leichter als die Gewöhnung an die Rennbahn. Als begeisterte Läufer haben sich die reizenden Basenjis erwiesen, nur Brennnesseln in der Wiese lieben sie gar nicht. Aber auch Pudel, Collies, American Bulldogs, Setter, Terrier, Schäferhunde, Schlittenhunde, viele Mischlingshunde und sogar Dackel sind einer von der Hasenmaschine gezogenen Plastiktüte hinterhergejagt. Diese Aufzählung erhebt keinen Anspruch auf Vollständigkeit. Einige von ihnen haben es bei einem einmaligen Versuch belassen, andere sind Dauergäste bei unseren Trainings geworden. Es hat sich herausgestellt, dass diese Hunde nach entsprechend vorsichtigem Training in der Lage sind, über die gleichen Distanzen zu gehen wie unsere Windhunde, auch wenn sie nicht deren Geschwindigkeit erreichen. Inzwischen hat man bei einigen Gebrauchshundevereinen damit angefangen, zusätzlich zum Agility-Training ein Lauftraining anzubieten und dieses wird von vielen Hundebesitzern für ihre Tiere genützt.

Auch für die Windhunde ist das Erscheinen anderer Hunderassen auf dem Gelände von Nutzen: Sie werden toleranter anderen Hunderassen gegenüber, auf die sie sonst eher unfreundlich reagieren. An offiziellen Rennveranstaltungen können die Angehörigen anderer Hunderassen nicht teilnehmen, es gibt kein Reglement und auch keine passenden Beißkörbe, Renndecken und Startkästen für sie.

Die Pharao Hounds sind startklar.

Windhundrennen

- In Deutschland von DWZRV bzw. VDH und FCI organisiert (selten: DAC und Whippetclub)
- Etwa 40 Rennvereine
- Funktionäre: Schiedsrichter, Bahnbeobachter, Zielgericht, Rennleiter
- Rennlizenz erforderlich
- Beißkorb (versch. Typen, siehe Seite 79), Renndecken (Nummer 1 bis 6), Impfpass
- Alter: 18 Monate bis 8 Jahre
- Verschiedene Austragungsmodi: Qualifikation für das Finale nach Zeit oder Einlauf

Rennen

Die ersten Windhundrennen wurden in England Ende des 18. Jahrhunderts veranstaltet. Dort, in Nordamerika und Australien werden auch heute noch die meisten Rennen gezogen. Es sind Profirennen, bei denen es um Geld geht, Amateurveranstaltungen wie im deutschen Sprachraum sind so gut wie unbekannt. Bei diesen Profirennen laufen fast ausschließlich Greyhounds, selten Whippets.

WINDHUNDSPORT

In Deutschland sind die Windhundbesitzer fast zu 100 Prozent organisiert. Schon wenn man einen Windhund kauft, ist dieser mit hoher Wahrscheinlichkeit im deutschen Windhundzuchtbuch eingetragen. Zuchtbuchführer ist der Deutsche Windhundzucht- und Rennverband, im Folgenden kurz DWZRV genannt. Einige kleinere Vereine wie der Deutsche Afghanenclub (DAC) und der Whippetclub erhalten Ahnentafeln vom VDH. Aus dem Ausland importierte Hunde mit einer FCI-Ahnentafel (Fédération Cynologique Internationale) können ohne Probleme in Deutschland eingetragen werden, schwieriger wird es, wenn sie aus Ländern stammen, die nicht der FCI angeschlossen sind oder wenn sie überhaupt keine Papiere haben. Hunde ohne Papiere (aus welchem Grund auch immer) oder mit nicht anerkannten Papieren müssen ein spezielles Eintragungsverfahren durchlaufen. Wenn man die korrekten Papiere nun hat, kann man den **Hundepass** erhalten und den braucht man, um an Rennen teilnehmen zu können. Das hört sich sehr kompliziert an, ist aber im Normalfall ganz einfach.

Es gibt über vierzig Renn- und Coursingvereine in Deutschland, die alle korporative Mitglieder des DWZRV sind. Auf ihren Geländen finden Ausstellungen, Rennen und Coursings statt. In Deutschland gibt es keine Profirennen, das heißt, es gibt keine Geldpreise und Wetten auf Windhundrennen sind nicht erlaubt. Hier sind die Windhunde reine Amateure, und das, obwohl ihre Halter oft keine Kosten und Mühen scheuen, ihre Hunde optimal auf eine Veranstaltung vorzubereiten und für große Rennen auch weite Anfahrten in Kauf nehmen. Normalerweise finden alle Rennen sonntags statt, große Rennen wie eine Weltmeisterschaft dauern zwei Tage. Es ist aber nicht so, dass an einem Tag die Vorläufe stattfinden und am nächsten Tag die Finals, vielmehr laufen die Hunde nach Rassen getrennt nur an einem Tag sämtliche Läufe.

Die **Rennstrecke** beträgt normalerweise 480 m. Diese Distanz ist aus England übernommen worden. Zulässig sind für große Rassen 200 bis 900 m, für Whippets und Windspiele 200 bis 550 m. Titelrennen werden grundsätzlich über 480 m gelaufen, nur die Windspiele dürfen höchstens über

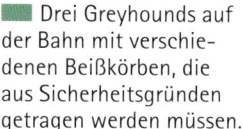

Drei Greyhounds auf der Bahn mit verschiedenen Beißkörben, die aus Sicherheitsgründen getragen werden müssen.

400 m laufen. Wie lang die Strecke ist, die gelaufen werden muss, steht in den Ausschreibungen.

Austragungsmodus

Auch der Austragungsmodus muss in den Ausschreibungen veröffentlicht werden. Grundsätzlich gibt es zwei Modi: die Qualifikation nach **Einlauf** und das **Zeitsystem**. Beim Einlaufsystem werden alle gemeldeten Teilnehmer gleichmäßig auf die Vorläufe verteilt. In jedem Lauf können höchstens sechs Hunde starten. Also können sich auch höchstens sechs Hunde für das Finale qualifizieren. Bei zwölf gemeldeten Hunden werden sich die ersten beiden Hunde aus einem Lauf direkt ins Finale laufen, die übrigen kommen in zwei Zwischenläufe, die nach folgendem System zusammengestellt sind:

1. Zwischenlauf:	2. Zwischenlauf:
3. Hund Vorlauf 1	3. Hund Vorlauf 2
4. Hund Vorlauf 2	4. Hund Vorlauf 1
5. Hund Vorlauf 1	5. Hund Vorlauf 2
6. Hund Vorlauf 2	6. Hund Vorlauf 1

Damit wurden die Karten für diese Hunde neu gemischt und jeweils ein Hund aus jedem **Zwischenlauf** kann sich noch für das Finale qualifizieren. Dieses System hat den Vorteil, dass man spannende Läufe sieht und man direkt erkennen kann, wer sich für das Finale qualifiziert. Der Nachteil dabei ist, dass bei ungünstiger Laufzusammenstellung nicht immer die schnellsten Hunde ins Finale kommen, denn es kann durchaus passieren, dass es von den Laufgeschwindigkeiten sehr unterschiedliche Läufe gibt und sich Hunde schon im ersten Durchgang für das Finale platzieren, obwohl die Teilnehmer Nr. 3 und 4 im anderen Vorlauf schneller sind.

Diesen Nachteil kann auch ein **kombiniertes Platz-Zeitsystem** nicht ganz aufheben, bei dem die ersten Plätze nach Einlauf, die übrigen nach der gelaufenen Zeit vergeben werden. Außerdem wird das Einlaufsystem sehr schwierig bei großen Meldezahlen, denn die Hunde müssen dann sehr viele Läufe absolvieren, um sich für das Finale zu qualifizieren. Zwar macht das einem gesunden, gut trainierten Windhund nichts aus und es ist auch durchaus nicht so, dass ein Hund, der über zwei oder drei Vorläufe ins Finale gekommen ist, chancenlos wäre. Windhunde sind in der Lage, sich sehr schnell zu regenerieren, aber vor allem für Greyhounds ist die Gefahr einer Verletzung bei jedem Lauf vorhanden, auch wenn sie optimal vorbereitet sind. Es gibt allerdings auch Hunde, die im zweiten und dritten Lauf schneller sind als im ersten und die auch ohne Probleme noch einen vierten draufpacken können. Solche sind mit dem Einlaufsystem gut bedient. Für die Veranstalter sind aber die zahlreichen Vor-, Zwischen- und Hoffnungsläufe bei großen Meldezahlen ein Problem.

Beim **Zeitsystem** laufen alle Hunde einen oder zwei Vorläufe (die Greyhounds aus dem oben erwähnten Grund meistens nur einen) und werden dann nach den gelaufenen Zeiten im Finale platziert.

Das erfordert von den Vereinen eine sehr gut funktionierende **Zeitmessanlage** und gibt weniger spannende Läufe, dafür wartet dann alles gespannt auf die Lautsprecherdurchsage mit den gelaufenen Zeiten. Bei

WINDHUNDSPORT

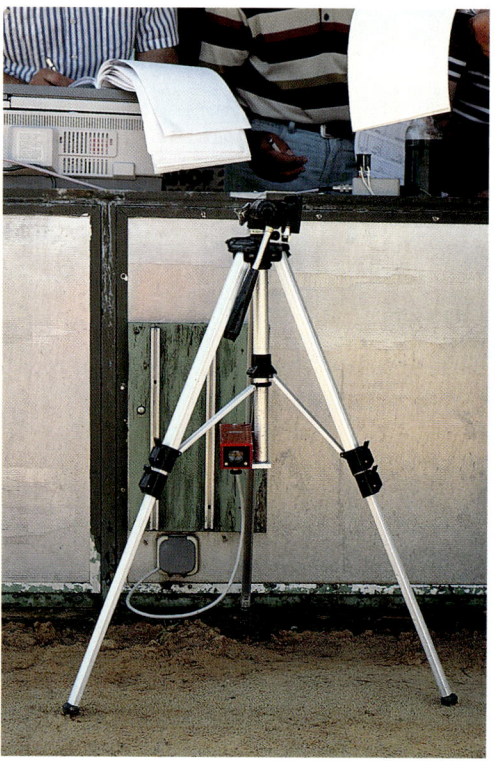

Die elektrische Zeitmessanlage arbeitet mit Lichtschranke und Zielkamera.

den Greyhounds gibt es im Übrigen noch eine Besonderheit: Hunde, die sich nicht für das eigentliche Finale qualifiziert haben, laufen in einem B- oder C-Finale, das ist bei anderen Hunderassen nicht üblich.

Bei Nicht-Titelrennen werden oft unterschiedliche Distanzen gelaufen, das heißt, die großen Rassen gehen über 480 m, Whippets und Windspiele über 280 m und die Senioren ebenso. Eine nennenswerte Anzahl von Senioren (das sind Hunde im Alter von 6 bis 8 Jahren) finden wir nur bei den Whippets und den Afghanischen Windhunden. Greyhounds haben in diesem Alter meistens schon ihre aktive Karriere beendet und bei allen anderen Rassen sind die Felder nicht groß genug um die Senioren getrennt laufen zu lassen. Das heißt also, eine eigentliche Verkürzung der Rennstrecke im Alter findet vorwiegend bei den Afghanen statt. Das ist eigentlich bei den robusten, oft bis ins hohe Alter rennbegeisterten Afghanen nicht unbedingt nötig, zumal die größte Belastung der im Alter vielleicht nicht mehr ganz so elastischen Gelenke und Sehnen beim Start und Ziel stattfindet und also bei allen Läufen gleich ist, während die Belastung des Herz-Kreislaufssystem wenigstens in gewissem Maß durch den Hund dadurch gesteuert werden kann, dass er langsamer läuft. Bei den Schlittenhunden ebenso wie bei den Menschen hat sich im Übrigen gezeigt, dass die Ausdauerleistung mit steigendem Alter eher zunimmt (natürlich nur bis zu einer gewissen Grenze), während die Leistungen bei Sprints oder kurzen Strecken nachlassen.

Die Rennbahn

An die Abmessungen und technischen Einrichtungen der Rennbahnen werden gewisse Anforderungen gestellt, die in Deutschland von allen erfüllt werden müssen. Fast alle Bahnen sind **Doppel-U-Bahnen**, das heißt, sie haben die Form eines vollständigen Ovals, aber es gibt auch noch einige wenige Einfach-U-Bahnen. Es gibt einen gewissen Bestandsschutz für Rennbahnen, die nicht ganz den heutigen Anforderungen entsprechen, trotzdem bemühen sich immer mehr Rennvereine, ihre Gelände an die neuesten Bestimmungen anzupassen.

Eine neu errichtete Windhundrennbahn muss einen **Kurvenradius** von mindestens 40 m haben, in den Kurven mindestens 8 m und im Bereich der Geraden mindestens 6 m breit sein. Das Geläuf (der Untergrund) besteht aus Gras oder Sand. Eine Grasbahn muss sehr kurz geschoren und gut gepflegt sein, sie darf weder Löcher noch sichtbare oder verborgene Hindernisse haben, die einen Hund ablenken oder verletzen könnten.

Es gibt im Wesentlichen drei unterschiedliche Systeme des **Hasenzuges**. Beim alten System des Hasenzuges über **am Boden befestigte Rollen** benötigt man eine Zugmaschine (Hasenmaschine) mit einem Motor und einer Schnurtrommel. An der Schnur wird ein künstlicher Hase (meistens ein Stück Fell mit Plastikbändern) befestigt und diese Schnur muss für jeden Lauf rund um das Oval ausgelegt werden. Das geschieht meistens mit einem Motorrad. Beim Lauf wird diese Schnur dann maschinell wieder eingezogen. Die Geschwindigkeit lässt sich den Hunden anpassen, denn der Hase soll mindestens 10 und höchstens 30 m vom ersten Hund entfernt sein. Ge-

RENNEN

laufen wird gegen den Uhrzeigersinn. Der Hasenzug liegt im äußeren Drittel der Rennbahn, damit sich die Hunde durch die auf den Boden gesetzten Rollen nicht verletzen. Ein junger Hund wird bei diesem System fast immer die Außenbahn laufen und dem Hasen direkt folgen, während ein älterer, erfahrener Hund sich auf der Innenbahn bewegt, denn er weiß ja, dass der Hase um die Kurve geht. Um junge Hunde anzutrainieren hat der auf dem Boden geführte Hase gewisse Vorteile, denn er imitiert die Bewegungen des Wildes am besten, der junge Hund reagiert am leichtesten darauf.

Heute findet man auf fast allen Rennbahnen **Endlosanlagen**. Sie zeichnen sich dadurch aus, dass der Hasenzug in einem geschlossenen Oval erfolgt, das heißt, das Schnurauslegen per Motorrad entfällt, es kann ohne Pause gezogen werden. Das wird dadurch erreicht, dass sich an der Innenseite der Rennbahn eine Schiene befindet, auf der mittels einer Funksteuerung ein Motor auf einem Schlitten bewegt wird. An diesem Motorschlitten ist der künstliche Hase befestigt. Damit die Anlage im Ziel nicht beschädigt wird und die Wartezeiten zwischen den Läufen nicht gar zu lang werden, wird das Fell nach dem Überqueren der Ziellinie abgeworfen und die Hunde können sich darauf stürzen.

Über Rollen läuft der Seilzug bei der Endlosanlage, hier obenliegend an Galgen.

Es gibt aber noch ein drittes System. Dabei befindet sich der **Hasenzug über der Kopfhöhe** der laufenden Hunde. Dazu werden Ständer oder so genannte Galgen auf der Innenseite der Bahn aufgestellt, an denen Rollen befestigt sind. Über diese Rollen läuft ein Stahl- oder Kunststoffseil, das durch einen Motor bewegt wird; von diesem Seil hängt der künstliche Hase herab.

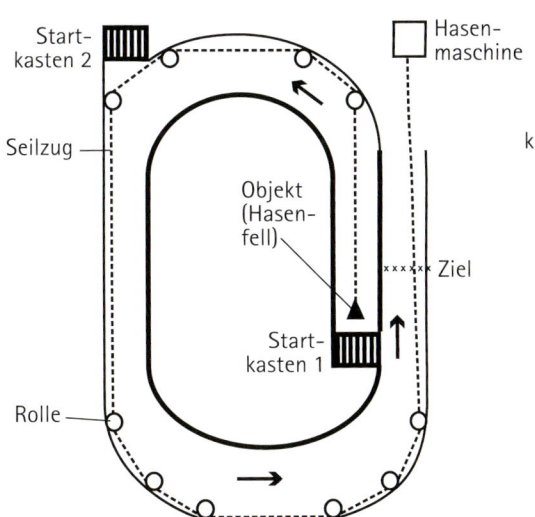

Hasenzug über Rollen am Boden.

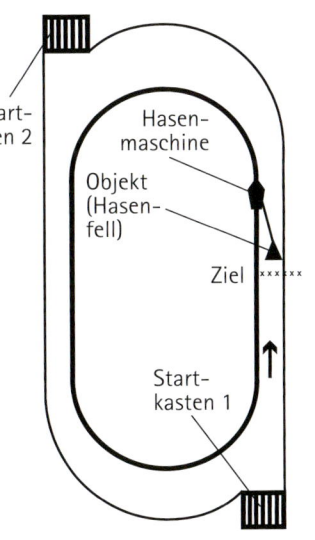

Endlosbahn mit Schiene (ohne Seilzug).

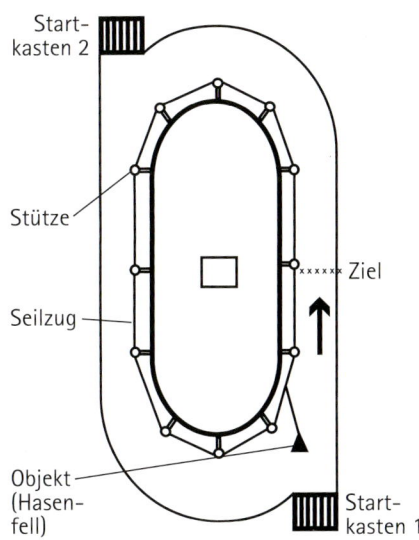

Endlosanlage mit Stützen und obenliegendem Seilzug.

Die meisten Hunde akzeptieren alle angebotenen Systeme problemlos, manche brauchen einen Trainingslauf, um sich mit einer unbekannten Anlage vertraut zu machen. Es ist auf jeden Fall ratsam, alle drei Möglichkeiten auszuprobieren, bevor man mit seinem Hund auf ein Rennen fährt.

Im deutschsprachigen Raum laufen im Gegensatz zu England oder Amerika höchstens sechs Hunde in einem Lauf, die **Startkästen** haben auf allen Bahnen sechs Boxen. Die Mindestmaße der Startboxen sind vorgeschrieben, man muss also auch auf fremden Bahnen keine unangenehmen Überraschungen befürchten. Die größten Windhundrassen, die Deerhounds und die Irischen Wolfshunde, müssen nicht aus dem Startkasten starten, er wäre zu eng und zu niedrig für sie. Normalerweise werden sie aus der Hand gestartet, gelegentlich findet man aber noch ein Seilstartsystem, das alle Hunde genau gleichzeitig freilassen soll.

■ Endloshasenzug mit Schiene, die an der inneren Absperrung oben installiert ist.

Voraussetzungen für die Teilnahme

Bevor man nun am ersten Rennen teilnehmen kann, sind noch einige Voraussetzungen zu erfüllen. Zuerst muss eine **Rennlizenz** erworben werden. Die Bedingungen hierfür sind national unterschiedlich. In Deutschland sind dazu jeweils zwei Läufe an drei verschiedenen Trainingstagen zusammen mit mindestens zwei weiteren, ähnlich schnellen Hunden notwendig. Die Läufe müssen in einem Verein von einem lizenzierten Bahnbeobachter abgenommen und bestätigt werden. Bei diesen Läufen muss der Lizenzhund beweisen, dass er einwandfrei läuft, überholt und sich überholen lässt, andere Hunde nicht angreift oder behindert und auch nicht unmotiviert stehen bleibt.

Zuerst aber muss der Hund lernen, sich nur auf den Hasen zu konzentrieren. Das kann er am besten, wenn er alleine läuft. Junge Hunde neigen dazu zu spielen, wenn sie von Anfang an mit anderen Hunden zusammen laufen sollen.

Hat ein Junghund dagegen gelernt, sich voll auf den Hasen zu konzentrieren, fällt es auch nicht mehr schwer, ihn an die **Renndecke** und den **Beißkorb** zu gewöhnen. Die Renndecken dienen dazu, die Hunde während des Laufes und im Ziel kenntlich zu machen. Sie haben die Farben Rot (1), Blau (2), Weiß (3), Schwarz (4), Gelb (5) und Streifen (6). Die Nummern, die sich auf den Renndecken befinden, haben nichts zu tun mit der Startboxennummer, aus der ein Hund schließlich startet, sondern sie dienen nur der Klarstellung, welcher Hund hier gerade unter welcher Decke läuft. Die Startkastennummern werden direkt vor den einzelnen Läufen ausgelost, wobei der Hund mit der roten Decke die erste Wahl hat, danach geht es in der Reihenfolge der Deckennummern weiter.

Der Hund muss sich aber nicht nur an die Renndecke, sondern auch an den Beißkorb gewöhnen. Es gibt drei unterschiedliche Modelle: den traditionellen Drahtmaulkorb, den leichten Kunststoffmaulkorb nach australischem Muster und den fast geschlossenen Maulkorb nach amerikanischem Muster (siehe Zeichnung nächste Seite).

Ganz gleich, für welches Modell man sich entscheidet, eine gewisse Gewöhnungszeit braucht fast jeder Hund, und es kann ganz sinnvoll sein, vor dem ersten Einsatz des Beißkorbs bei einem Trainingslauf einige Spaziergänge damit zu unternehmen, damit sich der Hund daran ge-

RENNEN

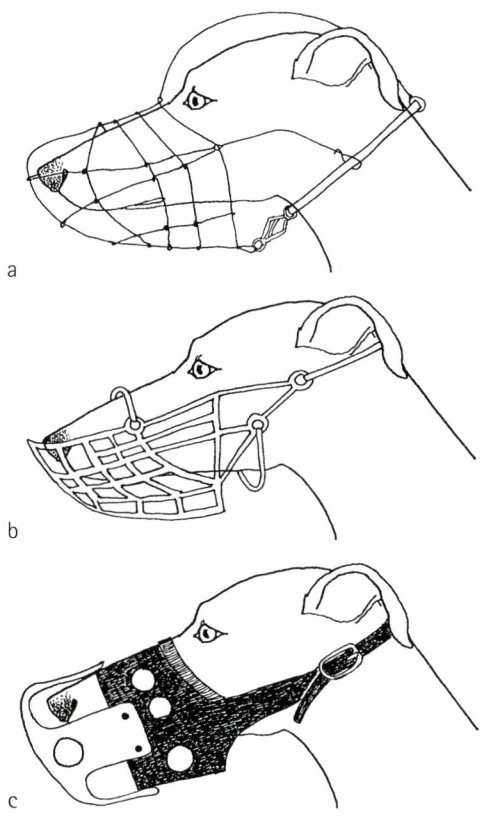

Drei verschiedene Beißkorbtypen:
a) Maulkorb aus Federstahldraht, traditionell;
b) Kunststoffmaulkorb nach australischem Muster und
c) Kunststoffmaulkorb amerikanischer Art.

wöhnt. Manche Hunde sind allerdings so auf den künstlichen Hasen und das Laufen konzentriert, dass sie sich weder durch den Beißkorb noch durch die Renndecke und auch nicht durch den geschlossenen Startkasten irritieren lassen, sondern alles vergessen, wenn das Hasenfell vorbeigezogen wird und so schnell wie nur irgend möglich loslaufen, wenn sich der Kasten öffnet. Das sagt aber noch nichts über den Erfolg oder Misserfolg bei zukünftigen Rennen aus. Schließlich hat der Hund vor dem ersten Renneinsatz das alles gelernt und genau das wird ihm mit der Erteilung der Rennlizenz bescheinigt.

Für die Koordination der Rennen sind in der Regel die nationalen **Dachverbände** zuständig, in Deutschland ist das der DWZRV und der VDH, für die Organisation vor Ort sind die einzelnen Rennvereine verantwortlich. Um in Deutschland an Rennen teilnehmen zu können, muss man Mitglied im Dachverband sein oder Mitglied in einem der kleinen, direkt im VDH organisierten Rassezuchtclubs. Eine Mitgliedschaft in einem Rennverein ist nicht unbedingt notwendig, aber sehr nützlich, wenn man sich stärker im Windhundsport engagieren will, denn die zahlreichen Vereine bieten ja nicht nur Rennen sondern auch Coursings und Ausstellungen und meistens auch das entsprechende Training an. Die Rennvereine treffen sich einmal jährlich im Herbst, um die Veranstaltungstermine zu koordinieren und Regelungen für die kommende Saison zu treffen.

Die **Teilnahme an Rennen, Coursings und Ausstellungen** ist nicht kostenlos, bei Rennen und Coursings ist ein Startgeld von ca. 16.- bis 20,- Euro zu entrichten, das Meldegeld für Ausstellungen beträgt bei DWZRV-Veranstaltungen 17,- Euro, bei internationalen Ausstellungen kann es 40,- Euro und mehr betragen. Die Rennvereine betreiben ihre Rennbahnen mit einem erheblichen finanziellen und personellen Aufwand, die Bahnen müssen gemäht und gepflegt werden, Gebäude werden gebaut und unterhalten, Parkplätze angelegt, Richter müssen bezahlt werden, technische Geräte werden angeschafft und gewartet, all das muss bezahlt werden. Auch das Training ist gebührenpflichtig, hier lassen sich die Kosten aber erheblich senken, wenn man Mitglied in einem Rennverein wird. Allerdings verlangen die Rennvereine von ihren Mitgliedern neben der Bezahlung ei-

Bei bis zu sechs Hunden pro Lauf und der schnellen Abfolge der Läufe hat das Zielgericht alle Hände voll zu tun.

Trainingspläne

Trainigspläne vom Welpen bis ins Alter

Junghund bis 9 Monate
- Sozialisierung, Gewöhnung an den Betrieb auf dem Rennplatz.
- Kontakt mit anderen Hunden.
- Spielerisches Training mit einem Fellstück an einer Schnur.
- Einfangenlassen üben.
- Kurze Spaziergänge.

Ab 9 Monaten
- Längere Spaziergänge, eventuell Gewöhnung ans Fahrrad.
- Geraden laufen auf dem Renn- oder Coursinggelände.
- Start aus der Hand.
- Vertraut machen mit dem Startkasten.

Ab 12 bis 14 Monaten (kleine und mittelgroße Rassen)
- Lange Spaziergänge, Jogging, Fahrradtraining (langsam auf 3 x wöchentlich 20 Minuten steigern).
- Ganze Bahn allein laufen lassen.
- Ganze Bahn laufen lassen mit **sauber** laufenden Begleithunden.
- Start aus dem Startkasten üben.
- Gewöhnung an Renndecke und Beißkorb.
- Achtung: nicht zu viel Ausdauertraining, manche Hunde langweilen sich schnell.
- Wenn möglich frei laufen lassen mit anderen Windhunden.
- Nicht überfordern, die Entwicklung eines Windhundes braucht Zeit.

Ab 15 Monaten
- Aufbautraining mit langen Spaziergängen, Jogging oder Fahrradtraining.
- Regelmäßige Trainingsläufe mit Beißkorb und Renndecke aus dem Startkasten.
- Lizenzläufe: 3 x 2 Läufe mit jeweils 2 etwa gleich schnellen Begleithunden.
- Unbedingt Ruhephasen einlegen.
- Hauptmahlzeit auf den Abend legen.
- Rennteilnahme für Whippets möglich.

Große Rassen (Barsoi, Deerhound und Irish Wolfhound)
- Im Prinzip wie oben, aber langsamer und vorsichtiger vorgehen.
- Vorsicht mit Bahntraining, einseitige Belastung durch Kurven, möglichst nicht vor 16 Monaten.
- Aufbautraining höchstens jeden zweiten Tag.

Ab 18 Monaten
- Renn- und Coursingveranstaltungen möglich.
- 2 x wöchentlich Ausdauertraining.
- 2 x wöchentlich Sprinttraining: 3 x 200 m, dann 1 Stunde Pause, wieder 3 x 200 m, danach etwa 15 Minuten schnell gehen oder statt Sprinttraining Bahn- oder Coursingtraining am Wochenende, maximal 3 Läufe.
- 3 x wöchentlich Spaziergänge nach Lust und Laune, wenn möglich frei laufen lassen.
- Vor schweren Rennen unbedingt einige Tage nur mäßig bewegen, ansonsten können Rennen und Coursings ganz normal in das Training eingebaut werden.
- Futter: Das Futter muss nicht nur genug Eiweiß, Vitamine und Mineralstoffe, sondern auch genügend Kohlenhydrate und Ballaststoffe enthalten.
- Mindestens 4 Tage vor Veranstaltungen keine Schokolade (Doping), kein Kaffee, Tee oder Kakao.
- Hündinnen nach der Läufigkeit ganz normal bewegen, auch wenn sie etwas lustlos sind.

Im Alter
- Nach der Zeit der aktiven Renn- und Coursingteilnahme weiterhin angemessen bewegen.
- Tun Sie, was Ihrem Hund Spaß macht: joggen, Rad fahren, mindestens aber zweimal täglich spazieren gehen, um dem Muskelabbau vorzubeugen.
- Training ist weiterhin möglich, bei fortschreitendem Alter die zu laufende Distanz verkürzen, nur noch einmal pro Trainingstag laufen lassen.
- Bei heißem Wetter ganz auf Training verzichten, frühmorgens und abends spazieren gehen.
- Hunde, die sich ausreichend bewegen dürfen, bleiben länger beweglich, gesund und glücklich.

RENNEN

Allgemeines zum Training und Ruhepausen

Training allgemein
- Beobachten Sie ihren Hund genau.
- Stärkster Muskelaufbau bei etwa 2/3 der Belastbarkeit.
- Untrainierte Hunde mit kürzeren Strecken und langsamerem Tempo trainieren, Anforderungen langsam steigern.
- Zu starker Muskelaufbau verkürzt die Sehnen und erhöht dadurch die Verletzungsanfälligkeit.
- Muskeln wiegen schwer, ein Zuviel belastet nur unnötig.
- Je mehr Muskeln, desto besser muss ein Hund warmgelaufen werden, um Verletzungen vorzubeugen und die volle Leistung zu ermöglichen.
- Abkühlungsphase (Auslaufen) nach jedem Trainings- und Rennlauf beugt Verletzungen und Verkrampfungen vor, schont Herz und Kreislauf.
- Trainieren Sie Ihren Hund nie während einer akuten Allgemeininfektion und lassen Sie ihn in dieser Zeit auch nie an Renn- oder Coursingveranstaltungen teilnehmen.

Trainingszeiten sind keine Rennzeiten
- Allgemeine Aufregung, unbekannte Mitläufer, größere Felder, unbekannte Renn- oder Coursingplätze können sich positiv oder negativ auf die Leistung auswirken.
- Auch die Auslosung des Startkasten kann eine Rolle spielen. Manche Hunde lieben es nicht, mitten in der Menge zu starten, und bevorzugen einen Außen- oder Innenkasten.

Ruhe- und Erholungszeiten
- Denken Sie unbedingt an ausreichende Ruhe- und Regenerationsphasen, auch und gerade bei jungen, bewegungsfreudigen Hunden, um keine **Unlustgefühle** aufkommen zu lassen. Ein Windhund muss freudig rennen, er muss begierig darauf sein, an einem Lauf teilzunehmen. Zu viel Training ist genauso kontraproduktiv wie zu wenig.
- Die **Grenzen der Trainingsbelastbarkeit** sind von Hund zu Hund sehr verschieden. Lassen Sie sich nicht durch Hundebesitzer verunsichern, die von stundenlangem täglichem Fahrradtraining berichten. Es mag sein, dass einzelne Hunde diese Art von Training vertragen oder gar brauchen, die Regel ist das nicht.

- Bei **älteren Hunden** wird der Muskelaufbau schwieriger, deshalb muss man auch während der Phasen der relativen Ruhe (Winterpause, Hündinnen nach der Läufigkeit) darauf bedacht sein, einen mittleren Konditionszustand zu erhalten. Dazu genügt es normalerweise schon, einmal pro Woche ein Ausdauertraining einzulegen und gelegentlich an einem Renn- oder Coursingtraining teilzunehmen, im Übrigen sind natürlich tägliche Spaziergänge oder freies Laufen richtig.
- Bei **Verletzungen** aller Art lassen sich unter Umständen Zeiträume totaler Ruhe nicht vermeiden, danach muss dann eben ein vollständiger Neuaufbau der Kondition beginnen. Das Gleiche gilt nach langwierigen und schweren **Infektions- oder Allgemeinerkrankungen**. Nach Verletzungen des Bewegungsapparats ist es günstig, den Hund in der ersten Aufbauphase nur auf ebenem, festen Boden zu bewegen, denn vorgeschädigte Pfoten, Muskeln, Sehnen oder Gelenke sind noch lange Zeit empfindlich und Unebenheiten im Boden können leicht zu einer neuen Verletzung führen oder das völlige Ausheilen einer alten verhindern.

Läufe auf Sandbahnen oder weichem Untergrund sind kräftezehrender als ein festes Geläuf, deshalb sollte man damit erst nach völliger Wiederherstellung beginnen.

Winterpause
- Windhunde bauen ihre Muskeln nicht so schnell ab, in der Winterpause genügt es, einmal wöchentlich Ausdauertraining anzusetzen oder an einem Renn- oder Coursingtraining teilzunehmen, ansonsten sind normale Spaziergänge angesagt.
- Das Bewegungsbedürfnis von Windhunden wird allgemein überschätzt. Windhunde sind glücklich, wenn sie regelmäßig rennen dürfen, aber meistens nicht sehr an intensivem Ausdauertraining interessiert.
- Vier bis sechs Wochen vor Saisonbeginn wieder mit den regulären Training beginnen, in der ersten Woche nur etwa 2/3 des normalen Pensums absolvieren. Bei ungleichmäßigen Bewegungen ohne feststellbare Verletzungen unbedingt 2 bis 3 Tage pausieren, danach langsam wieder anfangen.

■ Zwei Azawakhs haben den künstlichen Hasen gefangen.

■ Rechte Seite: Die Aussicht des Hundes Sekunden vor dem Start.

■ Ein wenig Gedrängel beim Einsetzen der Hunde in den Startkasten ist nicht zu vermeiden.

nes Jahresbeitrags noch die Ableistung von Arbeitsstunden, dafür sind dann die Trainingsgebühren erheblich günstiger.

Startberechtigt bei Rennen und Coursings sind in Deutschland alle Windhunde ab 18 Monaten, die kleinen Rassen Windspiel und Whippet ab 15 Monaten und das bis zum Alter von acht Jahren. Mit den Lizenzläufen kann man drei Monate vor dem Erreichen des Rennalters beginnen.

Natürlich wird man schon einige Zeit vorher anfangen, seinen Hund an die Rennbahn zu gewöhnen, doch sollte man vor allem bei den großen Rassen nicht zu früh damit beginnen, denn bei diesen ist das Längenwachstum der Knochen teilweise erst im Alter von 14 Monaten vollständig abgeschlossen. Man muss sich vergegenwärtigen, dass das Laufen auf der Rennbahn immer eine einseitige Belastung darstellt, denn die Hunde laufen immer in eine Richtung (gegen den Uhrzeigersinn). Das heißt, in den Kurven findet immer eine gleichartige Belastung von Pfoten, Sehnen und Muskulatur statt und das kann auch zu typischen Verletzungen führen, besonders wenn das Skelett noch nicht ausgereift ist.

Wenn also alle Formalien erfüllt sind und der Hund ausreichend trainiert wurde, kann er zum ersten Mal an einem Rennen teilnehmen. In der Ausschreibung muss stehen, wann das Rennen beginnt und wann Einlieferungsschluss ist. Man tut gut daran, es beim ersten Mal nicht auf die letzte Minute ankommen zu lassen, denn bei der Einlieferung werden nicht nur die ordnungsgemäßen Papiere (Hundepass, Lizenzkarte und Impfpass) kontrolliert, es findet auch noch eine Tierarztkontrolle statt und das Meldegeld muss bezahlt werden. Bei der Einlieferung erhält man ein Programm, dem zu entnehmen ist, in welchem Lauf der Hund zum ersten Mal startet. Dann hat man etwas Zeit, mit seinem Hund zu laufen und wieder ein bisschen ruhiger zu werden. Direkt vor Beginn werden die Programmänderungen per Lautsprecher durch-

WINDHUNDSPORT

■ Und los gehts!

gesagt und/oder ausgehängt. Diese sollte man nicht versäumen, denn es kommt immer wieder vor, dass Läufe umgestellt werden müssen. Sonst findet man sich plötzlich in einem falschen Lauf oder mit einer falschen Renndecke am Start wieder. Wenn man sich die Änderungen notiert hat, weiß man in etwa, wann der eigene Hund an den Start gehen muss und man kann ihn entsprechend vorbereiten, also **warmlaufen** und den Beißkorb und die passende Renndecke bereitlegen. Dann geht man zum **Start**, versucht, den Hund im Gedränge so gut wie möglich in die Startbox zu setzen – jetzt ist der Hund auf sich alleine gestellt. Er hat keinen Reiter, der ihn vorwärts drängt, ihm eine Lücke zeigt, durch die er nach vorne gehen kann, ihn auf die Innenbahn lenkt oder außen vorbei gehen lässt, und er nimmt auch seinen Besitzer, der jetzt zum Ziel spurtet, um den Hund dort in Empfang zu nehmen, überhaupt nicht wahr – er konzentriert sich auf das kleine Stückchen Fell, das da mit hoher Geschwindigkeit vor ihm hergezogen wird. In wenigen Sekunden ist alles vorbei, oft hat der Besitzer nicht erkennen können, welchen Platz sein Hund erreicht hat, denn richtig sehen kann man das wirklich nur, wenn man sich genau auf der Höhe der Ziellinie befindet und da steht bei fast allen Vereinen das **Zielrichterhaus**. Oft ist es auch für das Zielgericht nicht möglich, sofort zu entscheiden, welcher Hund die Ziellinie als Erster überquert hat. Erst die Auswertung des Zielfotos zeigt den Sieger.

Nach dem Rennen

Fast wichtiger noch als das Warmlaufen vor dem Rennen ist es, den Hund nach jedem Lauf gut auszulaufen. Wie das Warmlaufen vermindert auch das **Auslaufen** die Verletzungsgefahr, indem es kleine Muskelverhärtungen und Verspannungen sofort wieder lockert und löst, die sonst im zweiten oder dritten Durchgang der Grund für ernstere Probleme sein können. Außerdem schont ein gemächliches Auslaufen Herz und Kreislauf. Sollte der Hund sehr stark hecheln und außer Atem sein, ist es gut, so lange langsam mit ihm zu gehen, bis er wieder normal atmet. Erst dann gibt man **Wasser** – aber bitte nicht zu viel auf einmal, damit sich der Hund nach der Anstrengung nicht übergeben muss. Es ist

RENNEN

■ Mitte: Greyhounds beim Einlauf in die Zielgerade, im Vordergrund das Objekt.

■ Rechts: Gar nicht so einfach – Afghanische Windhunde beim Einfangen am Ende des Laufes, denn jeder will am Hasen bleiben.

auch gut, nach jedem Lauf die **Krallen zu kontrollieren** und eventuell abgesplitterte Teile sofort zu entfernen, an denen sich der Hund sonst im weiteren Verlauf des Rennens ernstlich verletzen könnte.

Wenn die Hürde des ersten Rennens genommen und, alles gut verlaufen ist, dann kann die weitere Rennkarriere eines Hundes geplant werden. Inzwischen hat sich herausgestellt, wie schnell der Hund ungefähr ist und es sollte keine Enttäuschung für den Besitzer sein, wenn der Hund etwa im Training erreichte Zeiten im ersten Rennen nicht wiederholen kann. Im Training werden oft Zeiten gestoppt, die im Einzellauf oder bei weit auseinander gezogenen Feldern zustande kommen, im Rennen sind die Felder meistens dichter, das heißt, der Hund läuft nicht nur gegen die Uhr, sondern auch gegen die anderen Hunde, muss sich den Weg nach vorne erkämpfen. Vielleicht findet das erste Rennen ja auch nicht auf der gewohnten Trainingsbahn statt. Einen älteren erfahrenen Hund stört eine fremde Bahn nicht, für einen Junghund kann das eine zusätzliche Erschwernis bedeuten.

Haben Herr und Hund erst auf einigen Rennen Erfahrungen gesammelt, können sie entscheiden, ob sie an großen Rennen teilnehmen und dafür die Kosten und Mühen weiter Anfahrten in Kauf nehmen oder sich lieber nur so zum Spaß auf den Rennen in der näheren Umgebung tummeln wollen.

Nach Erwerb der Rennlizenz kann man nicht nur an Rennen im Inland teilnehmen, es stehen einem auch Veranstaltungen im Ausland offen. Internationale Rennen im Ausland werden auch in Deutschland veröffentlicht, Auskünfte über nationale Rennen erteilen die jeweiligen Landesverbände. Wie in Deutschland benötigt man auch im Ausland nicht nur einen Hundepass und eine Lizenzkarte, sondern auch einen gültigen Impfpass, das heißt, die Tollwutschutzimpfung darf nicht älter als 12 Monate und nicht jünger als 30 Tage sein.

Es würde zu weit führen, hier die in Deutschland zu erwerbenden Renntitel alle aufzuführen. Genaue Auskunft darüber erteilt der DWZRV. Auskünfte über ausländische Titel sind bei den jeweiligen nationalen Verbänden erhältlich, für das Europasiegerrennen und das Weltsiegerrennen ist die FCI zuständig.

Bei Rüden ist die Planung einer Rennsaison einfach. Wenn man eine Hündin hat, muss man Unterbrechungszeiten durch Läufigkeit einkalkulieren. Während der Läufigkeit sind Hündinnen weder auf Rennen noch auf Coursings oder Ausstellungen startberechtigt und das wird auch fast immer durch den Tierarzt bei der Eingangskontrolle überprüft. Die Schnelligkeit einer Hündin ist stark zyklusabhängig, in den vier bis sechs Wochen vor der Läufigkeit ist eine Hündin normalerweise am schnellsten, direkt danach ist die Leistung meistens auch noch in Ordnung, fällt dann aber bis zum (imaginären) Wurftag stark ab. Die Leistungsminderung in dieser Zeit kann bis zu fünf Sekunden auf 480 Meter betragen. Nach dem ‚Wurftag' (ungefähr dem 70. Tag nach dem ersten Tag der Läufigkeit bzw. 60. Tag nach dem Eisprung) steigt die Leistung allmählich wieder an, und um den 100. Tag nach dem ersten Tag der Läufigkeit ist die Hündin wieder voll da. Diese Tagesangaben sind nur ungefähre Werte, nicht jeder Hundehalter erkennt wirklich ganz genau den ersten Tag der Läufigkeit und Hunde sind keine Maschinen, Zyklusschwankungen oder Veränderungen sind immer möglich. Trotzdem treffen sie erstaunlich genau zu.

> Hündinnen brauchen nach dem ersten Tag der Läufigkeit ungefähr 100 Tage, um wieder ihre volle Leistung zu erreichen.

Abgesehen von den Leistungsschwankungen kann eine Hündin ohne weiteres nach der Läufigkeit wieder an Veranstaltungen teilnehmen, das schadet ihr nicht und körperlicher Einsatz hilft, eine eventuell auftretende Scheinträchtigkeit zu überwinden. Manche Hündinnen sind aber in dieser Zeit zickig, bleiben stehen oder beginnen zu raufen. Für sie gibt es in dieser Zeit eben nur Einzelläufe im Training. Es gibt aber auch Hündinnen, die nur geringe Leistungseinbußen zeigen und ihre sämtlichen Rennen und Coursings ohne Probleme absolvieren. Dies scheinen der Erfahrung nach die Hündinnen zu sein, die nur relativ selten läufig werden (alle neun Monate oder noch seltener), aber eine genaue statistische Untersuchung dazu liegt nicht vor. Tierärzte, die sich nicht speziell mit Windhunden befassen, sind meistens mit diesem Problem auch nicht sehr vertraut, weil bei anderen Hunderassen ja keine so präzise Leistungsmessung stattfindet. Übrigens haaren manche Hündinnen nach der Läufigkeit auch stark ab, was sich bei Ausstellungen besonders bei Afghanen negativ bemerkbar machen kann.

Coursing

Nicht nur im Rennen haben Windhunde Gelegenheit, ihre körperliche Leistungsfähigkeit zu beweisen, sondern auch im Coursing. Das Coursing imitiert die ursprüngliche Jagd weit besser als das Rennen. Es ist wie das Rennen aus Großbritannien zu uns gekommen und es findet dort zum Teil noch mit lebenden Hasen oder Kaninchen statt. Englische Reglements sind deshalb nicht auf unsere Verhältnisse übertragbar. Die Hunde laufen in Frankreich und im deutschsprachigen Raum paarweise über ein weitgehend naturbelassenes Gelände, nicht über eine kurz gemähte Rasenbahn oder eine Sandpiste. Wenn keine natürlichen Hindernisse wie Hecken oder Wassergräben vorhanden sind, dann werden sie aufgebaut. Je nach Gelände geht der Parcours über 400 bis 1000 m. Der künstliche Hase wird nicht in einem Oval gezogen, sondern man versucht möglichst naturnah den Weg des fliehenden Wildes nachzuahmen, die Strecke weist also neben langen, schnell zu laufenden Geraden und Hindernissen auch mehr oder weniger spitze Winkel auf, die die Geschicklichkeit und Reaktionsfähigkeit der Hunde auf die Probe stellen. Die Aufmerksamkeit und Zusammenarbeit der Hunde wird geprüft und bewertet.

Beim Coursing werden die Hunde nicht aus dem Startkasten gestartet, sondern aus der Hand ihres Besitzers oder von einem Funktionär.

Bewertung

Es erfolgt keine Zeitmessung, es ist also nicht entscheidend, wie schnell ein Hund den Kurs absolviert. Die Bewertung der Läufe erfolgt vielmehr durch einen oder mehrere Coursingrichter bzw. durch einen Master und mehrere Feldrichter. Es gibt in Deutschland mehrere unterschiedliche Systeme, nach denen ein Coursing gezogen und bewertet wird. Das einfachste davon ist das **Tor-Coursing**, bei dem auf dem Kurs mehrere Tore aufgebaut sind, die Hunde müssen die Tore passieren und werden danach bewertet, ob sie die Tore als erster, zweiter oder gar nicht durchlaufen. Es hat sich aber gezeigt, dass dieses System den Eigenarten der Windhunde nicht ganz gerecht wird, deshalb kommt es heute nur noch gelegentlich zur Anwendung. Es hat jedoch den Vorteil, dass die Bewertung auch den Zuschauern einsichtig ist. Beim **Jagdcoursingsystem** ist die Bewertung schon wesentlich komplizierter und nicht jeder Besitzer oder Zuschauer kann sofort erkennen, wie eine Bewertung zustande gekommen ist. Um das deutlich zu machen, soll hier das Bewertungsschema des Jagdcoursings, das ziemlich kurz und knapp gefasst ist, teilweise wiedergegeben werden.

Zitat:

„Die Bewertung eines Laufes erfolgt nach den nachstehenden Kriterien:

1. Es wird das gesamte Verhalten während eines Laufes bewertet, insbesondere die Verfolgungsschärfe, das Reaktionsvermögen, die Gemeinschaftsarbeit und der ‚Fang'. Die Bewertung wird durch drei Feldrichter vorgenommen, die nach den vorgenannten Kriterien Punkte vergeben werden. Und zwar: bis zu 8 Punkte für die Verfolgungsschärfe. Lässt sich z.B. ein Hund durch andere Umstände ablenken, gibt er

> **Coursingwettbewerbe**
>
> - In Deutschland von DWZRV bzw. VDH und FCI organisiert.
> - Ausrichter sind die Rennvereine.
> - Verschiedene Bewertungsschemata: Leistungscoursingordnung, FCI-Coursingordnung, Norddeutsches Jagdcoursingsystem, Torcoursing.
> - Funktionäre: Master, Coursingrichter, Feldrichter, Hasenzieher.
> - Lizenz nur bei LCO und FCI-Coursing nötig.
> - Bewertung durch verschiedene Punktesysteme.
> - Sehr unterschiedliche Anforderungen an die Leistungsfähigkeit der Hunde.
> - Unterschiedliche Distanzen und Bodenbeschaffenheit.
> - Auch in Frankreich sehr verbreitet.
> - Kommt der ursprünglichen Jagd näher als das Bahnrennen.
> - Benötigt werden: Hundepass, Impfpass, eventuell Coursinglizenz, Beißkorb, rote und weiße Renndecke oder Halskrause, Autoabdeckung, Wasser (Coursingplätze sind meistens ohne fließendes Wasser).

Im hohen Gras muss der Hund den Hasen sehr genau im Auge behalten – viele Hunde lieben gerade diese Herausforderung.

auf, treibt er zu, kürzt er ab oder läuft er nur nach, versucht er den ‚Fang'; bis zu 8 Punkte für das Reaktionsvermögen, d.h. das Verhalten an der Rolle, das schnelle Umschwenken, Verhalten nach einem Sturz oder ‚Hase außer Sicht'.

2. Zusätzliche Bewertungen (positiv oder negativ) kann der Coursing-Master vergeben. Er berücksichtigt insbesondere: wie verhält sich der Hund nach dem Liegenbleiben des Hasen, erfolgt der ‚Biss' oder lässt er das Fell unbeachtet liegen, stürzen sich beide Hunde auf das Fell, wartet der zweite Hund, bis der erste das Fell freigibt, rauft ein Hund während des Laufes oder lässt sein Interesse nach.

Der Coursing-Master kann bis zu insgesamt 8 Punkte zusätzlich vergeben, er kann aber auch bis zu 8 Punkte für Raufen, mangelndes Interesse, kein Verbiss abziehen.

Die maximal erreichbare Punktzahl für einen Lauf beträgt 56 Punkte.

Beim Erreichen von 100 Punkten ist dieser Hund Field-Champion..."

3. „Jahreszeitlich und witterungsbedingt wird gegen Ende des Jahres gelegentlich ein langer Parcours gezogen..."

Sehr interessant ist dann wieder Punkt 4, denn er stellt die Jagdeigenschaften der einzelnen Rassen vor. Zwar kann man diese Eigenschaften nicht absolut nehmen, aber sie sind als Richtschnur für eine Beurteilung brauchbar.

Zitat:

„4. Da sich unsere Windhunde in ihrem Jagdverhalten unterscheiden, wir haben Einzel- und Gemeinschaftsjäger, wird es die Aufgabe der drei Feldrichter sein, die rassespezifischen Verhaltensweisen zu beachten und entsprechend zu bewerten.

4.1. Der Afghanische Windhund als Einzeljäger unterscheidet sich in seinem Fangverhalten von anderen Windhundrassen darin, dass er im Vollgalopp den Hasen erreicht, neben ihm das Tempo verlangsamt, um zuzupacken. Geübte Afghanen verändern mitunter ihre Fangtechnik, setzen sich zwar immer noch seitwärts neben den Hasen, packen jedoch – ohne abzubremsen, im Vollgalopp zu.

4.2. Der Barsoi als Gemeinschaftsjäger unterscheidet sich von anderen Windhundrassen dadurch, dass bei ihm der Schub aus der kraftvollen Hinterhand weit überwiegt, so dass ein fast springender Eindruck entsteht. Barsois arbeiten ideal zusammen, und zwar geht der langsamere Hund instinktiv sofort auf eine Seite und überlässt dem schnelleren die direkte Verfolgung. Der Fang des Barsoi erfolgt von hinten in plötzlichem Ansprung.

4.3. Der Deerhound als Gemeinschaftsjäger, groß und kraftvoll, läuft mit enormen Sätzen eine gute Geschwindigkeit. Seine Ausdauer ist beträchtlich und für seine Größe und sein Gewicht ist der Deerhound recht wendig. Sein Fangstil ist nicht durch einen plötzlichen Beschleunigungsschub gekennzeichnet, sondern er beschleunigt sanfter, aber stetig bis zum Einholen und Zupacken.

4.4. Der Whippet als Einzeljäger verfolgt die Beute unmittelbar und will sie aus der Verfolgung heraus fangen. Er arbeitet niemals bewusst mit einem zweiten Hund zusammen, d.h. er läuft nicht rechts oder links parallel zur Fluchtlinie des Beutetieres, um dieses bei einem erzwungenen Richtungswechsel zu packen.

4.5. Der Saluki als Gemeinschaftsjäger benutzt kein Höchsttempo, sondern eine kontrollierte, gleichmäßige Dauergeschwindigkeit bis zur Erschöpfung der Beute. Er beschleunigt niemals zum Fangen, sondern wartet ab, bis er das Beutetier ‚ausgelaufen' und in einem immer gleich bleibenden Galopp eingeholt hat.

4.6. Der Sloughi als Gemeinschaftsjäger umzingelt und treibt die Beute zwischen sich. Er besitzt ausgeprägte Renn- und Hetzleidenschaft, gepaart mit Mut, Härte und Ausdauer. Der ‚Fang' erfolgt meist vom vordersten Hund, indessen der Partner die Situation absichert.

4.7. Der Irish Wolfhound als Gemeinschaftsjäger hat es aufgrund seiner Größe und seines Gewichtes recht schwer, einem Richtungswechsel des Beutetieres zu folgen. Er muss durch geschickte Zusammenarbeit und große Ausdauer zum Erfolg kommen."

Diese Bewertungsanleitung stammt aus den Anfangszeiten des Coursings in Deutschland, aber die Bewertungskriterien Verfolgungsschärfe, Reaktionsvermögen, Gemeinschaftsarbeit und ‚Fang' sind noch immer aktuell, bei neueren Bewertungsschemata kommen die Kriterien Ausdauer und Schnelligkeit dazu. Eine Rolle spielt allerdings immer nur die relative Schnelligkeit im Vergleich zum mitlaufenden Partner, da eine Zeitmessung nicht erfolgt. Die Einteilung in Einzel- bzw. Gemeinschaftsjäger stimmt nur annähernd, denn erstens gibt es durchaus eine gewisse Bandbreite der Verhaltensweisen innerhalb einer Rasse und zweitens lernen erfahrene Coursinghunde enorm dazu, was aber zu einer Verschlechterung der Bewertungen führen kann. So neigen z.B. ältere Afghanen dazu, sich sofort auf die innere Seite des Hasenzuges zu begeben (die sie auch in unbekanntem Gelände oft intuitiv erkennen) und sich den Hasen von schnelleren Hund zutreiben zu lassen, um dann beim ‚Fang' vorne zu sein. Afghanen reagieren übrigens neben den kleinen, wendigen Whippets am schnellsten auf Richtungsänderungen des künstlichen Hasen, sie können wirklich ‚auf dem Punkt' drehen, wenn sie sich bei einer Richtungsänderung dicht genug am Objekt befinden.

Die Bewertungen beim Jagdcoursing sind für das Publikum und die Hundebesitzer nicht immer leicht durchschaubar. Die teilnehmenden Hunde tragen eine rote oder weiße Renndecke oder einen Halskragen in den entsprechenden Farben, damit sie für die Richter einwandfrei zu erkennen sind. Ein Richter wird aber einen Lauf unter Umständen von seinem Standort aus ganz anders sehen und beurteilen als ein Zuschauer, der sich ja nicht in der Mitte, sondern am äußeren Rand des Parcours befindet. Außerdem ist es nicht immer ganz leicht zu erkennen, ob ein Hund seinem Partner nur nachläuft oder aber dauernd das Objekt im Blick hat und seinen Partner nicht beachtet. Zudem muss ein solches Verhalten von Rasse zu Rasse unterschiedlich bewertet werden. Die **Leistungscoursingordnung**, kurz LCO, die seit einigen Jahren in Deutschland angewendet wird, bemüht sich um eine Versachlichung und Nachprüfbarkeit der Bewertungen. Bewertungskriterien sind in der neuesten Fassung die Hetzlust (0 bis 3 Punkte), die Geschicklichkeit (0 bis 3 Punkte), die Schnelligkeit (0 bis 3 Punkte), die Kondition (0 bis 3 Punkte) und das Verhalten in der Fangzone (0 bis 3 Punkte).

Wie bei den übrigen Coursings werden auch hier zwei Durchgänge gezogen und die Punkte addiert. Zwei Coursingrichter nehmen zusammen die Bewertungen vor. Fehlverhalten wie Behinderung, Raufen oder Stehenbleiben führt nicht wie beim Jagdcoursing zum Punkteabzug, sondern zur Disqualifikation wie beim Bahnrennen. Außerdem findet im zweiten Durchgang eine Umstellung der Läufe statt, die Hunde werden mit punktmäßig ähnlich starken Partnern neu verpaart. Auf diese Weise will man die wirkliche Leistungsfähigkeit eines Hundes besser erkennen. Ein Haken dabei kann die Schnelligkeit sein, die nicht absolut gemessen wird, denn Hunde mit gleicher Punktzahl, die nach dieser Ordnung zu verpaaren sind, können sehr unterschiedliche Grundschnelligkeiten haben.

Voraussetzungen für die Teilnahme

Hunde, die bei einem LCO-Coursing starten wollen, müssen eine Renn-oder **Coursinglizenz** haben. Die Coursinglizenz kann ähnlich wie die Rennlizenz durch jeweils zwei einwandfreie Lizenzläufe an drei Tagen bei den Vereinen erworben werden. Die LCO will eine objektivere Leistungsbewertung der Hunde beim Coursing erreichen und ist

Ob meine Papiere in Ordnung sind, weiß Herrchen, ich seh schon den Hasen!

WINDHUNDSPORT

Der Hasenzieher beim Coursing muss mindestens so ausdauernd sein wie die Hunde.

Nun lasst doch endlich los!

vorwiegend an den französischen Bewertungssystemen orientiert. Wenn man seinen Hund zum Coursing meldet, muss man sich darüber im Klaren sein, dass das angewendete Bewertungssystem nichts aussagt über die Leistung, die einem Hund abgefordert wird. Diese ist vielmehr abhängig von der Länge des Parcours, vom Bewuchs des Geländes (langes oder kurzes Gras, umgepflügte Erde, Stoppelacker, Gebüsche oder Wassergraben, sonstige Hindernisse) und von der ausgesteckten Strecke (wenige lange Geraden mit sanften Kurven oder kurze Strecken mit vielen Richtungswechseln).

Auch für Coursings gelten natürlich die allgemeinen Regeln für alle Veranstaltungen: Gültiger Impfpass, Eingangskontrolle durch Tierarzt, eventuell auch Kontrolle der Tätonummern und das Dopingverbot.

Es gibt nur sehr wenige Vereine in Deutschland, die ein regelmäßiges Coursingtraining anbieten, während Renntraining in der Saison fast überall veranstaltet wird. Zum Erwerb einer Coursinglizenz kann man deshalb auch an so genannten ‚freien' Coursings teilnehmen, oder man muss sich einen Verein suchen, der entsprechende Trainings zieht. Die französische Coursinglizenz kann man oft am Vortag einer Veranstaltung erwerben, man sollte sich aber unbedingt vorher beim ausrichtenden Verein vergewissern. Deutsche Lizenzen werden anerkannt.

Die Hasenzugsysteme

Nicht nur die Bewertung ist wichtig beim Coursing, sondern auch das Hasenzugsystem, mit dem gezogen wird. Wie beim Rennen gibt es dabei zwei unterschiedliche Anlagen: **auf dem Boden über Rollen**, bei dem für jeden Durchgang wieder ausgelegt werden muss, und das in Süddeutschland und in der Schweiz verschiedentlich zur Anwendung kommende **Überkopfsystem**, das wie eine Endlosanlage mit Galgen beim Rennen funktioniert: Der Hase bewegt sich über eine dauernd gespannte Schnur, ein wiederholtes Auslegen ist nicht erforderlich (siehe Zeichnung nächste Seite).

Beide Systeme haben ihre Vor- und Nachteile, der Nachteil der auf dem Boden geführten Schnur liegt darin, dass man nie ganz sicher verhindern kann, dass die Hunde beim Abkürzen über die Schnur laufen und sich dabei verletzen, dafür bietet das Überkopfsystem nicht ganz so viele Möglichkeiten zur Ausgestaltung eines Kurses, ist aber bei hohem Gras sehr vorteilhaft.

Training

Ein spezifisches Training für das Coursing so wie für das Bahntraining bei Rennen ist nicht erforderlich. Vielmehr sollten allgemein die **Verfolgungsschärfe**, die Ausdauer

COURSING

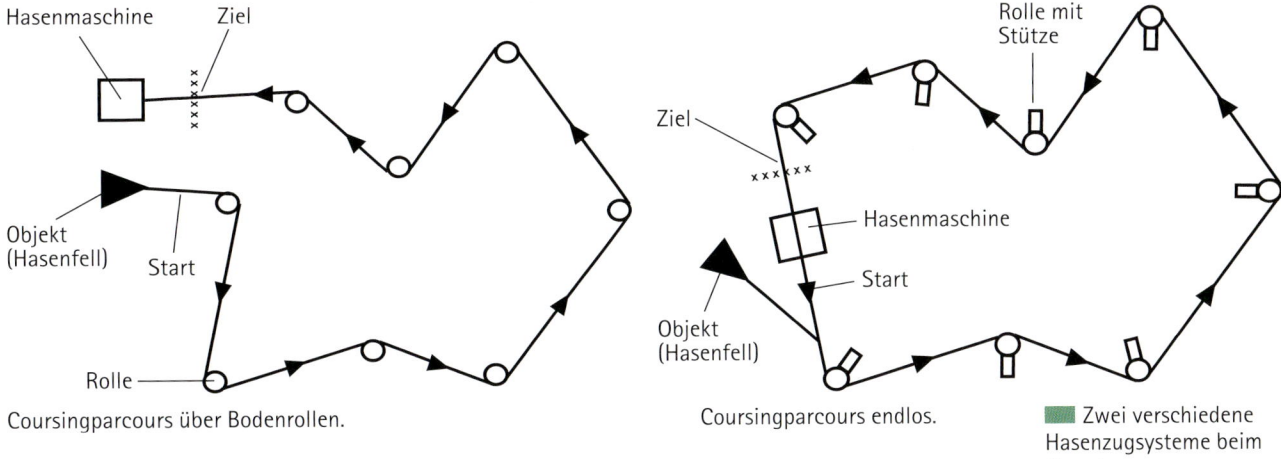

Coursingparcours über Bodenrollen.   Coursingparcours endlos.   Zwei verschiedene Hasenzugsysteme beim Coursing.

und die Schnelligkeit trainiert werden. Die Verfolgungsschärfe kann man schon beim sehr jungen Hund durch ein Stück Fell mit ein paar Plastikbändern trainieren, das man an einer längeren Schnur befestigt und immer wieder spielerisch im Garten oder beim Spaziergang vor dem Hund über den Boden zieht. Manche Hunde reagieren spontan auf die Bewegungen des künstlichen Hasen, andere müssen das erst lernen. Ein Ausdauertraining sollte man ebenso wie das Renntraining (siehe dazu auch Seite 80 f.) nicht zu früh beginnen, denn vor allem die großwüchsigen Hunderassen wie Barsoi, Deerhound und Irischer Wolfshund sind in der Wachstumsphase, die bis weit ins zweite Lebensjahr reichen kann, sehr empfindlich. Solange das Längenwachstum der Knochen nicht abgeschlossen ist, muss man mit Belastungen sehr vorsichtig sein.

Die **Geschicklichkeit** eines Hundes zu trainieren, ist auch schon früh möglich. Ein Hund, der immer nur auf ebenen, womöglich asphaltierten Wegen gelaufen ist, kann im Gelände keine große Geschicklichkeit und **Trittsicherheit** zeigen. Er wird auch anfälliger sein für Verletzungen als ein Hund, der es von Jugend auf gewöhnt ist, über Stock und Stein zu rennen, in Wiesen zu toben und über Gräben oder Mauern zu springen. Wenn man plant, aktiv am Coursing teilzunehmen, ist es gut schon den jungen Hund daran zu gewöhnen, sich gelegentlich nicht angeleint zu bewegen. Dazu ist natürlich eine gewisse Gehorsamserziehung nötig. Die Geschicklichkeit lässt sich auch durch ausgiebiges Spielen mit anderen Welpen oder erwachsenen Hunden schulen.

Die **Ausdauer** kann man dann beim ausgewachsenen Hund durch Radfahren, Jogging und ausgedehnte Spaziergänge fördern. Der Aufbau muss allmählich erfolgen, ein Hund, der mit Ausdauertraining überfordert wird, verliert die Lust. Nicht alle mögen das Radfahren, hier muss man ausprobieren, was geht. Es ist zudem nützlich, vor dem Radfahren oder Joggen einen kurzen Spaziergang zu machen, damit der Hund sich lösen kann. **Schnelligkeit** kann man auch durch kurze Sprints trainieren, wenn man die Möglichkeit hat, Geraden zu ziehen (150 bis 200 m).

Der Hund ist dann bei einem Durchgang 600 m gerannt, das entspricht etwa einer durchschnittlichen Coursingstrecke, wenn man zwei Durchgänge pro Trainingstag macht, wird der Hund nicht überlastet. Es ist allerdings nicht ratsam, diese Art von Training allzu oft zu machen, denn die Ge-

---

Sprints trainieren

- warmlaufen,
- 200 m hinter dem Hasen,
- 200 m langsam zu Start zurück,
- wieder 200 m laufen,
- nochmal zum Start zurück,
- wieder 200 m laufen,
- danach etwa 10 Minuten auslaufen,
- eine Stunde Ruhepause,
- dann kann man das ganze einmal wiederholen.

fahr des Übertrainierens und damit der Überlastung ist hierbei relativ groß.

Deshalb ist eine **Ruhephase** vor Veranstaltungen nicht nur aus Gründen der Regeneration und Konzentration sinnvoll, sondern auch um die Bewegungslust zu fördern und zu sammeln. Ob einer Sieger wird, wird manchmal durch ein Hundertstel einer Sekunde entschieden, da kann ein kleines Quäntchen Antrieb mehr oder weniger ausschlaggebend sein.

> **TIPP**
> Der Hund, der erfolgreich an Rennen und Coursings teilnehmen soll, muss immer einen Rest unerfüllte Bewegungslust übrig behalten, die ihm bei Veranstaltungen den entscheidenden Anschub geben kann.

Zwar können Windhunde allein schon durch ihre Anatomie (großer Brustkorb, große Lunge, großes Herz) bei Belastung sehr viel sauerstoffreiche Luft in die Muskulatur pumpen. Trotzdem darf man Junghunde mit einem noch empfindlichen Bewegungsapparat und Organsystem nicht überfordern. Und auch ausgewachsene, bereits antrainierte Hunde benötigen unbedingt ausreichende **Regenerationsphasen**. Dabei hat sich gezeigt, dass die klassischen Rennhunde wie die Greyhounds und mit Einschränkungen auch die Whippets sehr viel empfindlicher sind als die Orientalen. Vor allem bei den Greyhounds finden wir schon in jüngeren Jahren relativ häufig Zehenverletzungen, Bänder- oder Muskelzerrungen und Ermüdungsbrüche. Es gibt nur wenige Greyhounds, die nach Vollendung des vierten Lebensjahres noch auf die Bahn kommen und im Coursing sind sie sowieso selten. Wegen der Verletzungsanfälligkeit

> Die Bewegung ist vor allen Dingen so zu bemessen, dass sie beim Junghund langsam ansteigt und ein allmählicher Aufbau der Muskulatur erfolgt, der dann auch einher geht mit kräftigen, elastischen Sehnen und einem belastbaren Herz-Kreislaufsystem.

ihrer Hunde, die natürlich teilweise auch durch die hohe Geschwindigkeit entsteht, bevorzugen viele Greyhoundbesitzer Sandbahnen mit einem weiten Kurvenradius. Aber auch auf einer optimalen Rennbahn sind die schnellen Greyhounds sehr viel stärker durch Verletzungen gefährdet als andere Rassen.

Die Orientalen altern langsam, ihre Leistung lässt nur sehr allmählich nach und die meisten von ihnen haben bis zum Erreichen des ‚Rentenalters', also bis zu acht Jahren, noch sehr viel Spaß an Rennbahn und Coursing. Danach dürfen sie nicht mehr an offiziellen Veranstaltungen teilnehmen, aber das Training steht ihnen immer noch offen. Wenn ein alter Hund gesund ist und noch Freude an der schnellen Bewegung hat, kann er ruhig noch am Training teilnehmen, er wird umso länger fit bleiben. Windhunde sind ja nicht zuletzt bis ins hohe Alter beweglich und gesund, weil ihre Muskulatur ausreichend trainiert ist, ihr Bewegungsapparat elastisch geblieben ist und sie nicht zu dick sind. Bei manchen alten Hunden hat man vielmehr das Problem, dass sie durch den altersbedingten teilweisen Abbau der Muskulatur sehr mager werden. Hier ist ein kalorienreduziertes Futter, wie es sonst für ältere Hunde empfohlen wird, nicht ratsam. Das Futter darf ruhig dann etwas mehr Fett enthalten, sollte aber vom Eiweißgehalt nicht erhöht sein, denn das würde die Niere belasten.

Wichtig beim Training, ganz gleich ob für Rennen oder Coursing, ist vor allem eines: Bewegung und hochwertige **Ernährung** sind notwendig, aber ‚viel hilft viel' ist nicht immer zutreffend. Eiweiß und Fett helfen beim Muskelaufbau, aber eine ausgewogene Ernährung besteht nicht nur daraus. Kohlenhydrate helfen die Glykogenspeicher in der Muskulatur und der Leber eines Hundes aufzufüllen, die der Hund braucht, um Glukose für Höchstleistungen im Lauf bereitstellen zu können. Trotzdem sollte auch vor einem Rennen die Ernährung nicht ausschließlich aus Kohlenhydraten bestehen. Die alte Regel ‚Haferschrot macht spritzig', die auch heute noch in gewissen Windhundkreisen kursiert, trifft wohl eher auf Pferde zu.

Ein gelungener Renntag

Das war nun ziemlich viel Theorie und Formalien in Sachen Coursing oder Rennen. Bevor man sich dafür entscheidet, einen Windhund zu kaufen, sollte man beides unbedingt einmal gesehen haben, denn nirgendwo sonst zeigt sich das Wesen dieser Hundegruppe so deutlich.

Schon am frühen Morgen, noch vor Beginn der eigentlichen Veranstaltung, versammeln sich die Hunde zur **Anmeldung** und **Tierarztkontrolle** auf dem Renn- oder Coursinggelände. Die meisten von ihnen haben schon eine längere Autofahrt hinter sich und wissen genau, was auf sie zukommt. Aktive Rennhunde sind an ihr Auto gewöhnt, sie lieben es, weil es sie zum Rennen bringt, sie verbringen den meisten Teil der Wartezeit im oder am Auto und erholen sich. Schon von weitem sieht man bei der Anfahrt zu einem Veranstaltungsgelände nicht nur viele Wohnmobile, sondern auch mit weißen Tüchern zugehängte Autos. Diese weißen Tücher schützen die Hunde nicht nur vor der Hitze, denn schattige Plätze gibt es fast nirgends für alle Teilnehmer, sondern auch vor zu viel Aufregung. Hunde, die den Rennbetrieb kennen, kommen sonst nicht zur Ruhe.

Bei der Anmeldung und am Tisch des Tierarztes hat sich meist schon eine lange Schlange gebildet. Manche Hunde warten gesittet, andere sind in der Aufregung jederzeit bereit, den nächsten in der Schlange anzuknurren oder anzubellen. Nach den Formalitäten noch ein bisschen laufen und schon kann's an den Start gehen. Hier ist die Erregung noch viel größer, denn die Hunde kennen das Geräusch der Hasenmaschinen, wissen genau, was Beißkorb und Renndecke bedeuten und kennen auch den Startkasten zur Genüge. Es ist nicht immer leicht, einen aufgeregten Hund in den Startkasten zu befördern, manche Besitzer tragen ihren Hund auf dem Arm oder geben sich sonst alle Mühe, den eigenen Hund neben den fünf anderen aufgeregten Hunden vor dem Einsetzen ruhig zu halten. Dann gehen die Türen auf, die Hunde werden hineingeschoben – einen Augenblick später geht vorne die Klappe auf. Die Hunde laufen los, als ob sie wirklich etwas zu gewinnen hätten. Sie konzentrieren sich auf das kleine Stück Fell, das um die Bahn gezogen wird, und folgen in diesem Moment ihrem Instinkt: Sie wollen dieses Fell haben. Einige vergessen dabei, dass es kein gutes Benehmen ist, seinen Mitläufer und Konkurrenten zu behindern oder anzugreifen, sie müssen leider disqualifiziert werden. Das gilt übrigens nur für das Benehmen vor der Ziellinie, was nach dem Ziel passiert, geht niemanden etwas an, auch den Bahnbeobachter nicht. Wenn das Hasenfell erst liegt, stürzen sich alle darauf. Sechs Afghanenrüden, die sich auf das Objekt werfen, sehen schon spektakulär aus, aber sie tragen alle einen Beißkorb – Verletzungen sind sehr selten. Die Besitzer haben Mühe, das Hundeknäuel wieder zu entwirren, damit die Bahn frei wird und der nächste Lauf gestartet werden kann. Whippets verbeißen sich trotz des Maulkorbs gelegentlich so in das Fell, dass es abgeschnitten und durch ein anderes ersetzt werden muss, damit das Rennen überhaupt weitergehen kann. Welch ein Triumph!

Der Vormittag vergeht mit den Vorläufen, die Hundebesitzer haben es sich inzwischen mit ihren Hunden am und im Auto bequem gemacht, Liegestühle und Decken werden bei gutem Wetter ausgepackt, Sonnenschirme aufgestellt, Hunde warmgelaufen oder abgekühlt, zum Start vorbereitet, nach dem Lauf mit Wasser versorgt, man sieht sich die Läufe an und gibt Prognosen über den Verlauf der Finals am Nachmittag ab. Ab und an kommt es vor, dass ein Hund im Lauf stehen bleibt, heute einfach keine Lust hat oder vielleicht so weit zurück lag, dass er das Objekt nicht mehr sehen konnte. Für ihn ist das Rennen beendet. Fast alle aber sind mit Begeisterung dabei, geben ihr Bestes.

> **Achtung!**
>
> Bei der LCO und der FCI-Coursingordnung sind ebenso wie in Frankreich keine Wunschpaarungen möglich, der zweite Durchgang wird nach den Leistungen des ersten zusammengestellt.

Nach der Mittagspause wird die Zusammenstellung der Finals über Lautsprecher durchgesagt und die Spannung steigt nochmals an. Es ist durchaus nicht so, dass die Hunde mit den schnellsten Vorlaufzeiten immer gewinnen müssten, das wäre ja auch langweilig. Die Würfel fallen mit jedem Lauf neu, das Finale hat ganz andere Bedingungen als die Vorläufe. Die Startboxen werden ausgelost, die Felder sind homogener, das heißt, vor allem in den Kurven wird es enger. Manche Hunde können auch ihre Leistung bis zum dritten oder gar vierten Lauf steigern oder zumindest halten, bei anderen ist der erste Lauf der schnellste. Vorhersagen sind schwierig.

Und nach dem Finale die Siegerehrung: es gibt Pokale oder sonstige Sachpreise, ziemlich langweilig für die Hunde, dafür dürfen sich die Besitzer freuen, wenn sie einen Hund auf dem Siegertreppchen stehen haben. Für die aktiven Teilnehmer ergibt sich noch eine letzte Gelegenheit, den Rivalen anzuknurren und ihm Revanche anzukündigen, dann ist dieser Renntag vorbei. Liegestühle und Kühltaschen werden eingepackt – die Karawane zieht ab, zerstreut sich in alle Himmelsrichtungen, um sich am nächsten Wochenende wieder zu treffen – auf einem anderen Rennplatz.

Die **Rennen** finden auf festen Plätzen statt, das heißt, die Teilnehmer können damit rechnen, ein Klubhaus mit Bewirtschaftung und sanitären Einrichtungen vorzufinden, manchmal gibt es sogar Stromversorgung und fließendes Wasser. Die Bedingungen beim **Coursing** sind dagegen eher rustikal. Es ist fast wie ein Spuk: am Tag vor der Veranstaltung ist da nichts als eine Wiese, ein großes freies Gelände. Dann kommen die ersten Autos, Vereinsmitglieder und Helfer bauen ein Bewirtungszelt auf, Toilettenhäuschen werden angefahren, Mülltonnen im Gelände verteilt und schließlich der Parcours ausgesteckt und die Anlage aufgebaut. Es ist immer spannend zu sehen, ob alles klappt, für die Veranstalter gelegentlich nervenaufreibend, denn so eine mobile Anlage hat schon ihre Tücken.

Dann die Probeläufe, alles scheint zu stimmen. Hunde, die am nächsten Tag am Coursing teilnehmen wollen, sollten besser nicht für Probeläufe eingesetzt werden, denn sie haben ein gutes Gedächtnis und wissen dann schon, wie der Hase läuft. Sie würden versuchen, ihn von vorn abzufangen. Wenn alles geklappt hat, wird die

Links: Warten auf den Start – die Spannung ist kaum auszuhalten.

EIN GELUNGENER RENNTAG

Anlage für die Nacht gesichert. Einige der Helfer übernachten auch dort, damit es am nächsten Tag keine Überraschungen gibt.

> **Achtung!**
> Raufen oder ständige Behinderungen des anderen Hundes können auch beim Coursing ein Grund zur Disqualifikation sein und werden im Wiederholungsfall mit einer Sperre geahndet.

Am frühen Morgen treffen die ersten Hunde ein, dann nach und nach alle Teilnehmer und Zuschauer. Die Formalitäten müssen wieder erfüllt werden. Immer zwei Hunde gehen an den Start und auf die Veröffentlichung der Bewertung warten alle besonders gespannt.

Beim Coursing ist ja nicht immer offensichtlich, welcher Hund einen Lauf gewonnen hat; es ist wie beim Skispringen oder Eiskunstlaufen: Erst die Bewertung durch den Richter macht den Sieger. Die Hunde werden bei den freien Coursings nach den Wünschen der Besitzer oder nach dem Ermessen der Veranstalter zusammengestellt, bei den LCO-Coursings nach Eingang der Meldungen.

In der Mittagspause findet dann die Bewirtung im am Vortag aufgestellten Zelt statt. Meistens wird ein großer Grill aufgebaut, belegte Brötchen, Salate und Kuchen gibt es zu essen. In Frankreich wird den Gästen oft ein komplettes Menü geboten,

In der Pause ist es am schönsten, sich im Schatten auszuruhen.

Mitte:
Die Hunde werden beim Coursing meist von den Besitzern selbst von Hand gestartet.

Rechts:
Trotz hohem Tempo hält der Hund den Blick immer auf dem Hasen.

WINDHUNDSPORT

Auch die Verpflegung der Teilnehmer an einem Coursingtag ist wichtig.

das man allerdings schon bei der Meldung bestellen muss.

Im zweiten Durchgang der Läufe wird dann meistens nicht nur der Kurs umgesteckt, weil sich viele Hunde nur allzu gut an den Verlauf des ersten erinnern, auch die zusammen laufenden Paare können geändert werden. Die neuen Verpaarungen orientieren sich in der Regel an den im Vorlauf gezeigten Leistungen. Die Punkte aus dem ersten und zweiten Durchgang werden zusammengerechnet, jetzt zeigt sich, wer Sieger ist. Die Auswertung beim Coursing dauert wegen der vielen Rechnerei meistens länger als beim Rennen, das zwingt die Hundebesitzer, noch ein bisschen zusammenzusitzen. Nach der Siegerehrung und der Preisverleihung löst sich die Versammlung auf, die Hunde sind müde und zufrieden, auch wenn sie nicht gewonnen haben, und die Besitzer hoffentlich auch. Für die Veranstalter beginnen jetzt die Aufräumarbeiten, oft wird noch am selben Abend die Anlage abgebaut, die Zelte abgebrochen, Müll aufgesammelt, leere Flaschen einsortiert. Bei Einbruch der Dunkelheit sind auch die letzten Autos und Wohnmobile verschwunden, die Wiese liegt wieder verlassen da. Nur zwei einsame Toilettenhäuschen werden erst am nächsten Tag abgeholt.

Ausstellung

Ausstellung = Zuchtschau
Zuchtziel bei Windhunden:
Schönheit und **Leistung**

Der dritte große Bereich im Windhundsport ist die Ausstellung. Mancher wird sich fragen, warum das Ausstellungswesen hier dem Sport zugeordnet wird. Eine Schönheitskonkurrenz, glaubt man, stellt doch keine sportlichen Anforderungen an die Teilnehmer. Bei den Windhunden ist das aber nicht so, vielmehr ist neben der Schönheit auch die körperliche Kondition von Vorführer (Handler) und Hund gefordert. (Die englischen Ausdrücke ‚Handler' und entsprechend ‚Handling' bürgern sich auf Ausstellungen mehr und mehr ein.) Natürlich wird nicht die körperliche Leistungsfähigkeit bewertet, sondern in erster Linie die Standardgerechtigkeit und Schönheit eines Hundes, aber um diese ins rechte Licht zu rücken, sind schon einige sportliche Fähigkeiten vonnöten.

Das Zuchtziel bei den Windhunden heißt, wie bei vielen anderen Hunderassen übrigens auch, **Schönheit und Leistung**. Zur Zucht ist allerdings nach den Vorschriften des DWZRV kein Leistungsnachweis erforderlich. Die Mehrzahl der teilnehmenden Hunde auf Ausstellungen wird also logischerweise von Schönheitsspezialisten gestellt. Das ist nicht nur in Deutschland so, sondern ebenso im Ausland. Wenn man also vorwiegend Ausstellungen besuchen will und an Rennen oder Coursing weniger Interesse hat, tut man gut daran, dies bereits bei der Auswahl eines Welpen oder des Züchters zu berücksichtigen. Bei manchen Windhundrassen wie etwa den Afghanen kann man mit Leistungsspezialisten auf Ausstellungen keinen Blumentopf gewinnen und einen Preis schon gar nicht. Will man sich bei der Anschaffung noch nicht für das eine oder andere entscheiden, wird man einen ‚Allrounder' wählen, einen Hund also, der sich sowohl für Ausstellungen als auch Rennen und Coursing eignet. Man hat dann die Möglichkeit, das ganze Spektrum

AUSSTELLUNG

des Windhundsports auszuprobieren und so festzustellen, wo die Vorzüge des Hundes und die eigenen Neigungen liegen.

Ausstellungstraining

Wenn man später mit seinem Hund Ausstellungen besuchen will, kann man gar nicht früh genug mit dem Training beginnen. Vieles davon fällt unter die Rubrik ‚allgemeine Sozialisation', aber auch die speziellen Vorführübungen belasten den jungen Hund körperlich nicht, wenn sie nicht übertrieben werden. Mit einem Welpen kann man spezielle Übungen sowieso nicht allzu lange ausdehnen, denn bei ihm hält die Aufmerksamkeit nicht lange an. Ein Erfolg versprechender Ausstellungshund hat aber schon in seiner Jugend gelernt, korrekt im Schritt und vor allem im Trab (nicht im Galopp!) an der dünnen Leine zu gehen, längere Zeit fast unbeweglich stehen zu bleiben und dabei den Anschein zu erwecken, voll bei der Sache zu sein. Er hat gelernt, sich auch von fremden Menschen anfassen zu lassen, einschließlich Zahnstand- und Hodenkontrolle und Größenmessung. Er darf nicht aggressiv sein, weder Artgenossen noch Menschen gegenüber. Eine gewisse Zurückhaltung wird bei den Windhundrassen akzeptiert, steht teilweise auch im Standard, aber scheu darf sich auch ein Windhund im Ring nicht zeigen. Afghanen müssen es darüber hinaus noch lernen, die aufwändige Fellpflege stoisch über sich ergehen zu lassen, um sich bestmöglich im Ring zu präsentieren.

Die Leinenführigkeit wird man sinnvollerweise nicht nur beim Ausstellungshund, sondern generell bei allen Hunden trainie-

■ Übung macht den Meister, nicht nur beim Hund, sondern auch beim Vorführer.

WINDHUNDSPORT

> **Ausstellungstraining**
>
> **Junghund**
> - An der Leine gehen und traben.
> - Kontakte mit fremden Hunden ohne Aggression.
> - Anfassen lassen mit Zahnstand.
> - Hodenkontrolle und Größenmessung zuerst mit vertrauten Personen, dann mit Fremden üben, baden und Fellpflege je nach Rasse, ruhig stehen bleiben.
>
> **Ab etwa 9 Monaten**
> - Laufen im Ring üben (Trab).
> - Ausstellungsleine probieren.
> - Laufen im Kreis, entgegen dem Uhrzeigersinn.
> - Auf der linken Seite des Handlers und geradeaus.
> - Immer wieder anfassen lassen und aggressionsfreie Kontakte mit anderen Hunden und fremden Menschen üben.
> - Stellen und einige Zeit ruhig stehen lassen, Zeit allmählich verlängern.
> - Probieren Sie den für ihren Hund optimalen Abstand zu anderen Ausstellern aus.
> - Leichtes Konditionstraining, ein Windhund soll gut bemuskelt sein.
>
> **Ab etwa 15 Monaten**
> - Ihr Hund soll jetzt alles gelernt haben, gelegentlich Wiederauffrischungsübungen nach längeren Ausstellungspausen.
> - Regelmäßige Fellpflege vor allem bei langhaarigen Rassen.
> - Leichtes Konditionstraining für Aussteller und Hunde.
> - Kontakte mit fremden Hunden in stressfreien Situationen nicht vernachlässigen.

ren, wenn man sicher durch Menschenansammlungen und den Straßenverkehr kommen will. Zuerst kann man das Anlegen der Leine im Garten oder beim Spaziergang üben, dann kann man größere Menschen- und Hundeansammlungen aufsuchen, auf Rennplätze gehen, mit dem Hund die Stadt besuchen und auch Spaziergänge mit nicht zum eigenen Haushalt gehörenden Hunden sind hilfreich. Der junge Hund muss lernen, sich unter den verschiedensten Umständen sicher zu bewegen. Ausstellungen können unter allen möglichen Bedingungen stattfinden: in der Halle oder im Freien, nur mit Windhunden zusammen oder auch mit vielen anderen Hunderassen, auf unterschiedlichem Untergrund – Gras, Streu oder Hallenboden –, bei Hitze und Kälte, in Sonne, Wind oder Regen. Idealerweise lässt sich ein Ausstellungshund durch solche äußeren Bedingungen nicht aus der Ruhe bringen.

> Übung gibt dem Hund Sicherheit, was er kennt, wird ihn nicht verängstigen. Es ist deshalb ganz wichtig, dass er in einem ruhigen Umfeld alles kennen lernt, ohne dabei schlechte Erfahrungen zu machen.

Wenn man das **Stellen** oder **Gehen** übt, kann man den Hund durch Lob oder kleine Belohnungen immer wieder motivieren. Es hat sich gezeigt, dass es sinnvoll ist, Hunde an eine bestimmte ‚Ausstellungsleckerei' zu gewöhnen, die es nur beim Training oder während der Show gibt, er weiß dann schon, was von ihm erwartet wird. Während des Vorführens sollte man den Hund nicht mit Futter belohnen, denn nicht alle Richter sehen das gerne. Ein gut trainierter Hund wird sich im Ring mit Lob zufrieden geben, um seine Belohnung dann später zu kassieren.

Ein Junghund, der gelernt hat, gut an der Leine zu gehen, einige Minuten still stehen zu bleiben, der sich von fremden Personen ruhig anfassen lässt und Artgenossen gegenüber nicht aggressiv ist, sondern ihnen gelassen bis freundlich begegnet, hat schon einen wichtigen Schritt auf dem Weg zum Ausstellungserfolg getan. Und ein potenzieller Aussteller sollte darüber hinaus auch mindestens eine Ausstellung als Zuschauer besuchen, um sich alles genau anzusehen und sich über den Ablauf zu informieren. Natürlich kann er sich vorab die Zuchtschauordnungen von VDH und DWZRV beschaffen, die in Deutschland angewendet werden, aber man kann sich im wahrsten Sinne des Wortes ein viel besseres Bild von den Dingen machen, die man mit eigenen Augen gesehen und beobachtet hat.

Wenn der Hund nun gelernt hat, gut an der Leine zu gehen, wird man ihn an die **Ausstellungsleine** gewöhnen. Sie ist sehr viel dünner als eine normale Leine, auch um den Hals herum, der Hund kann mit ihr nur geführt, bei heftigen Reaktionen aber nicht unbedingt gehalten werden. Jetzt

AUSSTELLUNG

kann man auch beginnen, das **Laufen** im Ring zu lernen. Die Figuren, die man bei der Hundeausstellung zu laufen hat, gleichen sich überall (siehe Zeichnungen unten).

Einige Rennvereine bieten ein spezielles Ringtraining an und es ist sehr sinnvoll, dies zu besuchen, denn hier hat der Junghund die Möglichkeit, in stressfreier Atmosphäre zu zeigen, was er gelernt hat und eventuelle Fehlhaltungen können korrigiert werden.

Sehr nützlich kann es sein, seinen Hund früh an Drahtboxen zu gewöhnen, wie man sie auf Ausstellungen oft sieht. Bei CACIB-Ausstellungen ist es teilweise Vorschrift, dass sich die Hunde während des ganzen Tages mit Ausnahme des Richtens in der Box aufhalten. Genau wie das Auto wird der Hund diese als Ruheplatz akzeptieren und sich sicher und behaglich fühlen, wenn er daran gewöhnt ist. Der Drahtboden muss dabei unbedingt mit einer festen Unterlage und einer Decke versehen werden, auf der der Hund bequem liegen kann. Die Benützung der Ausstellungsbox kann zu Hause leicht mit offen stehender Tür schon mit dem Welpen geübt werden.

Auf der Ausstellung

Gerichtet wird nach Geschlecht getrennt in unterschiedlichen Klassen.

Ausstellungsklassen	
• Jüngstenklasse	(engl. Puppy Class, 6 bis 9 Monate)
• Jugendklasse	(engl. Youth Class, 9 bis 18 Monate)
• Offene Klasse	(engl. Open Class, ab 15 Monaten)
• Veteranenklasse	(ab 8 Jahren)
• Gebrauchshundeklasse	(eng. Working Class, mit Bestätigung)
• Siegerklasse	(engl. Champion Class, mit Bestätigung)

Ohne Bewertung bleibt die Ehrenklasse und der Start außer Konkurrenz. Zum Start in der Gebrauchshundeklasse ist ein Leistungsnachweis nötig, der in Deutschland vom DWZRV vergeben wird, in anderen Ländern von den jeweiligen nationalen Verbänden. Zum Start in der Siegerklasse sind die Hunde berechtigt (aber nicht verpflichtet), die bereits das nationale Schönheitschampionat erworben haben, zum Start in der Ehrenklasse berechtigt das internationale Schönheitschampionat. Die jeweiligen Bestätigungen sind mit der Anmeldung vorzulegen.

Im Ausstellungskatalog müssen alle gemeldeten Hunde in der entsprechenden Klasse vermerkt sein und hier findet der Aussteller auch seine Start-

Der Richter hat verschiedene Möglichkeiten, die Hunde laufen zu lassen, um ihre Bewegung zu beurteilen.

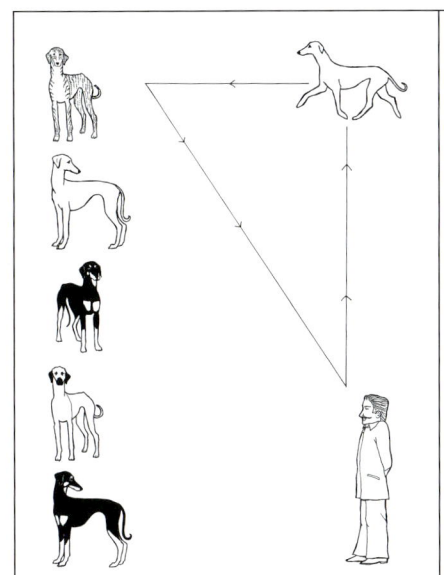
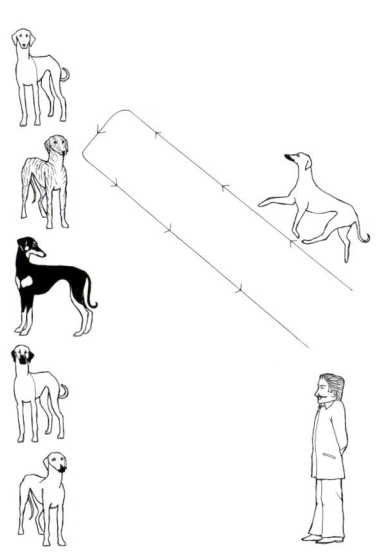
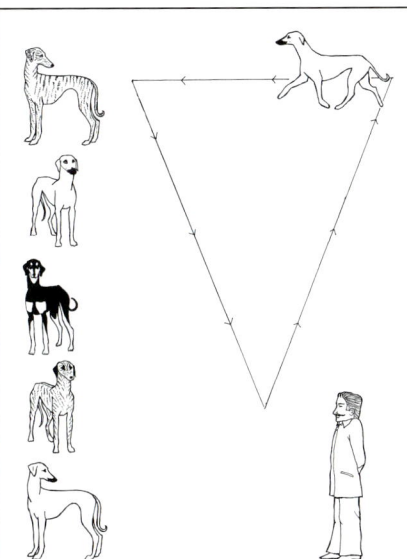

WINDHUNDSPORT

> ### Bewertung
>
> **Folgende Wertnoten werden vergeben:**
> v = vorzüglich
> sg = sehr gut
> g = gut
> ggd = genügend
> disq = disqualifiziert
> (Die Wertnote ‚disqualifiziert' wird seit dem Jahr 2000 an Stelle von ‚nicht genügend' vergeben, wenn ein Hund im Aussehen oder Verhalten eindeutig nicht dem vorgegebenen Standard entspricht, aggressiv ist, Hodenfehler hat oder durch einzelne Merkmale in seiner Gesundheit beeinträchtigt ist).
>
> **In der Jüngstenklasse können vergeben werden:**
> vv = viel versprechend
> vsp = versprechend
> wvsp = wenig versprechend

nummer und den Ring, in dem sein Hund gerichtet wird. Die entsprechende Startnummer als Klebe- oder Anstecknummer wird dann bei der Anmeldung ausgegeben. Sie muss gut sichtbar am Körper oder Arm des Handlers befestigt werden, eine Sicherheitsnadel sollte man immer dabei haben. Die Hunde werden nicht zum Richten aufgerufen, sondern jeder Aussteller oder Vorführer ist selbst dafür verantwortlich, dass er rechtzeitig am Ring ist. Bei nationalen Ausstellungen werden gelegentlich (verlassen Sie sich aber nicht darauf) die Nummern fehlender Hunde per Lautsprecher durchgesagt, niemals die Namen der Hunde oder der Besitzer.

Im Allgemeinen gilt: Wer nicht rechtzeitig am Ring ist, wird nicht gerichtet.

Zuerst zeigen sich alle Hunde einer Klasse gemeinsam im Ring, sie laufen entgegen dem Uhrzeigersinn im Kreis, dabei läuft der Hund an der linken Seite des Handlers, also innen, damit ihn der Richter ungehindert begutachten kann. Danach folgt das Richten in der Reihenfolge der im Programm ausgedruckten Nummern. Der erste Hund läuft allein im Kreis, die restlichen stehen ruhig in der richtigen Reihenfolge am Rand der Rings. Ist die Zahl der zu richtenden Hunde einer Klasse sehr groß, kann der Richter einen Teil vorübergehend aus dem Ring schicken. Nach dem Laufen im Kreis wird der Hund vor dem Richter aufgestellt (aufgebaut) und kann genau betrachtet werden. Kleine Hunde wie Windspiele und Whippets müssen damit rechnen, zur Größenmessung auf einen Tisch gestellt zu werden. Der Richter diktiert dem Ringschreiber während des Richtens den Bericht, wird den Hund vielleicht noch einige Runden laufen lassen, dann geradeaus und wieder zurück oder im Dreieck. Danach heißt es in der Nähe des Rings warten, bis die übrigen Hunde gerichtet sind. Dann werden die Hunde platziert, das heißt, die Reihenfolge der ersten vier Plätze wird ermittelt. Ob zur Platzierung sämtliche Hunde wieder in den Ring gerufen werden oder nur die mit ‚vorzüglich' bewerteten, bleibt dem Richter überlassen, es kommt auch auf die Zahl der gemeldeten Hunde an. Platziert werden können auch mit ‚sehr gut' bewertete Hunde, alle übrigen Wertnoten nehmen nicht an der Platzierung teil.

Es gibt Hunde, die ausgesprochene ‚Showstars' sind, sie lieben Ausstellungen, andere wieder lassen sie mehr oder weniger gern über sich ergehen und benehmen sich leidlich gut, je nach Tagesform, und einige wenige hassen Ausstellungen.

Veranstaltungen in Hallen sind bei den Hunden weniger beliebt als solche im Freien, zum einen, weil der Geräuschpegel im Freien bei weitem nicht so hoch ist wie in der Halle, zum anderen auch, weil die Hunde auf einer Grasnarbe oder einem Sandboden besser laufen können als auf einem vielleicht auch noch rutschigen Hallenboden. Die meisten CACIB-Zuchtschauen (Allgemeinhundeausstellungen, die in Deutschland vom VDH organisiert werden) finden aber in der Halle statt, also sollte man sich auch damit vertraut machen. Bei CACIB-Zuchtschauen muss man sich darauf einrichten, dass man das Gelände nicht vor Ende der Ausstellung verlassen darf (meistens abends um 18.00 Uhr), bei Windhundspezialzuchtschauen gibt es keine Be-

AUSSTELLUNG

schränkung, das Ausstellungsgelände kann jederzeit verlassen werden.

Ausstellungen bedeuten Stress und körperliche Anstrengung für Herrn und Hund, manchmal muss man stundenlang warten, bis man an der Reihe ist. Dann aber sollen beide voll präsent sein, der Hund soll sich konzentriert und temperamentvoll zeigen, damit der Richter seine Vorzüge würdigen kann. Das Laufen im Ring kann sich ziemlich ausdehnen, vor allem, wenn man einen Sieger an der Leine hat. Dann muss man nicht nur zum ersten Richten in den Ring, sondern auch zum Stechen um diverse Titel, um CAC und CACIB, BOB und zu guter Letzt BIS.

Jeder Aussteller erhält am Schluss der Ausstellung eine Kopie des Richterberichts und eine Bestätigung über die erworbenen Titel und Anwartschaften. Es ist sinnvoll, diese gut aufzubewahren, denn die Richterberichte werden möglicherweise für eine später noch geplante **Ankörung (Zuchtzulassung)** benötigt, wenn sie mindestens die Wertnote ‚sehr gut' aufweisen. In Deutschland benötigt man für eine Ankörung auch noch eine Eintragung von Größe und Zahnstand in den Hundepass, beides kann man auf einer Zuchtschau machen lassen. Neu ist der Gentest durch eine Speichel- oder Blutprobe, der ebenfalls vor der Ankörnung vorzunehmen ist.

Vorbereitung auf eine Ausstellung

Unser Hund hat jetzt alles gelernt, was er für eine Ausstellung braucht, Papiere und Impfungen sind in Ordnung, die Meldung ist rechtzeitig erfolgt. Um den Hund in bester Kondition vorzuführen, kann man aber noch einiges tun.

Der Hund sollte unbedingt sauber vorgeführt werden, nicht nur frisch gebadet, sondern auch mit **sauberen Ohren** (ohne verkrustetes Ohrenschmalz – kann man selbst entfernen) und ohne Zahnbelag und Zahnstein. Zahnstein kann man weitgehend verhindern, wenn man dem Hund einmal wöchentlich die **Zähne** mit Schlämmkreide oder einer speziellen Hundezahncreme putzt. Hat sich schon Zahnstein gebildet, kann man versuchen, diesen

Dieser Greyhoundrüde ist ein Showtyp, also vom Exterieur rein auf Ausstellung gezüchtet.

Anwartschaften und Titel bei deutschen und internationalen Ausstellungen

- **CAC** (Certificat d'Aptitude au Championat)
  Anwartschaft auf das nationale Schönheitschampionat. Um Schönheitschampion zu werden, benötigt der Hund vier Anwartschaften von drei verschiedenen Richtern.
- **CACIB** (Certificat d'Aptitude au Championat Internationale de Beauté)
  Anwartschaft auf das internationale Schönheitschampionat. Um internationaler Schönheitschampion zu werden, benötigt ein Hund vier Anwartschaften von drei verschiedenen Richtern in drei verschiedenen Ländern.
- VDH-Anwartschaft **Deutscher Champion (VDH)**
  vier Anwartschaften, davon mindestens zwei auf internationalen oder allgemeinen Zuchtschauen.

Zwischen der ersten und vierten Anwartschaft muss bei allen Championaten ein Zeitraum von mindestens zwölf Monaten liegen.

- **BOB** (Best of Breed) Rassebester
- **BIS** (Best in Show) Bester der Ausstellung
- **Bundessieger** 1x jährlich Zuchtschau des VDH
- **Europasieger** 1x jährlich Zuchtschau des VDH
- **Verbandssieger** 1x jährlich Zuchtschau des DWZRV (nur für Hunde aus DWZRV-Zucht mit DWZRV-Besitzer)
- **Landessieger** 1x jährlich in jeder der zwölf Landesgruppen des DWZRV.
- Die Titel ‚**WELTSIEGER FCI**' und ‚**EUROPASIEGER FCI**' werden jedes Jahr in einem anderen FCI-Mitgliedsland vergeben.

WINDHUNDSPORT

> **Meldung und Utensilien für die Ausstellung**
>
> - Anmeldung CAC-Ausstellung: etwa 2 Wochen vorher; Meldegeld 17,- Euro
> - Anmeldung CACIB-Ausstellung: etwa 8 Wochen vorher; Meldegeld 40,- bis 55,- Euro
>
> Terminveröffentlichungen in den Verbandszeitschriften, Meldeunterlagen bei DWZRV und VDH oder den ausrichtenden Vereinen
>
> - Klasseneinteilung bei Meldung beachten
>
> **Unbedingt nötig:**
> Impfpass, Hundepass und Ausstellungsleine
>
> **Nützlich:**
> Stühle, Sonnen- oder Regenschutz, Drahtkäfig (kann auf CACIB-Ausstellungen meistens gemietet werden, auf Meldeschein angeben), Tisch zum Bürsten (Galgenhalterung ist verboten!), Bürste, Belohnungsleckerei für Hunde, eventuell Kugelschreiber zum Ausfüllen des Katalogs, Sicherheitsnadel, falls es keine selbstklebenden Nummern gibt.
>
> Beginn des Richtens: 10.00 Uhr, Einlass und Ausgabe der Papiere, Tierarztkontrolle etc. normalerweise eine Stunde vorher.
>
> **Achtung:**
> - Hunde werden nicht zum Richten aufgerufen, jeder Aussteller muss selbst darauf achten, dass er rechtzeitig am Ring ist. Lautsprecherdurchsagen nennen nur die Katalognummer der Hunde, keine Eigennamen oder Namen der Besitzer.
> - CACIB-Ausstellungen kann man mit Hund erst nach Ende der Veranstaltung verlassen.

Der Besitzer von Afghanischen Windhunden sollten sich vom Züchter oder erfahrenen Ausstellern beraten lassen. Um einen Afghanen erfolgreich ausstellen zu können, muss man schon in der Jugend anfangen, das Haarkleid sorgfältig zu pflegen und möglichst täglich zu bürsten, damit es erst gar nicht zu Filzknoten kommen kann. Regelmäßiges Baden sollte selbstverständlich sein. Wenn man erst eine Woche vor einer Ausstellung mit der Fellpflege anfängt, ist der Misserfolg praktisch garantiert.

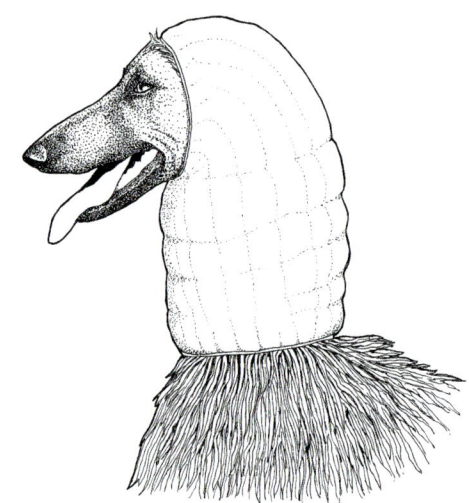

Afghanischer Windhund mit Ohrenschutz.

mit einem speziellen Häkchen (aus der Apotheke oder dem Sanitätshaus) zu entfernen oder die Zähne beim Tierarzt reinigen zu lassen.

Oft wird auch übersehen, dass die **Krallen** bei einer Ausstellung kurz sein sollten. Zu lange Krallen können unerwünschte Spreizpfoten vortäuschen, außerdem rutscht der Hund auf glattem Untergrund (Hallenboden) leichter aus. Kurze Krallen beugen übrigens auch in Rennen und Coursing Zehenverletzungen vor.

Die **Fellpflege** ist ein besonderes Kapitel. Im Standard der Afghanischen Windhunde steht: „Das Haarkleid muss sich natürlich entwickeln." Das ist ein wenig beachteter Satz auf Ausstellungen. Vor allem der kurz behaarte Rücken ist bei vielen Afghanen von Natur aus nicht mehr vorhanden. Die Selektion auf immer mehr Fell hat auch vor der Rückenbehaarung nicht Halt gemacht.

Die Ohren der langhaarigen Windhunde werden durch die ungeschützte Fütterung nicht nur schmutzig, die Hunde fressen dabei oft auch den langen Behang ab. Wenn man einen Saluki oder Afghanen sieht, der seltsame Stufenschnitte an den Ohren hat, wurde dies meistens nicht mit der Schere verursacht, sondern der Hund hat die Haare bei der Futteraufnahme ins Maul bekommen und selbst abgefressen.

> **TIPP**
> Selbst wenn man einige Zeit nicht sehr viel für die Fellpflege tut, eine Kleinigkeit kann man auch bei Zeitmangel immer beachten: Ein Afghane oder auch ein befederter Saluki sollte immer mit Strumpf oder Mütze über den Ohren sein Futter und vor allen auch Knochen und Kauartikel bekommen (siehe Zeichnung).

Es gibt keine Windhundrasse, die regelrecht getrimmt werden muss, aber bei einigen Rassen mit etwas längerem Haar sind leichte Korrekturen für die Ausstellung schon üblich. Auch da sollte man sich vom Züchter oder erfahrenen Ausstellern beraten lassen. Das Baden mit Shampoo ist auch nicht immer angebracht, wenn im Standard ein raues oder drahtiges Fell verlangt wird. Es kann dann besser sein, nur klares Wasser zu verwenden oder schon eine Woche vor der Ausstellung zu baden. Auch kurzhaarige Hunde können neben dem Baden eine besondere Fellpflege benötigen. Dann nämlich, wenn sie über den Winter ein dichtes, wolliges Unterhaar entwickelt haben, das womöglich im Frühling plattenweise ausgeht und einen scheckigen, ungepflegten Eindruck hinterlässt. Hier hilft nur bürsten und striegeln, eventuell auch auszupfen mit der Hand oder das Abstreifen des abgestorbenen Haares mit einem feinen Sägeblatt, aber bitte vorsichtig. Diese Unterwolle bildet sich besonders bei Greyhound und Magyar Agar, kommt aber auch beim Sloughi und andern kurzhaarigen Rassen vor.

Unser Hund ist jetzt optimal auf eine Ausstellung vorbereitet, gepflegt und fit, was kann der **Vorführer** noch tun, um seine Chancen zu verbessern? Über das Üben für die Ausstellung haben wir schon gesprochen, nicht aber darüber, dass beim Vorführen nicht allein der Hund, sondern auch der Handler im Rampenlicht steht. Natürlich wird der Hund benotet, aber der Gesamteindruck ist sehr wichtig. Deshalb sollte der Vorführer einigermaßen fit sein, damit er im Ring nicht keuchend hinter seinem Hund her rennt und der Richter befürchten muss, dass ihn ein Herzinfarkt niederstreckt. Auch die Kleidung sollte korrekt und dem Anlass entsprechend sein, eine allzu legere Ausstattung ist nicht am Platz. Im Allgemeinen ist man für CACIB-Ausstellungen etwas formeller gekleidet als für Spezialzuchtschauen. Gut wirkt es, wenn die Kleidung mit der Farbe des Hundes harmoniert.

Das Verhaltens des Vorführers sollte immer korrekt und höflich sein, wie er es ja vom Richter auch erwartet. Er sollte Fragen beantworten, aber nicht den Richter ‚zuquatschen', denn der muss sich auf den Hund und die Abfassung des Richterberichtes konzentrieren. Ein Gespräch mit dem Richter über spezielle Probleme kann ja nach Beendigung des Richtens gesucht werden.

> **TIPP**
>
> **Vorbereitung Hund:**
> - Ohren und Zähne reinigen
> - Krallen schneiden
> - Baden und bürsten
>
> **Vorbereitung Aussteller:**
> - Passende Kleidung und Schuhwerk
> - Laufen und stehen nochmals üben

> Zu guter Letzt noch eine Selbstverständlichkeit: Faires und sportliches Verhalten ist nicht nur beim Rennen und Coursing am Platz, auch bei Ausstellungen jeder Art trägt es zu einer angenehmen und positiven Atmosphäre bei. Diskussionen mit Richtern über Wertnoten oder Platzierungen sind nicht nur sinnlos, sondern kontraproduktiv.

Richter und Richterinnen

Die korrekte Bezeichnung einer Hundeausstellung lautet: Zuchtschau. Der eigentliche Zweck einer Ausstellung ist also eine Übersicht und Bewertung der zur Zeit gezüchteten Hunde, nicht aber eine Schönheitskonkurrenz oder eine Misswahl. Richter einer Zuchtschau tragen eine sehr große Verantwortung, denn sie bestimmen mit durch ihre Bewertung, wie die Zucht in Zukunft aussehen wird.

Zwar entscheidet letzten Endes der Züchter, mit welchen Hunden er züchtet, er wählt passende Verpaarungen aus und kann auch das Wesen seiner Hunde am besten beurteilen, aber generell gilt, dass Siegerhunde eher in die Zucht genommen werden als Hunde, die zwar den Körbedingungen genügen, sich aber bei Ausstellungen immer nur im Mittelfeld bewegen. Jeder Züchter hat ja auch ein Interesse daran, seine Hunde zu verkaufen, denn er kann nicht komplette Würfe behalten, wenn er seine Vision von einem idealen Hund nach mehreren Generationen verwirklichen will. An Hündinnen werden in der Zucht nicht so hohe Maßstäbe angelegt, aber ein Rüde mit vielen Auszeichnungen wird oft vielfach als Deckrüde eingesetzt und kann das Bild einer Rasse, besonders bei kleinen Populationen, schon sehr stark beeinflussen. Es ist bestimmt nicht leicht, einen Hund in weniger als zehn Minuten endgültig zu bewerten. Mehr Zeit hat ein Richter nicht. Deshalb ist die gute Vorbereitung und der korrekte Ablauf einer Ausstellung so wichtig.

Beim Rennen wird die Leistung nach einem objektiven Kriterium beurteilt, der Schnelligkeit, bei Ausstellungen hat der Richter den Standard, und der ist nicht immer eindeutig. Ältere Standards sind oft recht knapp, der Haken dabei ist, dass sie ziemlich offen sind für unterschiedliche Auslegungen. Neuere Standards wie etwa der des Cirneco dell'Etna sind derart überfrachtet mit Zahlenangaben über Winkelungen und Größenverhältnisse, dass es nicht nur unter Ausstellungsbedingungen unmöglich ist, das genau zu überprüfen. Der Cirneco-Standard sagt über das Sprunggelenk: „Der Abstand Pfotensohle-Sprunggelenkspitze ist nicht größer als 27 % der Widerristhöhe, seine Außenseite ist breit. Der Winkel Schienbein-Fersenbein beträgt ungefähr 135°." Wer will das überprüfen? Zwar entwickeln erfahrene Richter ein Auge für die korrekten Größenverhältnisse der von ihnen gerichteten Rassen, aber es ist zu bezweifeln, dass es selbst unter idealen Bedingungen möglich ist, solche detaillierten Angaben zu verifizieren oder falsifizieren. Ein Hund ist kein Gebäude, das man genau vermessen kann, seine Winkelungen sind nicht zementiert, sondern in gewissem Maße abhängig von Muskelspannung und Bewegung. Schon das ‚Aufbauen' der Hunde vor dem Richter entspricht nicht der natürlichen Haltung eines Hundes.

Auf Zuchtschauen gibt es drei Arten von Richtern: Windhundspezialrichter, Gruppenrichter und Allgemeinrichter. Windhundspezialrichter dürfen eine oder mehrere **Windhundrassen** richten, **Gruppenrichter** sind zugelassen für eine gesamte Hundegruppe (zum Beispiel Gruppe 10 – Windhunde). **Allgemeinrichter** sind berechtigt, sämtliche von der FCI anerkannten Hunderassen zu richten. Auf Windhundspezialzuchtschauen stellen die Spezialrichter die Mehrheit, Gruppenrichter und vor allem Allgemeinrichter sind seltener.

Laut Zuchtschauordnung darf ein Richter an einem Tag bis zu fünfzig Hunde richten. Diese Vorschrift wird aber großzügig gehandhabt. Ist ein Richter sehr begehrt, weil er nur selten in Deutschland richtet oder einen bestimmten Hundetyp bevorzugt, dann können die Meldezahlen pro Richter schon mal auf fast einhundert steigen. Dass ein Richter einen bestimmten Hundetyp bevorzugt, heißt übrigens nicht, dass dieser Richter parteiisch ist. Es ist vielmehr so, dass die im Standard geforderten Eigenschaften von den einzelnen Richtern unterschiedlich gewichtet werden (können). Während der eine Richter bei Windhunden eine ausgeprägte trockene Muskulatur wesentlich findet, legt ein anderer vielleicht mehr Wert auf Eleganz und einen fließenden Gang.

Natürlich ist jeder Besitzer der Ansicht, dass sein Windhund der allerschönste ist, aber es kann nur einer gewinnen. Es kommt vor, dass ein Hund, der gerade eine Ausstellung gewonnen hat, sich einen Monat später bei einem anderen Richter auf einem anderen Platz mit einem ‚sehr gut' begnügen muss. Das kann an der Tagesform des Hundes liegen, auch daran, dass viele noch bessere andere Hunde da sind oder eben daran, dass ein Richter besonderen Wert auf Eigenschaften legt, die dieser Hund nicht im Übermaß besitzt. Trotzdem ist es falsch, sich von anfänglichen Misserfolgen entmutigen zu lassen. Bei der ersten Ausstellung, auch wenn sie gut vorbereitet wurde, sind wahrscheinlich Hund und Vorführer noch unsicher und das kann durchaus zu einer weniger guten Bewertung beitragen.

Auf fast allen Ausstellungen findet man auch ausländische Richter. Keine Angst, wenn Sie deren Sprache nicht sprechen. Normalerweise übersetzt der Ringschreiber

AUSSTELLUNG

Auch das Anfassen lassen bei der Ausstellung muss geübt werden.

oder der Richter hat einen Dolmetscher. Die Richterberichte werden für gewöhnlich in Deutsch geschrieben, seit einigen Jahren können sie aber auch in der Sprache des Richters ausgestellt werden.

Der Richter ist völlig frei in seinen Entscheidungen, er kann auch einen Hund, der

Hinweis

Gegen das **Urteil** eines Richters besteht keine Widerspruchsmöglichkeit, es ist endgültig. Es gilt: Neue Ausstellung – neues Glück!

in der Siegerklasse startet, mit der Wertnote ‚sehr gut' aus dem Ring gehen lassen. Als Aussteller muss ich mir immer vergegenwärtigen, dass nicht frühere Wertnoten und Platzierungen entscheidend sind, sondern die Kondition des Hundes und die Konkurrenz genau an diesem Ausstellungstag.

Doping

Wenn man von Windhundsport spricht, liegt die Frage nach dem Doping nahe. Auch beim Hund lassen sich ja Leistungssteigerungen und Verhaltensveränderungen durch die Gabe von Medikamenten erzielen. Darüber hinaus kann auch durch Genussmittel wie Schokolade, Kaffee oder Schwarztee, die man nicht so ohne weiteres mit dem Begriff Doping in Zusammenhang bringt,

> Doping ist nicht nur auf Rennen und Coursings, sondern auch auf Ausstellungen verboten. Auch Beruhigungsmittel können Doping sein. Medikamente, die krankheitshalber eingenommen werden, müssen dem Bahntierarzt gemeldet werden. Schokolade, Kaffee, Tee, Kakao fallen ebenfalls unter das Dopingverbot.

eine Erhöhung der Leistung erreicht werden. Bei Zuchtschauen kommen nicht nur Mittel zur Anregung in Frage, aggressive und ‚wilde' oder sehr scheue Hunde können durch geeignete Mittel beruhigt werden, so dass der Richter ihr Wesen nicht mehr richtig beurteilen kann. Alle diese Maßnahmen sind verboten. In Deutschland können auf allen Rennen, Coursings und Ausstellungen Dopingkontrollen vorgenommen werden und sie finden auch statt. Zur Finanzierung dieser Untersuchungen wird mit dem Meldegeld ein bestimmter Betrag erhoben, der von den Vereinen an den DWZRV abzuführen ist. Nach anfänglichen Problemen und Protesten hat sich die Durchführung der Dopingkontrollen recht gut eingespielt und wird allgemein akzeptiert. Die Zahl der festgestellten Dopingfälle hat sich seit Einführung der Kontrollen kontinuierlich verringert und tendiert im Moment gegen null.

Sonne und Hitze, Regen und Kälte

Windhundveranstaltungen aller Art finden im Allgemeinen im Freien statt. Die Veranstaltungssaison beginnt im März und endet irgendwann Mitte November, in der Schweiz und Österreich gibt es auch Schneerennen und -coursings. Windhunde sind im Normalfall gut angepasst an unsere klimatischen Bedingungen und körperlich robust. Bei Veranstaltungen und Trainings verbringen sie aber manchmal ganze Tage im Auto. Das lieben die meisten von ihnen, trotzdem müssen sie unbedingt vor Witterungseinflüssen geschützt werden. Kälte stellt meist kein großes Problem dar, im Auto ist es normalerweise warm genug. Nasse Hunde aber müssen unbedingt gut abfrottiert werden, damit die Nässe beim Liegen nicht bis auf die Haut durchdringt und eine Unterkühlung hervorruft. Whippets und Greyhounds sieht man auch häufig in der Aufwärmphase und nach dem Lauf bei kühler Witterung mit einer Wärmedecke. Sinnvoll ist diese Decke vor allem in der manchmal unvermeidlichen Wartezeit zwischen dem Aufwärmen und dem Start und bei empfindlichen Hunden auch nach dem Lauf.

> **Wichtig!**
>
> Hitzeschutz auf dem Veranstaltungsgelände ist unbedingt nötig, es gibt nie genügend Schattenparkplätze für alle, deshalb:
> - Mindestens weiße Tücher zum Abhängen des Autos bereit haben.
> - Für ausreichende Luftzufuhr sorgen.
> - Fenster und, wenn vorhanden, Schiebedach öffnen.
> - Geöffnete Heckklappe mit Gitter sichern.
> - Gefüllten Wassernapf im Auto lassen.

Viele Hunde, auch gut trainierte, sind sehr empfindlich gegenüber Hitzeeinwirkung. Schon normale Sommertemperaturen können beispielsweise einem Barsoi ernsthaft zu schaffen machen und wenn dann noch

SONNE UND HITZE, REGEN UND KÄLTE

die körperliche Anstrengung eines Rennens oder Coursings hinzukommt oder der Stress und das lange Stehen an einem Ausstellungstag, dann kann es leicht zu einem Hitzschlag kommen. Empfindlichkeit gegen Hitze ist zum größten Teil anlagebedingt, man kann nur versuchen, die Auswirkungen der Hitze auf den Hund so gering wie möglich zu halten. Besonders gefährdet sind dunkle Hunde. Bei einem schwarzen Greyhound, der nach längerem Stehen in der Sonne noch läuferische Höchstleistungen erbringen soll, ist die Gefahr eines Hitzschlags oder Kreislaufkollapses immer gegeben. Ebenso verhält es sich, wenn ein Hund längere Zeit im einem geschlossenen Auto verbringen muss oder in der Sonne auf dunklem Asphalt bewegt wird. Mit der Hand können sie leicht fühlen, wie heiß der Asphalt im Gegensatz zu einer Grasnarbe wird. Der Hund fühlt diese Hitze nicht nur direkt an den Pfoten, die nicht durch Schuhwerk geschützt sind, sondern die Hitze strahlt auch ab auf den Körper des Hundes, der sich dicht über dem Asphalt bewegt. Es gibt aber unter den Hunden, wie unter den Menschen auch, ausgesprochene Hitzespezialisten, die auch bei heißem Wetter in der Lage sind, hervorragende körperliche Leistungen zu erbringen und zur Höchstform aufzulaufen.

Auf den meisten Renn- und Coursingplätzen sind nicht genügend schattige Parkplätze vorhanden. Fast alle Teilnehmer bringen deshalb große weiße Tücher mit, die aus zwei oder drei zusammengenähten Laken bestehen und mit Bändern versehen sind, damit man sie am Auto befestigen kann. Mit diesen werden die Autos komplett zugehängt, damit keine Sonne ins Wageninnere dringen kann. Aber auch wenn das Auto komplett abgedeckt ist, muss unbedingt für ausreichende Luftzufuhr durch geöffnete Fenster (ein Fenstergitter kann hier sehr nützlich sein) oder Türen gesorgt sein. Bitte bedenken Sie auch, dass die Sonne wandert und der Wind auch an heißen Tagen die Tücher verrutschen lassen kann. Also den Hund nie zu lange im Auto allein lassen. Ausreichend Wasser muss der Hund außerdem zur Verfügung haben. Für zusätzliche Kühlung sorgt es auch, wenn man die Abdecktücher immer wieder nass macht, das erzeugt Verdunstungskälte.

Wenn es gelingt, den Hund während eines Veranstaltungstages in den Wartezeiten kühl zu halten, stellt auch ein Lauf oder die Vorstellung im Ausstellungsring keine übermäßige Belastung dar. Eine halbe Stunde in einem überhitzten Auto ist für einen Hund auf jeden Fall viel schlimmer als ein kurzer Lauf. Aussteller sollten daran

■ Sicher und komfortabel sind die Hunde im Auto mit Türgitter, Sonnenschutz und Wassernapf untergebracht.

denken, auch die Drahtboxen, in denen sich die Hunde aufhalten, vor Sonne oder Nässe zu schützen. Das geht nicht nur mit einem Tuch, sondern auch mit einem Sonnenschirm oder Zelt.

Titel, Titel, Titel ...

Auf Ausstellungen, Rennen und seit neuestem auch auf Coursings wird eine Vielzahl von Titeln vergeben. Dazu musste man zuerst Bewertungskriterien einführen. Beim Rennen ist das ja ganz simpel: die Geschwindigkeit wird zum Bewertungskriterium. Daneben muss der Hund aber auch noch einwandfrei laufen, das heißt, er darf nicht raufen oder andere Hunde am einwandfreien Laufen hindern. Um das beurteilen zu können, braucht man nicht nur ein Schiedsgericht, sondern auch mindestens vier Bahnbeobachter, die rund um die Rennbahn postiert sind und den Verlauf des Rennens genau im Auge haben, außerdem ein Zielgericht, eine Zeitmessanlage und schließlich ein Sekretariat, das das Ganze dokumentiert und nicht zuletzt einen Rennleiter.

Bei der Ausstellung benötigen wir pro Ring einen Richter, einen Ringordner und einen Ringschreiber und eine Ausstellungsleitung (Sonderleiter), die für den gesamten Ablauf verantwortlich ist. Auch Coursingläufe müssen bewertet werden, um Titel vergeben zu können. Man hat versucht, beim Torcoursing ein Bewertungsschema zu konstruieren, weil man ja einigermaßen sicher erkennen kann, ob ein Hund ein Tor oder Hindernis als Erster, Zweiter oder gar nicht genommen hat. Schwieriger wird die Bewertung schon beim Jagdcoursing, es braucht erfahrene Feldrichter und Master, um eine korrekte Bewertung der Läufe sicherzustellen. Auch die im Jahr 2000 grundlegend überarbeitete Leistungscoursingordnung (LCO), die die Bewertung eines Laufes nachvollziehbarer machen soll, ändert im Grundsatz nichts.

Warum also machen wir uns die Mühe, bei Veranstaltungen die Leistung und Schönheit eines Hundes beurteilen zu wollen und organisieren das mit großem Aufwand? Den Hunden ist das alles sicherlich ganz egal, sie wollen nur laufen oder, manchmal, sich im Ausstellungsring zeigen. Natürlich merken sie, wenn Frauchen oder Herrchen sich freuen, aber sie können das sicher nicht mit der erbrachten ‚Leistung' verknüpfen.

Die Antwort liegt auf der Hand: Über Jahrtausende hinweg wurden die Windhundrassen nur auf ein Merkmal hin gezüchtet: Leistung. Hunde, die nicht in der Lage waren, Beute zu machen oder die aggressiv waren und Menschen oder Artgenossen angriffen, durften sich nicht vermehren, wurden getötet. Diese Art der Zucht hat die Windhundrassen hervorgebracht, es haben sich ganz verschiedene Typen herausgebildet, angepasst an die klimatischen Bedingungen, die Topographie der Ursprungsländer und an das zu jagende Objekt. Wolfsjäger und Hasenjäger benötigen unterschiedliche Fähigkeiten zu Erfüllung ihrer Aufgaben, Gruppenjäger müssen Artgenossen gegenüber tolerant sein, Einzeljäger wie die Afghanen brauchen Selbstständigkeit und einen untrüglichen Ortssinn.

Diese Eigenschaften können wir nur unvollkommen bewerten. Trotzdem benötigen wir für die Zucht nicht nur das Kriterium ‚Schönheit'. Gerade bei den Windhunden müssen wir auch die ‚Leistung' in die Auswahl mit einbeziehen. Und um Titel vergeben zu können, müssen Schönheit und Leistung möglichst objektiv bewertet werden. Beim Rennen ist das die Schnelligkeit – eine Bewertung, die jedermann einsichtig ist. Beim Coursing benötigen wir ein allgemein akzeptiertes Reglement, wenn die Leistung in die Zucht einfließen soll. Der Einfluss der Ausstellungen auf die Zucht ist am größten, denn zur Ankörung sind mindestens zwei Ausstellungen erforderlich, bei denen die Wertnote ‚sehr gut' oder besser erreicht wurde. Ein Leistungsnachweis muss nicht erbracht werden. Trotzdem wirken sich Leistungstitel sehr stark auf die Zucht aus. Allerdings finden wir bei manchen Rassen, wie etwa den Greyhounds, Zuchtlinien, die nur eine Zuchtqualifikation verfolgen. Auch die Gebrauchshundeklasse (früher Leistungsklasse) bei Ausstellungen ändert daran nicht viel.

■ Es kann auf der Ausstellung schon eine Weile dauern, bis man mit seinem Hund beim Richter an der Reihe ist.

In früheren Jahrhunderten war die Schönheit der Windhunde ein Nebenprodukt des Hauptmerkmals Leistung.

Und heute? Die vergangenen fünfzig Jahre haben gezeigt, wie schnell eine gezielte Zucht das Bild einer Hunderasse verändern kann. Wenn man Ausstellungsafghanen sieht, die nicht mehr die geringste Hetzleidenschaft zeigen, dann ist das schon eine wesentliche Veränderung. Die Frage ist doch, ob es sich dann noch um einen Windhund handelt. Wird man die künftigen Windhunde nur noch an äußeren Merkmalen erkennen? Wird als nächstes Wesensmerkmal die Selbstständigkeit wegfallen?

Natürlich werden sich die Windhundrassen verändern, denn wir können in unserer heutigen Zeit, in der für alle immer weniger Platz vorhanden ist, die Bedingungen, die teilweise auch heute noch in den Ursprungsländern vorhanden sind, nur sehr unvollkommen simulieren. Deshalb ist es so wichtig, dass neben der Schönheit auch die Rennleistung und das Coursing Eingang in die Zucht finden, und das geht am ehesten über Titel. Das Coursing ist deshalb wichtig, weil es die einzige windhundspezifische Disziplin ist, die keine reine Schnelligkeit oder Schönheit fordert, sondern Intelligenz, Geschicklichkeit und Ausdauer ebenso prüft wie die Hetzlust. Diese Eigenschaften sind wesentliche Merkmale unserer Windhunde, eine Titelvergabe auf diesem Gebiet ist wichtig und richtig, damit sie auch weiterhin in der Zucht erhalten bleiben.

Gesundheit und Ernährung

Rechte Seite: Strandlauf – Spaß und Fitnesstraining zugleich für Herr und Hund.

Dieses Kapitel befasst sich im weiteren Sinn mit gesundheitlichen Phänomenen bei Windhunden im Vergleich zu anderen Hunderassen. In der einschlägigen Literatur findet man zu diesen Themen erstaunlich wenig, obwohl manches bei Windhunden anders ist.

Bewegung und Training im Alter

Die Frage nach dem richtigen Umgang mit dem alten Hund stellt sich jedem Hundebesitzer früher oder später. Auch Windhunde, deren Leben von Bewegung und ausgeprägten Ruhephasen bestimmt ist, altern. Sie tun das, je nach Rasse, auf ganz unterschiedliche Weise.

Ganz allgemein kann man sagen, dass die großen Rassen früher altern als die kleinen, die westlichen früher altern als die orientalischen. Gewichtsprobleme, die einen großen Teil der Schwierigkeiten anderer Hunderassen im Alter verursachen, haben sportlich aktive Windhunde im Allgemeinen nicht und auch Ausstellungshunde sind selten zu dick. Das liegt nur zum Teil an der Haltung und Fütterung, es hat auch ganz klar genetische Ursachen. Hunde, deren Hauptaufgabe darin besteht, zu jagen, könnten dieser Aufgabe nicht gerecht werden, wenn sie fett wären. Zuchtziel bei diesen Rassen war nie die Körpermasse, sondern Schnelligkeit und Wendigkeit. Diese wird unter anderem durch eine ausgeprägte Muskulatur erreicht. Muskelmasse aber bildet sich zurück, wenn sie nicht gebraucht wird. Beim Menschen verwandelt sich nicht benützte Muskelmasse häufig in Fett, bei Windhunden scheint das nur sehr selten der Fall zu sein. Da der lineare Hundetyp, dem alle Windhunde zuzurechnen sind, nur wenig zum Fettansatz neigt, haben alte, ehemals sportlich aktive Hunde gelegentlich das Problem, dass sie zu mager werden. Für diesen Hundetyp ist das kalorienreduzierte Seniorenfutter nicht geeignet, dagegen aber ein hochverdauliches Futter mit normalem Kaloriengehalt.

Die orientalischen Windhundrassen altern im Allgemeinen spät. Auf Rennen und Coursings findet man verhältnismäßig viele ältere Hunde dieser Rassen, die noch voller Elan und Begeisterung dabei sind. Im Alter von acht Jahren ist dann zwar die Rennkarriere beendet, das heißt aber nicht, dass diese Hunde nicht mehr am Training teilnehmen können. Genauso wie ein junger Hund langsam aufgebaut werden muss, sollte das Training beim alten Hund langsam zurückgenommen werden, seinen sich vermindernden körperlichen Fähigkeiten angepasst. Gelenks- und Rückenprobleme sind eher selten und sollten mit dem Tierarzt abgeklärt werden. Wenn der Hund aber nur morgens ein wenig steif ist, dann ist das kein Grund, ihn nicht mehr zu bewegen. Wie beim Menschen gilt auch beim alten Hund ‚Wer rastet, der rostet'.

Ausreichende Bewegung trägt dazu bei, dass ein Windhund sein Alter gesund und fröhlich verbringen kann. Der Erfahrung nach ist ein ausgedehnter Spaziergang pro Tag und ein gelegentlicher Freilauf oder die Teilnahme an einem Training, eventuell mit verkürzter Strecke, angemessen. Allerdings ist davon abzuraten, mehrere längere Spaziergänge pro Tag zu machen, denn das Bedürfnis nach Ruhephasen wächst mit dem Alter und die Regenerationsfähigkeit nimmt ab. Deshalb sollte man auch im Training höchstens zwei Läufe pro Tag absolvieren. Der Hase sollte im Zieleinlauf eher weit weg vom Hund gezogen werden, bevor er liegen bleibt, damit der alte Hund nicht abrupt bremsen muss und sich dabei vielleicht verletzen könnte. Das gilt auch für das Coursingtraining, das normalerweise völlig unproblematisch ist, weil alte Hunde

Freies Laufen und Spielen auf sicherem Gelände ist wunderbar anzusehen und ein absolutes Vergnügen für die Hunde.

sowieso dazu neigen, den Lauf nach ihren Bedürfnissen selbst zu gestalten und abkürzen. Sie versuchen auf der Innenbahn zu laufen, während ein schnellerer Partner die äußere Seite abdeckt, und laufen enge Wendungen und Haken nicht aus.

Vorsicht!

Es gibt alte Renn- und Coursinghunde, die nicht wissen, wann sie genug haben. Sie laufen immer, wenn man sie an den Start bringt und geben alles. Solche Hunde muss der Besitzer genau beobachten und gegebenenfalls das Training reduzieren.

Hunde bis zur völligen Erschöpfung laufen zu lassen, ist in keinem Lebensalter angebracht. Fahrradtraining, das viele Orientalen sowieso nicht sehr lieben, sollte man einem alten Hund nicht mehr abverlangen, denn der Hund ist gezwungen, mit der Geschwindigkeit des Rades zu laufen.

Im Prinzip gilt das oben Gesagte auch für die Europäischen Windhunde. Die großen Irischen Wolfshunde und die Deerhounds altern früher als andere Windhundrassen. Sie haben nur eine durchschnittliche Lebenswartung von acht bis neun Jahren. Sowohl die Wolfhounds als auch die Deerhounds findet man eher beim Coursing als auf dem Rennplatz. Das ist sicher gut so, weil die Belastung auf dem Rennplatz durch das Laufen nur in eine Richtung einseitig ist, außerdem sind die Kurven für diese großen, aber doch recht schnellen Hunde oft etwas eng. Beim Coursing können die Hunde die Kurven genauso weit laufen, wie es ihren anatomischen Gegebenheiten entspricht. Wolfshunde neigen hin und wieder etwas zum Fettansatz, das kann Gelenkprobleme verschärfen.

Greyhounds haben eine durchaus ihrer Größe angepasste Lebenserwartung. Sie sind aber durch die Zucht in den letzten fünfzig Jahren immer verletzungsanfälliger geworden. Als Folge davon wurden die Rennbahnen immer mehr verbessert, die Kurven wurden weiter gemacht und es wurden Sandbahnen gebaut. Doch auch dadurch lassen sich Pfotenverletzungen, Muskel- oder Bänderrisse und Gelenkschäden nicht vollständig vermeiden. Deshalb gibt es viele Greyhounds, die im Alter an alten Verletzungen laborieren und nicht mehr im Training bewegt werden können. Ausgedehnte Spaziergänge lieben aber auch sie und sie gehen oft auch noch gerne am Rad. Wenn alte Verletzungen vorliegen, ist die Bewegung auf einem festen Untergrund meistens günstiger als ein unebener Boden. Bei älteren Greyhounds, die aus Spanien oder Großbritannien und Irland stammen und schon eine Profi-Rennkarriere hinter sich haben, liegen meistens Vorschädigungen vor. Hier muss man vorsichtig ausprobieren, was noch möglich ist.

Whippets dagegen sind meistens robust und bis zum Erreichen der Altersgrenze mit Feuereifer bei der Sache. Zwar gibt auch hier hin und wieder Verletzungen, aber wenn diese gut auskuriert sind, kann man mit Whippets ebenso verfahren wie mit den orientalischen Windhunden. Sie werden auch recht alt, Whippets mit 15 Jahren sind keine Seltenheit. Ihr Bewegungsbedarf ist eher größer als der der Orientalen.

Windspiele werden ebenfalls sehr alt. Nur wenige von ihnen nehmen an Rennen oder Coursings teil. Zwar sind auch sie die geborenen Jäger, aber das freie Laufen liegt ihnen mehr. Sie sind sehr klein, deshalb sind auch Spaziergänge über weite Distanzen oder Fahrradfahren unnötig.

Die Rassen Galgo Espñol, Magyar Agar und Chart Polski sind robust, lauffreudig und ausdauernd. Sie haben einen hohen Bewegungsbedarf und können, wenn sie gesund sind, bis ins hohe Alter am Renn- und Coursingtraining teilnehmen. Sie gehen gerne am Rad und lieben ausgedehnte Spaziergänge.

Die Barsois zählen ebenfalls zu den sehr großen Hunderassen, werden aber im Allgemeinen wesentlich älter als die Irischen Wolfshunde und die Deerhounds. Im Alter gibt es schon gelegentlich Probleme mit dem Rücken oder dem Schulterbereich, aber das hält sich meistens in Grenzen. Sie laufen auch im Alter noch gerne und man kann sie, da sie in der Regel sehr gehorsam sind, gut ohne Leine laufen lassen. Trotzdem neigen sie auch noch im Alter zu heftigen Reaktionen, wenn sie ein vermeintliches Beuteobjekt erspähen. Man sollte sie deshalb immer gut beobachten und frühzeitig abrufen. Ausgedehnte Spaziergänge lieben sie ebenso wie ein Training von Zeit zu Zeit. Barsois sind sehr hitzeempfindlich, deshalb ist es in der heißen Jahreszeit besser, sie frühmorgens oder abends zu bewegen. Beim Training sollte man immer versuchen, einen schattigen Platz zu finden, damit sie sich in den Ruhephasen im Kühlen aufhalten können.

> Eine meiner Afghanenhündinnen nahm noch im Alter von fast 15 Jahren leidenschaftlich gerne am Training teil und wäre todunglücklich gewesen, wenn man sie ausgeschlossen hätte. Sie starb im Alter von 15 Jahren und drei Monaten, nicht an Herz-Kreislaufproblemen, sondern an einem Karzinom.
>
> Sie hat im Laufe ihres Lebens an zahlreichen Rennen und Coursings teilgenommen und die meisten davon sehr erfolgreich beendet. Nach ihrer aktiven Laufbahn machte sie regelmäßig beim Training mit und daneben war sie bis zuletzt zweimal täglich beim Spaziergang dabei.
>
> Erst in ihrem letzten Lebensjahr mochte sie keine ausgedehnten Touren mehr, aber den kleinen Trainingslauf am Samstag ließ sie sich nicht nehmen. Sicherlich war sie ein außergewöhnlicher Hund und erfreute sich bis ins hohe Alter bester Gesundheit, sie hat uns eindrücklich demonstriert, wie fit ein Hund auch im Alter sein kann. Sie war übrigens ungeheuer dominant, eine Eigenschaft, die sie ebenfalls im Alter beibehalten hat.

Erfahrungen mit den mediterranen Windhundrassen im Alter gibt es bei uns nur wenige, einzig die Pharao-Hounds finden wir in größerer Anzahl. Es sind robuste Hunde, auch im Alter wenig hitzeempfindlich und lauffreudig. Man kann diese Rassen leider nur selten ohne Leine laufen lassen, weil sie sich sehr gerne selbstständig machen. Dem Alter angepasstes Renn- und Coursingtraining ist möglich.

> Gesunde Windhunde können bis ins hohe Alter am Training teilnehmen. So bleiben sie gesund und fit.

Windhunde haben von Natur aus einen tiefen Brustkorb und ein größeres Herz als andere Hunderassen. Das ist das Ergebnis einer jahrtausendelangen Zucht. Wenn ein Windhund normal trainiert wird, ganz egal ob am Fahrrad oder beim Jogging, und am Wochenende am Training oder Rennen und Coursing teilnimmt, entwickelt er kein Sportlerherz. Sein Kreislauf wird durch regelmäßiges Training eher belastbarer als der anderer Hunde.

Die Gefahr von Herz- und Kreislaufproblemen ist bei einem normal trainierten Hund auch im Alter eher kleiner als bei anderen Hunderassen, dafür ist für die Windhunde der Spaß, den sie beim schnellen

GESUNDHEIT UND ERNÄHRUNG

Laufen haben, sehr wesentlich. Gefährlich kann es werden, wenn hohe Temperaturen herrschen und es nicht möglich ist, den Hund in den Pausen kühl zu halten oder wenn ein Hund sich sehr aufregt. Bei den Irischen Wolfshunden gibt es, wie bei den meisten sehr großen Hunderassen, häufiger Herzprobleme im Alter. Die Entwicklung ist meist schleichend. Wenn man diesbezüglich Bedenken hat und bei seinem Hund entsprechende Symptome erkennt (leichte Ermüdbarkeit, Husten, erhöhte Wassereinlagerung im Gewebe), sollte man den Hund unbedingt beim Tierarzt untersuchen lassen. Das gilt natürlich auch für alle anderen Windhunde, die ähnliche Symptome zeigen.

Läufigkeitskontrolle und Kastration

Ein Windhundbesitzer, der mit seiner Hündin aktiv am Sport teilnehmen will, wird immer wieder Probleme mit der Läufigkeit haben. Läufige Hündinnen sind weder bei Ausstellungen noch bei Rennen oder Coursings zugelassen, sie fallen also für mindestens drei Wochen aus. Darüber hinaus kann der Leistungsabfall nach der Läufigkeit dramatisch sein, ganz abgesehen davon, dass manche Hündinnen in dieser Zeit ausgesprochen zickig werden und besser nicht an Rennen oder Coursings teilnehmen, wenn der Besitzer nicht will, dass sie disqualifiziert werden. Zwar gibt es auch Hündinnen, die nur sehr geringe Leistungseinbrüche zeigen, dennoch liegt es nahe, über eine **hormonelle Läufigkeitskontrolle** oder eine Kastration nachzudenken. Die medikamentöse Läufigkeitskontrolle erfolgt durch halbjährliche Hormongaben, die spätestens vier Wochen vor einer zu erwartenden Läufigkeit erfolgen müssen. Sie schließen nicht aus, dass eine Hündin scheinträchtig wird und wirken allgemein leistungsmindernd. Außerdem kann eine fortdauernde medikamentöse Läufigkeitskontrolle Zyklusstörungen bei einer Hündin hervorrufen, die nicht immer reparabel sind. Die Hündin kann dann nicht mehr zur Zucht verwendet werden. Die Hormongabe zur Läufigkeitsunterdrückung sollte deshalb die Ausnahme sein.

Die **Kastration** von Rüden und Hündinnen wird heute oft empfohlen, um Aggressivität zu behandeln oder unerwünschte Deckakte und Nachkommenschaft zu vermeiden. Zur Vermeidung von Krankheiten wie Mammakarzinom oder Gebärmutterentzündung oder auch Befindlichkeitsstörungen wie Scheinträchtigkeit kommt sie in Frage. In vielen Tierheimen werden heute die Hunde nur noch kastriert weitergegeben. Allgemein gilt, dass kastrierte Hunde etwas länger leben als nicht kastrierte. Außerdem wirkt sich eine Kastration positiv auf dominant-aggressive Hunde aus, Angstbeißer kann man damit nicht therapieren. Sowohl Rüden als auch Hündinnen sind nach einer Kastration weniger aktiv und neigen zur Gewichtszunahme. Das kann meistens durch geringere Futtergaben beherrscht werden. Bei langhaarigen Hunden verstärkt sich der Haarwuchs, ihnen wächst zum normalen Fell zusätzlich noch ein Babyfell. Das kann man besonders deutlich bei Afghanen sehen, denen auf dem normalerweise kurzhaarigen Nasenrücken und Sattel ein weiches, stumpfes Fell wächst. Die Leistung im Rennen (Geschwindigkeit) lässt messbar nach. Die meisten Tierärzte sind mit dieser Tatsache nicht vertraut, weil alle anderen Hunderassen keine so exakt messbaren Leistungen erbringen. Eine unangenehme Folge der Kastration, die besonders häufig bei großen Hündinnen vorkommt, ist das Harnträufeln. Es lässt sich mit Medikamenten behandeln, jedoch nicht immer mit Erfolg. Zur Behandlung von akuten Erkrankungen wie Gebärmutterentzündung kann die Kastration unvermeidlich sein, ebenso

Nebenwirkungen

- Kastration wirkt sich bei Rüden und Hündinnen negativ auf die Leistungsfähigkeit aus und verstärkt den Haarwuchs.
- Hormonelle Läufigkeitsunterdrückung verhindert nicht unbedingt Scheinträchtigkeit und wirkt sich negativ auf die Leistung aus.

LÄUFIGKEITSKONTROLLE UND KASTRATION

Zwei Freunde – Windhunde sind gelassene Familienmitglieder, die sich auch gut mit Kindern verstehen.

bei sehr aggressiven Hunden, die mit Hormongaben nicht erfolgreich therapiert werden konnten. Zur Unterdrückung der Läufigkeit bei sportlich aktiven Windhunden erscheint sie nicht sehr sinnvoll, weil die Leistungsminderung wie auch bei der hormonellen Kontrolle beträchtlich sein kann. Man muss sich auch darüber im Klaren sein, dass eine Kastration das Wesen und das Verhalten eines Windhundes verändert. Es ist nicht so, dass die Hunde träger werden, weil eine Gewichtszunahme stattgefunden hat, vielmehr verändert sich der Stoffwechsel des Hundes durch den

Eingriff, er wird weniger aktiv und darf deshalb weniger fressen.

Ein Windhundliebhaber sollte sich deshalb besser schon vor der Anschaffung überlegen, ob er damit leben kann, dass seine Hündin mindestens einmal pro Jahr läufig wird, und, falls er das nicht kann, sich doch besser einen Rüden anschaffen. Auf keinen Fall sollte ein Windhund ohne eingehende Beratung durch einen Fachmann und ausreichende Bedenkzeit kastriert werden, ausgenommen akute gesundheitliche Probleme würden es erfordern.

Gesundheit

Wenn man sich mit Windhunden befasst, kommt man um das Kapitel Gesundheit nicht herum. Ein Hund, der sportliche Leistungen erbringen soll, muss gesund sein. Hier sollen nicht die gesundheitlichen Probleme dargestellt werden, die bei allen Hunderassen auftreten können, sondern es soll nur auf die im Zusammenhang mit Rennen und Training möglicherweise auftretenden Fragen eingegangen werden. Ansonsten geben die einschlägigen Bücher Auskunft über Krankheiten, die Hunde betreffen.

> **Hinweis**
>
> Die erste Regel für Windhunde lautet: nicht zu früh mit dem Training beginnen.

Bei großen Rassen, die erst spät reifen, kann zu frühes Training Schäden am Bewegungsapparat verursachen. Solange das Längenwachstum der Knochen noch nicht abgeschlossen ist, sollte ein Hund nicht zu sehr belastet werden. Das heißt natürlich nicht, dass große Hunde bis zum Alter von 14 Monaten im Körbchen liegen müssen, um dann von da aus eine Renn- oder Coursingkarriere zu starten. Es bedeutet, dass man bei großen Rassen jede Überbelastung vermeiden muss, sie weder bis zur völligen Erschöpfung spielen lassen soll noch allzu weite Spaziergänge unternehmen darf. Auch Fahrradtraining ist mit jungen Hunden tabu. Bei großen Rassen ist auch eine nicht zu üppige Ernährung wichtig, damit das Wachstum nicht zu schnell voranschreitet oder die jungen Hunde zu schwer werden. Barsois, Deerhounds und Irische Wolfshunde können in der Jugend auch Probleme mit dem Treppensteigen haben, vor allem, wenn die Treppen auch noch rutschig sind. Viele Züchter raten deshalb, das Treppensteigen im jugendlichen Alter bis zu sechs Monaten möglichst ganz zu vermeiden, notfalls den Hund also zu tragen.

Wenn die Hunde dann alt genug sind, ungefähr ab einem dreiviertel Jahr, kann man vorsichtig beginnen, sie mit Geraden anzutrainieren und ihre körperlichen Kräfte allmählich aufzubauen (siehe Trainingspläne Seite 80 f.). Wichtig sind beim jungen Hund auch ausgedehnte **Ruhephasen**. Es hat sich gezeigt, dass es nicht notwendig ist, jeden Tag ein längeres Lauf- oder Fahrradtraining zu absolvieren; es ist effizienter, das nur drei- bis viermal pro Woche zu tun. Hunde, die durch ständiges Ausdauertraining sehr stark belastet werden, können die Lust am Rennen verlieren. Das ist dann kein gesundheitliches Problem, sondern mangelnde Motivation. Sollte man den Verdacht haben, dass zu viel Training der Grund für mangelnde Lauflust eines Hundes ist, kann man das Training für eine Woche stark reduzieren und dann mit dem Hund auf die Rennbahn gehen. Sollte die Unlust auch bei reduziertem Training anhalten, muss man mit den Tierarzt abklären, ob gesundheitliche Probleme bestehen. Vielleicht liegt es auch daran, dass der Hund nicht immer die gleiche Routine abspulen will: Viele Windhunde lieben die Abwechslung; wenn sie auf ihrer Hausbahn nicht mehr so richtig laufen, kann der Besuch einer neuen Bahn oder eines anderen Coursinggeländes manchmal Wunder wirken.

Futter

Die richtige Fütterung ist ebenfalls wichtig für den Erfolg. Windhunde brauchen ein hochverdauliches und nährstoffreiches Futter. Sehr ballaststoffreiche Futtermittel sind

GESUNDHEIT

ungeeignet und belasten den Verdauungsapparat des Hundes im Rennen und Training nur unnötig. Windhunde haben ja im Allgemeinen keine Gewichtsprobleme, sie brauchen, vor allen in der Aufbauphase, eine energiereiche Ernährung. Ob man Fertigfutter gibt oder das Futter selbst zusammenstellt, ist schon fast eine Glaubensfrage. Fertigfuttermittel sind bequem und sicher und befriedigen auf jeden Fall den durchschnittlichen Grundbedarf eines Hundes. In der Aufbau- und Leistungsphase eines Hundes wird man hier zu einem Hochleistungsfutter greifen, das einen erhöhten Eiweiß- und Fettgehalt aufweist, daneben aber auch **ausreichend Kohlenhydrate** enthält. Da Windhundrennen und Coursing eine Kurzzeitbelastung darstellen, muss der Hund durch die Aufnahme von ausreichend Kohlenhydraten genügend Glykogen in der Leber und der Muskulatur speichern, um dieses im Bedarfsfall schnell in Form von Glukose mobilisieren zu können. Dies ist bis zu einem gewissen Grad trainierbar. Der erhöhte Eiweiß- und Fettgehalt ist notwendig, um eine ausreichende Energiezufuhr während des Ausdauertrainings zu gewährleisten und um die Muskulatur aufzubauen, ohne dabei den Verdauungstrakt zu sehr zu belasten.

Während der von vielen Windhunden eingehaltenen **Trainingspause** im Winter kann man die Futtermenge herabsetzen oder auf ein weniger kalorienreiches Futter umstellen. Viele Hundehalter schwören auf ein selbst hergestelltes Futter mit Frischfleisch, Gemüse und Reis oder Getreideflocken mit zusätzlichen Vitamin- und Mineralstoffgaben. Doch ist es schwer, die Ausgewogenheit und gleichbleibende Qualität der Fertigfuttermittel zu erreichen. Eine reine Fleischfütterung, womöglich nur aus Muskelfleisch bestehend, führt zu Mangelerscheinungen.

Futterzeiten

Wenn man am Windhundsport teilnehmen will, sollte die Hauptmahlzeit eines Hundes auf jeden Fall am Abend gegeben werden, nach dem Rennen oder Training. Körperliche Belastungen direkt nach Futtergaben können bei großen Rassen zur gefürchteten Magendrehung führen, die trotz sofortiger Operation oft tödlich endet. Wenn der Hund daran gewöhnt ist, dass er seine Hauptfuttermenge abends bekommt, hat sich sein Körper darauf eingerichtet und muss sich auch am Renntag nicht umstellen.

Schwer verdauliche Nahrungsmittel wie Knochen sollte man schon zwei bis drei Tage vor einem Rennen nicht geben. Hunde, die daran gewöhnt sind, zweimal täglich gefüttert zu werden, können vor dem Rennen eine **kleine** Menge leicht verdauliches Futter erhalten, auf keinen Fall aber sollte der Magen voll sein. Traubenzuckergaben vor dem Rennen sind sinnlos bis kontraproduktiv, weil die Leistungskurve nach einer solchen Gabe innerhalb kürzester Zeit wieder stark abfällt. Schokolade, Tee oder Kaffee fallen unter das Dopingverbot, das man im Übrigen auch bei sämtlichen sonst angebotenen ‚Geheimmitteln' im Auge haben muss. Ein Hund ist dann am besten auf eine

Mayar Agars, ungarische Windhunde, beim Freilauf am Wasser.

GESUNDHEIT UND ERNÄHRUNG

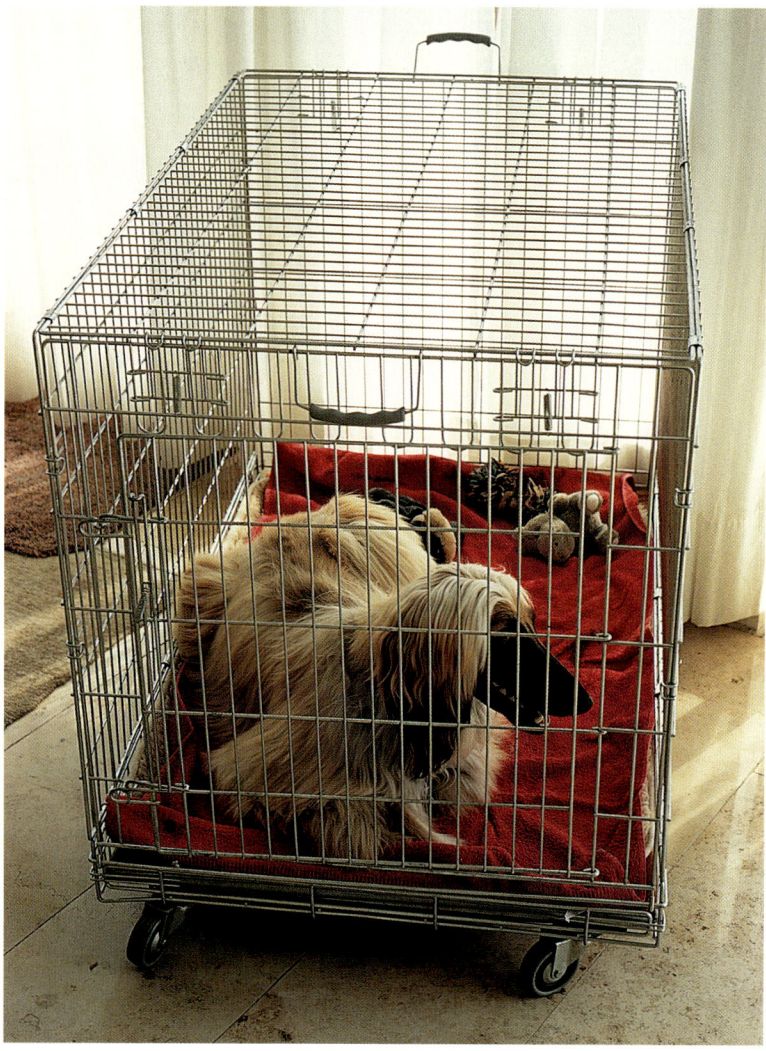

Ein kurzer Aufenthalt in der Box kann manchmal nötig sein.

Veranstaltung vorbereitet, wenn er langfristig hochwertig ernährt wurde. Doping mit irgendwelchen Medikamenten ist nicht nur verboten, es kann auch zu bleibenden Gesundheitsschäden, ja sogar zum Tod führen.

Für ausreichende Flüssigkeitszufuhr ist in jedem Fall zu sorgen, dabei sollten lieber öfter kleine Mengen an frischem **Wasser** angeboten werden; große Mengen, die auf einmal aufgenommen werden, können zum Erbrechen führen.

Vorsorge

Wenn ein Hund bei der Rennvorbereitung lustlos wirkt, gelegentlich schont oder sich alte Verletzungen bemerkbar machen, sollte man das genau beobachten. Zwei Tage Ruhe können gerade bei leichten Zerrungen oder alten Verletzungen Wunder wirken, falls das nichts nützt, sollte man sich tierärztlichen Rat holen.

Stille Infektionen können ebenfalls die Ursache von Lustlosigkeit sein. Leistungsschwäche kann durch Verwurmung verursacht werden, die meistens mit Gewichtsabnahme einhergeht. Da Windhunde auf Veranstaltungen immer sehr viel Kontakt mit anderen Hunden haben, ist diese Gefahr relativ groß. Am besten ist es, eine **Entwurmung** vor Beginn der Saison vorzunehmen. Wurmmittel sind hochwirksame Medikamente, die nur im Notfall in der Leistungsphase angewendet werden sollten und dann einige Ruhetage erforderlich machen. Das gilt im Übrigen auch für die jährlichen **Impfungen**. Ein Hund, der keinen größeren körperlichen Belastungen ausgesetzt ist, kann jederzeit geimpft werden. Ein Windhund (oder auch ein Schlittenhund) sollte in jedem Fall während der Ruhephase geimpft oder ihm eine Renn- und Trainingspause gegönnt werden, wenn eine Impfung in der aktiven Zeit unvermeidlich ist. Wegen des häufigen Kontakts mit anderen Hunden sollte nicht nur die obligatorische Tollwutimpfung, sondern auch alle anderen regelmäßig aufgefrischt werden.

Beim Tierarzt kann man auch geeignete Mittel zum Schutz vor **Zecken** (Überträger von Borreliose, FSME und anderen Infektionskrankheiten) und **Flöhen** (Überträger von Bandwürmern, verursachen häufig Allergien) erhalten. Gegen Borreliose gibt es seit neuestem auch eine Impfung für Hunde, nicht aber für die anderen, durch Zecken übertragenen Erkrankungen.

Wird bei einer Blutuntersuchung bei einem Greyhound ein erhöhter Hämatokritwert festgestellt, so ist das nicht behandlungsbedürftig. Der Hämatokritwert gibt

> Ein Hund ist kein Sportgerät, das man unbedenklich auf jeder Veranstaltung einsetzten kann. Ein Windhund ist ein Lebewesen, das genau wie ein menschlicher Sportler eine gute Vorbereitung auf eine Veranstaltung benötigt, Ruhe- und Regenerationsphasen braucht und, darüber muss man sich im Klaren sein, auch bei optimaler Vorbereitung und hervorragendem Trainingszustand nicht immer störungsfrei ‚funktioniert'.

den Anteil der festen (zelligen) Bestandteile im Blut an. Dieser Wert spielt heute im Leistungssport eine Rolle, denn ein erhöhter Wert ist erstens ein Anzeichen für Doping und zweitens ist er möglicherweise für den Sportler gefährlich, weil er zur Verklumpung des Blutes führen kann. Beim Greyhound allerdings ist das nicht der Fall. Die meisten Greyhounds haben schon von Natur aus einen Hämatokritwert, der über dem anderer Hunderassen liegt. Eine Gefahr der Verklumpung besteht aber nicht, weil die Blutplättchen größer sind als bei allen anderen Hunden.

> **Hinweis**
>
> Windhunde reagieren empfindlicher auf Narkosen als andere Hunderassen.

Bei Verletzungen und Röntgenuntersuchungen ist es oft notwenig, den Hund in Narkose zu legen. Hier ist Vorsicht geboten: Windhunde reagieren empfindlicher und heftiger auf eine Narkose als andere Hunderassen. Das liegt möglicherweise daran, dass bei ihnen der Anteil an Muskelmasse am Gesamtgewicht erhöht ist, es ist also mehr gut durchgeblutetes Gewebe vorhanden, während der Anteil an Fett geringer ist. Es ist deshalb gut, einen Tierarzt, der keine Erfahrung mit Windhunden hat, darauf hinzuweisen. Es soll übrigens auch Rennbahntierärzte geben, die keine Erfahrung mit Windhunden haben.

Ausstellungshunde müssen keine körperlichen Höchstleistungen vollbringen, sie müssen nur allgemein fit sein und sich wohl fühlen, damit sie sich gut zeigen. Hunde mit Verletzungen zeigen sich in der Bewegung nicht, es ist deshalb besser, sie nicht auszustellen.

Wenn irgendein Verdacht auf eine Infektionskrankheit besteht, schadet man nicht nur dem eigenen Hund, es ist vielmehr auch ausgesprochen unfair anderen Teilnehmern gegenüber, wenn man trotzdem auf einer Veranstaltung erscheint, und sei es nur zusammen mit seinem Hund als Zuschauer.

> Regelmäßige Bewegung und Teilnahme am Training erhöht beim alten Hund, wenn er gesund ist, auf jeden Fall die Lebensqualität und hilft, die Gesundheit und das Wohlbefinden möglichst lange zu erhalten. Vorsicht ist geboten bei heißem oder schwülem Wetter und bei alten Verletzungen oder Vorerkrankungen. Ein absolutes Trainingsverbot besteht bei jungen und alten Hunden bei akuten Infektionen, denn hier ist die Gefahr einer dauerhaften Herzschädigung sehr groß.

Hier ist Baden viel schöner als in der Badewanne. Wenn es warm ist, kühlen sich Windhunde ganz gerne selbst ab.

Zucht und Züchter

Rechte Seite: Züchter sind meist genauso stolz wie die Hundebesitzer, wenn sich Welpen aus ihrer Zucht erfolgreich entwickeln.

Die Frage nach dem ‚Warum' steht sicherlich am Beginn einer jeden Betrachtung der Hundezucht. Warum findet eine gezielte Verpaarung von Hunden statt? Ist es nicht besser, der Natur ihren Lauf zu lassen? Eignen sich nicht Hunde aus zufälligen Verpaarungen ebenso gut dazu, Begleiter des Menschen zu sein? Um diese Fragen zu beantworten, sollte man sich genauer anschauen, wie sich die alten Hunderassen gebildet haben. Eine Hundezucht, wie wir sie heute kennen, findet erst seit der Mitte des 19. Jahrhunderts statt. Sie hat ihren Anfang in England genommen. Viele heute noch bekannte Hunderassen sind aber wesentlich älter und haben völlig andere Ursprungsgebiete. Eine Auslese fand in erster Linie nach den erwünschten (Arbeits-)Fähigkeiten statt, Eigenschaften wie Fellfarbe, Winkelungen oder Körpergröße spielten sicherlich erst in zweiter Linie eine Rolle, auch wenn hin und wieder eine Hündin oder ein Rüde von besonders ansprechendem Äußeren den Weg in die Zucht fand. Wesentlich aber war etwas ganz anderes: War der Hund ein guter Jäger, konnte er einer Spur folgen, war er verträglich anderen Hunden und vor allem Menschen gegenüber, konnte er Haus und Hof bewachen und verteidigen, hatte er einen angeborenen Hütetrieb, war er gelehrig und leicht zu führen? Die äußeren Eigenschaften haben sich als Folge der erwünschten, nicht auf den ersten Blick erkenntlichen Eigenschaften herausgebildet, wie etwa das raue Fell der Deerhounds und Irischen Wolfhounds, das gut gegen Verletzungen bei der Jagd schützt und die Hunde auch bei nassem und kaltem Wetter warm hält. Die Form folgt also in diesem Fall der Funktion, das heißt, eine Auslese nach bestimmten Fähigkeiten erzeugt übereinstimmende äußere Eigenschaften. Sehr schön kann man das bei den Windhunden erkennen, die, ganz gleich wo ihr Ursprungsgebiet liegt, gewisse äußere Eigenschaften gemeinsam haben, wie etwa den tiefen Brustkorb.

In der modernen Hundezucht spielen die nicht mit dem Auge erfassbaren Fähigkeiten der Hunde aber meist die untergeordnete Rolle, weil es sehr viel leichter ist, nach Eigenschaften wie Fellfarbe, Körpergröße, Statur und Ähnlichen zu selektieren. Und genau das geschieht bei den Ausstellungen. Die Vollzähligkeit der Zähne oder die Frage der Einhodigkeit (Monorchidismus) spielen eine wesentliche Rolle, die Farbe des Haarkleids und seine Qualität ebenso, während ein ausgeprägter Hüte- oder Schutztrieb kaum Berücksichtigung findet. Das Ausstellungswesen sichtet die Hunde nach dem Exterieur. Zwar soll der Richter auch das Wesen eines vorgestellten Hundes bewerten, aber in der kurzen Zeit, in der ein Hund vorgeführt wird, ist es gerade mal möglich, zu entscheiden, ob ein Hund aggressiv oder ängstlich ist, sich scheu oder zutraulich zeigt. Gerade bei diesen Eigenschaften kann ein intensives Training viel bewirken und auch verdecken. Außerdem ist es, auch wenn diese Wesensmerkmale eindeutig erkennbar sind, nicht möglich zu unterscheiden, ob sie genetisch bedingt sind oder durch die Art der Haltung hervorgerufen wurden.

Trotzdem haben auch heute die verschiedenen Hunderassen noch ihre typischen äußeren Merkmale und Fähigkeiten, und eine Hundezucht findet in erster Linie dazu statt, dem Züchter, Halter oder Erwerber eines solchen Hundes diese Eigenschaften zu garantieren. Es gibt Hundehalter, die einfach einen ‚Hund-Hund' wollen, die weder viel Wert auf ein bestimmtes Äußeres noch auf besondere Fähigkeiten legen und viel Freude an jedem beliebigen Rasse- oder Mischlingshund haben. Daneben gibt es aber auch Hundehalter, die sich für gewisse Eigenschaften interessieren, ein Jäger braucht einen guten Jagdhund, ein Schäfer

Größere Welpen kann man ruhig schon auf die Ausstellung mitnehmen, sie lernen dabei schon einmal die Atmosphäre kennen und sammeln Eindrücke.

einen sicheren Hütehund, und es gibt natürlich auch Personen, die von einem bestimmten Aussehen oder Verhalten fasziniert sind und sich einen solchen Hund wünschen. Nun kann man, wenn man einen Welpen kauft, nie ganz genau vorhersagen, was aus ihm wird, aber wenn man eine bestimmte Hunderasse erwirbt, weiß man schon so ungefähr, was einen erwartet. Ein Dackelwelpe wird sich nicht zu einer Dogge entwickeln, ein Whippet nie das Haarkleid eines Afghanischen Windhundes haben, in dieser Hinsicht ist man vor Überraschungen ziemlich sicher.

Windhundzucht

Die Windhundzucht unterscheidet sich nicht grundlegend von der Hundezucht im Allgemeinen. In Deutschland gibt es seit 1892 den Deutschen Windhundzucht- und Rennverband, der zuchtbuchführend ist für alle Windhundrassen und seit 1999 auch für die den klassischen Windhunden nahe stehenden mediterranen Rassen der Gruppe 5. Die gezielte Rassehundezucht geht von der biologischen Tatsache aus, dass Eigenschaften von Elterntieren an die Nachkommen weitergegeben werden. Nun sehen manche Windhundrassen schon seit Jahrhunderten ziemlich unverändert aus, man könnte daraus den Schluss ziehen, dass eine gezielte Windhundzucht schon viel früher eingesetzt hat. Wahrscheinlicher ist aber, dass über die Jahrhunderte hinweg eine Selektion nach dem Gebrauchswert der Hunde erfolgt ist, das heißt, die Hunde, die dem Menschen in einer bestimmten Hinsicht nützlich waren, wurden in seiner Nähe geduldet, gefüttert und gepflegt. Das relativ einheitliche Erscheinungsbild der Windhundrassen entwickelte sich durch die körperlichen Erfordernisse, die an sie gestellt wurden. Diese Art der natürlichen Auslese hat aber mit der heute betriebenen Hundezucht noch nichts oder nichts mehr zu tun.

Zuchtverfahren

Die theoretischen Grundlagen für die Zucht ergeben sich aus biologischen Gesetzmäßigkeiten, die für alle höheren Lebewesen gelten. Eine Hunderasse wird gebildet aus Mitgliedern der Art ‚Hund', die sich durch den gemeinsamen Besitz von bestimmten Eigenschaften von anderen Mitgliedern der Art unterscheiden und diese Eigenschaften auch an ihre Artgenossen vererben können. Die Zuchtordnung des DWZRV unterscheidet fünf verschiedene Zuchtverfahren:

Fremdzucht
(Beispiel: Hanina van't Kattepoelke)

Das ist die Paarung von Tieren gleicher Rasse, die nicht miteinander verwandt sind. Hier werden Hunde miteinander verpaart, deren Ahnentafeln keine gemeinsamen Vorfahren aufweisen. Das ist bei den klei-

ZUCHTVERFAHREN

Hanina van't Kattepoelke (Rasse: Afghane)

	Eltern	Großeltern	Urgroßeltern
Vater:	Borcas van Mosiesfun	Khymor el Kharaman	Vicalim v.d. Oranje Manege
			Katta v.d. Oranje Manege
		Dorcas el Kharaman	Koem v.d. Oranje Manege
			Amber
Mutter:	Felicia v.d. Bremmen	Barco de Twede v.d. Sint Pietersberg	Barco
			Anardara Sorud-i-Melli
		Berca v.d. Bremmen	Tascar v.d. Gallentijnse Waa
			Esta kolhama

■ **Outcross** – Eltern haben keine gemeinsamen Ahnen.

Iba nug de Moreen (Rasse: Afghane)

	Eltern	Großeltern	Urgroßeltern
Vater:	Husain von Katwiga	Rhotang von Katwiga	Kyros von Katwiga
			Ajanti von Katwiga
		Narica von Katwiga	Assuc de Moreen
			Jaciva von Katwiga
Mutter:	Gazeba de Moreen	Ibrahim al Ghazi	Assuc de Moreen
			Carissa al Ghazi
		Eboly de Moreen	Vicariem v.d. Oranje Manege
			Ayleen de Moreen

■ **Linienzucht** – Zucht innerhalb der engeren und weiteren Verwandtschaft.

Sari de Palatinato (Rasse: Afghane)

	Eltern	Großeltern	Urgroßeltern
Vater:	Vicalim v.d. Oranje Manege	Kelim v.d. Oranje Manege	Xingu v.d. Oranje Manege
			Juno v.d. Oranje Manege
		Icarie v.d. Oranje	Eschghi's Assur
			Helga v. Klein Vossenburg
Mutter:	Oona v. Katwiga	Haboob v. Katwiga	Koem v.d. Oranje Manege
			Cashila v. Katwiga
		Duta v. Katwiga	Xingu v.d. Oranje Manege
			Asoka v. Katwiga

■ **Inzucht** – Eltern haben mindestens einen gemeinsamen Ahnen.

Linienzucht
(Beispiel: Iba nug de Moreen)

Das ist eine Auswahl der Zuchtpartner innerhalb der engeren und weiteren Verwandtschaft nach äußeren oder Wesensmerkmalen, um bestimmte Merkmalskombinationen bei den Nachkommen zu erzielen.

Inzucht
(Beispiel: Sari de Palatinato)

Das ist die Zucht mit eng blutsverwandten Elterntieren, die mindestens einen gemeinsamen Ahnen haben. In Sinne der DWZRV-Zuchtordnung beschränkt man sich dabei auf die ersten vier Ahnenreihen und nimmt Paarungen zwischen Verwandten zweiten bis vierten Grades vor, gleich ob in gerader Linie (Großeltern und Enkel) oder in Seitenlinie (Vetter und Base, Onkel und Nichte, Tante und Neffe).

Inzestzucht

Das ist die Paarung von Verwandten ersten Grades, also Eltern und Kindern oder Geschwisterpaarungen. Inzestzucht ist in Deutschland genehmigungspflichtig und die Nachzucht wird besonders überwacht.

Outcross

Zwischenzucht (Outcross) ist die einmalige Anwendung des Fremdzuchtverfahrens in einer durch Linienzucht und Inzucht gefestigten Linie. Die Zwischenzucht dient der Blutauffrischung und der Verbesserung der genetischen Vielfalt, weniger der Erzielung bestimmter äußerer Eigenschaften.

Zuchtverfahren in der Praxis

Im europäischen Raum kommen in der modernen Hundezucht fast ausschließlich die Linienzucht oder die Inzucht zum Zuge, alle anderen Zuchtverfahren sind eher selten.

nen Populationen der Windhunde sehr selten.

Das hat verschiedene Gründe: Zum einen sind die Populationen so klein, dass es in verschiedenen Hunderassen kaum noch Hunde gibt, die nicht miteinander verwandt sind, also überhaupt keine gemeinsamen Ahnen haben. Die europäischen und amerikanischen Afghanen zum Beispiel gehen alle auf einige wenige aus Afghanistan, Indien und Pakistan importierte Hunde zurück, Neuimporte gibt es schon seit vielen Jahren nicht mehr.

Zum anderen erreicht man durch die Linienzucht und die Inzucht am schnellsten einen einheitlichen Phänotyp, das heißt, die Hunde gleichen sich in der Gesamtheit ihrer äußeren Merkmale. Zwar müssen auch nicht miteinander verwandte Hunde derselben Rasse bestimmte gemeinsame Merkmale aufweisen, die im Standard aufgeführt sind, aber in Linie gezüchtete Hunde ähneln sich in weit größerem Umfang und vererben diese Eigenschaften weit zuverlässiger. Oft kann man Hunde aus einer bestimmten Zucht schon am äußeren Erscheinungsbild erkennen.

Bei Inzestzucht ist die Gefahr sehr groß, dass sich Eigenschaften oder Gendefekte herausstellen, die unerwünscht sind, sich aber bei einer solch engen Paarung verfestigen. Planmäßige **Fremdzucht**, das heißt die geplante Verpaarung von nicht miteinander verwandten Elterntieren über mehrere Generationen hinweg, findet in den meisten Windhundrassen so gut wie gar nicht statt, auch bei den Rassen, die noch auf ausreichende Importe aus den Ursprungsländern zurückgreifen könnten, wie etwa die Salukis, die Sloughis und die Azawakhs. Dagegen kommt die so genannte Zwischenzucht (englisch ‚Outcross') hin und wieder zum Zug, um im Laufe der Zeit schwächer gewordenen Zuchtlinien neues Blut zuzuführen. Nach einem solchen Outcross kehrt man wieder zur Linienzucht zurück, um die Kombination der erwünschten Eigenschaften wieder zu erreichen oder zu festigen. Ein Outcross ist für einen Züchter wesentlich risikoreicher als eine nicht zu enge Linienzucht, weil nur sehr schwer vorherzusagen ist, welche Eigenschaften in der ersten und zweiten Generation offen zu Tage treten werden. Oft sind solche Outcross-

Würfe auch sehr inhomogen, die Welpen fallen sehr unterschiedlich aus. Zur Wiederherstellung der genetischen Vielfalt und Gesundheit ist dieses Zuchtverfahren aber sinnvoll.

Züchter

Ein ganz wesentliches Moment bei der Entwicklung aller Hunderassen sind die Züchter. Die Zucht von Greyhounds beispielsweise findet in ihrem Ursprungsland Großbritannien fast ausschließlich bei Profizüchtern statt, die Hunde für professionelle Rennen in großer Zahl produzieren und dabei in Kauf nehmen, dass die weniger erfolgreichen Tiere nach kurzer Zeit ausgesondert und getötet werden. Das stellt sicherlich einen Extremfall in der Hundezucht dar. Im deutschsprachigen Raum gibt es im Windhundbereich keine gewerbsmäßigen Züchter. Natürlich dominieren die großen Züchter den Markt, aber es gibt gerade bei den Windhunden eine große Anzahl von kleinen Zuchtstätten, die nur gelegentlich einen Wurf aufziehen.

Checkliste für angehende Züchter

- Motivation: Warum will ich züchten?
- Zeit: Habe ich oder andere Personen in meinem Haushalt genügend Zeit und Platz zur Betreuung der Hunde, auch wenn nicht alles glatt läuft?
- Geld: Ein Wurf bzw. ein Zwinger kostet am Anfang nur Geld
- Formalien: Zwingerschutz, Zwingerabnahme, eventuell Anmeldung bei der Gemeinde, Ankörung der Elterntiere, Gentest

---

Entwicklung der Hunderassen

bis etwa 1850 beeinflusst durch:
- Geographische Gegebenheiten (Gebirge, Flachland, Wüste, Wald)
- Witterung (heiß, kalt, nass, trocken)
- Funktion (Jagdhund, Hütehund, Wachhund, Kampfhund, Schoßhund)
- Verhaltenseigenschaften (friedlich, aggressiv, mutig, gelehrig, intelligent)
- Rassebilder weniger homogen, sehr große Unterschiede zwischen einzelnen Zuchten

in der modernen Hundezucht **ab etwa 1850** Auswahl nach:
- Aussehen (Farbe, Größe, Haarkleid)
- Züchter
- Ausstellungsrichter
- Käufer/Mode
- Funktion und Verhaltenseigenschaften werden immer weniger wichtig, man versucht, auch alte Hunderassen zu erhalten, die heute keine reale Aufgabe mehr zu erfüllen haben
- Erstellung von Standards, einheitliche Rassebilder

Im Prinzip kann sich jeder Züchter nennen, der seine Hündin decken lässt und sie nach der Geburt bei der Aufzucht der Welpen mehr oder weniger tatkräftig unterstützt. ‚Züchter' ist keine geschützte Berufsbezeichnung oder sonst wie eingetragene Funktion. Es ist dazu keine Ausbildung nötig und unterhalb einer gewissen Größenordnung wird die Hundezucht auch nicht von den Veterinärämtern oder sonstigen Behörden überwacht. Allerdings müssen Zuchtstätten mit mehr als drei Zuchthündinnen in den meisten Bundesländern den Ordnungsämtern gemeldet werden und unterliegen einer amtstierärztlichen Überwachung.

Etwas anders sieht die Sache schon aus, wenn man anerkannte Papiere von einem

Welpen brauchen frische Luft und Bewegungsspielraum beim Heranwachsen. Solch ein Hof ist ideal.

Zuchtverein oder Verband haben will. Es werden bestimmte Anforderungen an die räumlichen Gegebenheiten einer Zuchtstätte gestellt, neben einem gesonderten Raum für die Zuchthündin mit einer Wurfkiste muss auch genügend Auslauf für die Mutterhündin, eventuell noch im Hause vorhandene Hunde und die Welpen vorhanden sein. Die Betreuung des Wurfes muss gesichert sein, Impfungen und Kontrollen durch Zuchtwarte sind vorgeschrieben, die Bedingungen des Tierschutzgesetzes müssen erfüllt, Rüde und Hündin müssen angekört sein, ganz gleich, ob es sich um eine kleine oder große Zucht handelt. Nicht jeder kann unter jedem Zwingernamen züchten, Zwingernamen müssen eingetragen und geschützt sein. Die Zuchtvereine überwachen das Zuchtwesen durch die Zuchtwarte, die sich regelmäßig fortbilden müssen, und bieten meist auch Informationstage oder Seminare für Züchter an, die rege in Anspruch genommen werden.

In Deutschland ist das Zuchtwesen anders organisiert als im übrigen Europa. Während sonst in Europa die Dachverbände (entsprechen dem VDH in Deutschland) zuchtbuchführend sind, haben in Deutschland die Zuchtvereine und Verbände diese Funktion übernommen. Sie müssen sich zwar an die Rahmenbedingungen des VDH halten, geben sich aber ihre eigenen Zuchtordnungen. Diese Zuchtordnungen sind zum Teil viel restriktiver als die Rahmenbedingungen des VDH und greifen auf jeden Fall viel stärker in das Zuchtgeschehen ein, als das im Ausland der Fall ist, wo Paarungen innerhalb einer Rasse fast uneingeschränkt möglich sind. Ob der deutsche Sonderweg in einem vereinigten Europa Bestand haben wird, ist fraglich, von einigen Seiten haben sich bereits Stimmen gemeldet, die eine europäische Regelung und damit eine weitgehende Freigabe des deutschen Zuchtwesens fordern. Hunde, die im Ausland nach den Bestimmungen der örtlichen Verbände gezüchtet wurden, erhalten ebenso wie die deutschen Hunde FCI-Ahnentafeln und müssen bei einem Import nach Deutschland in das deutsche Zuchtbuch übernommen werden. Auch das spricht für eine europaweite Regelung.

Zuchtziele

Normalerweise hat ein Züchter ein Bild vor Augen, dem er sich mit seiner Zucht annähern will. Ein guter Züchter wird immer versuchen, die Verpaarung zu finden, die ihn auf seinem Weg zum Idealbild am weitesten bringt. Er wird nicht eine Hündin decken lassen, weil sie gerade verfügbar ist, oder aus Bequemlichkeit einen Rüden wählen, der nur eine Ecke weiter wohnt.

Die Gründe, warum jemand Züchter werden will, sind vielfältig. Noch immer wird die Ansicht vertreten, dass ein Rüde mindestens einmal in seinem Leben gedeckt haben soll, eine Hündin einmal geworfen haben muss. Aus tiermedizinischer Sicht ist diese durch nichts gedeckt – ein Rüde wird nicht weniger aggressiv oder leichter zu halten, wenn er erst einmal gedeckt hat, eher das Gegenteil ist der Fall, und auch eine Hündin wird nicht gesünder und weniger anfällig gegen Krebskrankheiten oder Verhaltensanomalien, dadurch dass sie erst einmal Junge gehabt hat. Nicht einmal die unter allen Hunderassen verbreitete Scheinträchtigkeit nach der Läufigkeit bleibt nach einem Wurf aus. Zwar ist die Kastration bei Windhunden problematisch, weil die Auswirkungen auf Rennleidenschaft und Schnelligkeit sehr einschneidend sind, aber wenn man sich nach reiflicher Überlegung zu diesem Schritt entscheidet, ist es nicht nötig, dass vorher ein Deckakt oder ein Wurf stattgefunden hat. In finanzieller Hinsicht lohnt sich ein Gelegenheitswurf nur selten – es ist nicht einfach, gute Plätze für junge Rassehunde zu finden, wenn man keinen Namen hat. Und die Belastungen, die durch einen Wurf für den Züchter in jedem Fall entstehen, werden im Allgemeinen stark unterschätzt. Auch wenn keine tierärztliche Hilfe bei der Geburt nötig ist, summieren sich die Kosten durch Voruntersuchungen und Impfungen und Entwurmung auf einen ganz erklecklichen Posten, dazu kommen Kosten für Wurfkiste und Welpenauslauf, Installation von Heizmöglichkeiten im Wurfraum, Futter, Wurfabnahme und Ausstellung von Papieren. Hinzu kommt der zeitliche Aufwand für die Betreuung von Hündin und Welpen, der

ZÜCHTER

Auf der Wiese kann man sich so richtig lang machen.

sehr unterschiedlich ist. Die hygienischen Anforderungen an die Welpenaufzucht müssen erfüllt sein, in den ersten Tagen sollte ein Wurf ständig unter Aufsicht sein, weil nicht alle Hündinnen wesensfest genug sind, ihre Jungen ohne menschliche Hilfe großzuziehen. Bei großen Würfen ist eine regelmäßige Zufütterung erforderlich. Es kann auch sein, dass eine Zuchthündin als Ernährerin vollständig ausfällt, dann wird eine ‚Rund-um-die-Uhr'-Fütterung und Betreuung notwendig. Man muss sich also vorher gut überlegen, ob man auch mit dem ungünstigsten Fall fertig werden kann.

Natürlich sind junge Hunde reizend und niedlich, eine Geburt ist immer ein bewegendes Erlebnis und die Entwicklung eines Wurfes in den ersten Wochen aufregend und spannend. Das ist die emotionale Seite einer Sache, ein potenzieller Züchter sollte aber auch die rationale nicht außer Acht lassen. Das soll nicht heißen, dass von einer Liebhaberzucht abgeraten wird, ein zukünftiger Züchter sollte sich nur darüber im Klaren sein, was auf ihn zukommt. Nicht umsonst wird bei der Zwingererstbesichtigung, die für eine Zuchtzulassung notwendig ist, danach gefragt, ob der Züchter einen Wurf auch über längere Zeit hinweg halten kann, wenn es mit dem Absatz der Welpen nicht ganz so schnell geht. Sicherlich ist es bedauerlich, wenn wirklich hervorragende Hunde keinen Eingang in die Zucht finden, aber wenn Hunde im Tierheim landen, weil wild drauflos gezüchtet wird, ist das nicht weniger misslich.

Das Bild einer Rasse

Wer oder was prägt das Bild einer Rasse? Man ist spontan geneigt, die Frage mit ‚der Züchter' zu beantworten. Der Züchter wählt Rüden und Hündinnen aus, plant Paarungen und entscheidet, welche Eigenschaften er wichtig und welche er weniger wesentlich findet. Er muss Prioritäten setzen, entscheiden, ob er mehr Wert auf eine besondere Farbe und ein üppiges Haarkleid legt oder ob er nur mit absolut wesensfesten Hunden züchten will. Ein hervorragendes Gangwerk ist nicht immer zugleich mit schönen Augen zu haben und ein harmonischer Körperbau kann durchaus mit einem schlechten Gehör oder Aggressivität einhergehen. Die Erforschung der Erbgänge macht rasende Fortschritte und man versucht mit modernen Zuchtwahlmethoden Erbkrankheiten (genetisch bedingte Krankheiten) zu vermeiden. Trotzdem lässt sich nicht alles vorher planen. Um gute Hunde zu züchten, muss ein Züchter nicht nur Sorgfalt und Erfahrung einsetzen, sondern auch ein Quäntchen Glück haben. Wer entscheidet nun aber darüber, ob ein Rüde oder eine Hündin hervorragend geeignet ist, eine Rasse fortzuführen? In erster Linie sind das die Richter, die die Hunde bei Ausstellungen beurteilen. Ein Ausstellungssieger wird bevorzugt zur Zucht eingesetzt, denn Züchter vermuten nicht zu Unrecht, dass sich die Nachzucht von prämierten Hunden besser absetzen lässt als Hunde, die nach den persönlichen Vorlieben einer Person gezüchtet wurden. Hier haben es große Zuchtstätten, deren Name für einen bestimmten Hundetyp steht, leichter als kleine Züchter oder Anfänger, die nicht für ein bestimmtes Aussehen oder sonstige Fähigkeiten bürgen.

Obwohl zur Zuchtzulassung von Windhunden leider kein Leistungsnachweis erforderlich ist, spielt hier auch die Leistung in Rennen und Coursing eine große Rolle. Windhunde schweben ja nicht nur durch den Ausstellungsring, sondern sind auch auf der Rennbahn und dem Coursinggelände zu finden. Die Nachkommen eines Bundes- oder Verbandsrennsiegers sind bei aktiven Windhundfreunden begehrter als die von Hunden ohne Renntitel, und das gilt noch in weit stärkerem Maß für Europa- oder Weltsieger. Leider haben es gerade die Hochleistungshunde recht schwer, sich im Ausstellungsring neben den weniger sportlich orientierten Hunden zu behaupten, denn sie sind oft weniger ‚schön', haben eine stärkere Muskulatur und ein anderes Gangwerk. Das führt dazu, dass sich die Renn- und die Ausstellungstypen immer weiter auseinander entwickeln, denn Züchter, die nach dem Exterieur züchten, werden nicht durch die Einkreuzung von Rennhunden die Chancen von zukünftigen Generationen verringern, einen Ausstellungstitel zu gewinnen.

ZÜCHTER

Nicht nur persönliche Vorstellungen von Züchtern, sondern auch die Bewertung von Richtern und das Erringen von Renn- und Coursingtiteln können also das Erscheinungsbild einer Rasse beeinflussen. Aber Hundezucht ist auch der Mode unterworfen. Der Geschmack der möglichen Käufer bleibt nicht immer gleich, er wandelt sich vielmehr ebenso (schnell) wie die Kleidermode. Hunderassen kommen in Mode oder geraten in Vergessenheit. Wenn eine Rasse in Mode kommt, tut ihr das nur selten gut. Um einen wachsenden Bedarf befriedigen können, wird manchmal auch mit Hunden gezüchtet, die nicht ganz so ideal sind. Die Vorlieben der Käufer wandern nicht nur von Rasse zu Rasse, sondern auch innerhalb einer Rasse verändern sich die Präferenzen. Manche Rassen werden immer größer und schwerer, weil das dem sich wandelnden Geschmack der Käufer entspricht, andere immer aggressiver, weil die Kunden das verlangen. Bestimmte Farben werden modern und kommen außer Mode. Auch hierfür sind die Afghanischen Windhunde ein gutes Beispiel. Ausstellungshunde sind im Laufe der Jahre nicht nur immer langhaariger geworden, sondern sie haben auch völlig andere Farben. Die klassischen Farben dieser Rasse, Rot, Löwenfarbig und Sand, sind auf Ausstellungen selten geworden. Farben, die vor 25 Jahren ausgesprochen rar waren, dominieren im Ausstellungswesen, man findet Weiß, Schwarz und Black and Tan ebenso wie Grau. Völlig neu hinzugekommen (wer weiß woher?) sind Farben wie Oyster (Auster), Oyster-Brindle und Domino. Ob diese neuen Farben wirklich immer im Genpool vorhanden waren oder nicht doch durch das Einzüchten anderer Rassen entstanden sind, ist hier nicht zu entscheiden. Vielleicht werden uns die Fortschritte der Genanalyse in Zukunft näheren Aufschluss geben können.

Es ist müßig, sich zu fragen, was zuerst da war, die Henne oder das Ei. Hunde werden heute in den seltensten Fällen nach ihrem Gebrauchswert gezüchtet, ihre Funktion als Helfer des Menschen im Alltag gehört weitgehend der Vergangenheit an. Haben die Züchter damit begonnen, eine Rasse nach ihrem Idealbild zu schaffen; haben die Richter die Veränderung der Rassen verursacht; oder sind es die Hundekäufer, die immer kurzbeinigere Dackel, immer kurznasigere Boxer oder aggressivere Bullterrier wollen?

Zucht nach Funktion sichert im Normalfall eher die Gesundheit und Harmonie einer Hunderasse, weil eine Funktion immer durch mehrere Eigenschaften gebildet wird. Ein gutes Sehvermögen etwa verlangt nicht nur ein funktionierendes Auge, sondern auch nicht zu lange Haare, damit die Sicht nicht verdeckt wird. Schnelligkeit wird nicht nur durch starke Oberschenkelmuskulatur gefördert, sondern es braucht das harmonische Zusammenspiel aller Muskeln und Gliedmaßen, damit ein Hund wirklich schnell ist und sich nicht bei jedem Lauf verletzt. Deshalb ist so wichtig, bei allem Wert, der auf das Exterieur gelegt wird, die Funktion nicht zu vergessen, wenn eine Hunderasse langfristig gesund und leistungsfähig bleiben soll. Die Windhundrassen bieten dazu eine einmalige Möglichkeit, weil nicht nur das Ausstellungswesen, sondern auch der Sport bei ihren Besitzern viele Anhänger gefunden hat und sie wissen, dass sie so die Hunde in ihrer ursprünglichen Art erhalten können.

Auch die Farben der Hunde sind der Mode unterworfen, zeitweise liegen die hellen vorn, wie bei diesen Salukis, zeitweise bekommt man nur andersfarbige Welpen.

Hundezucht praktisch

Rechte Seite: Aufgestellt und wach präsentiert sich die Enkelgeneration des schon leicht ergrauten Windspiels ganz rechts im Bild.

Dieses Kapitel will zeigen, wie man die Hundezucht praktisch angehen kann, welche Voraussetzungen unbedingt erfüllt sein müssen, was nützlich und günstig, aber fakultativ ist. Viele Neulinge trifft ihr erster Wurf mehr oder weniger unvorbereitet, die Haltung „es wird schon irgendwie gehen" ist weit verbreitet. Zwar schreiben die Zuchtvereine und -verbände vor, welche Mindestvoraussetzungen erfüllt sein müssen und welche Formalitäten vorher abgewickelt werden müssen, aber dann ist die Hündin läufig, ein Deckrüde zur Hand und der Deckakt vollzogen, bevor irgendwelche sonstigen Vorbereitungen getroffen wurden. Es reicht nicht aus, junge Hunde reizend zu finden – will man ein guter und erfolgreicher Züchter sein, muss man sich schon etwas mehr Mühe machen.

Zwinger – zwei verschiedene Dinge

Zwinger bedeutet im allgemeinen Sprachgebrauch so etwas wie Hundebehausung im Freien, ursprünglich aber war ein Zwinger der Raum zwischen innerer und äußerer Schloss- oder Stadtmauer, in dem der eingedrungene Feind abgefangen und aufgehalten werden konnte, deshalb wurden in diesem Raum Bären oder eben Hunde gehalten. Die Bärengehege oder Gräben, die man in manchen Städten noch findet, haben denselben Ursprung.

Heute verstehen wir unter einem Zwinger ein Tiergehege, speziell ein **Hundegehege mit Wetterschutz** oder Hütte. Darüber hinaus verstehen wir unter Zwinger aber auch noch die **Zuchtstätte**, deren Name (Zwingername) geschützt ist, in ihrer Gesamtheit. Um in Deutschland eine Zucht eintragen zu lassen, muss ein **Zwingername** angemeldet und vom VDH geschützt werden, international geschieht das durch die FCI (ebenfalls über den VDH). Wenn man einen Namen anmelden will, sollte man nicht nur einen Lieblingsnamen angeben, sondern gleich zwei oder drei Alternativen, damit nicht langwierige Rückfragen nötig sind, falls der bevorzugte Name schon vergeben ist. Für alle, die später mit den Namen umgehen müssen, sei es auf Rennen oder Ausstellungen, ist es günstig, wenn ein Zwingername kurz und prägnant ist, nicht fünfzehn Silben lang und kaum auszusprechen. Natürlich klingen diese langen Namen, die oft aus dem Ursprungsland der gezüchteten Hunderassen stammen, richtig ausgesprochen sehr schön und haben auch eine Bedeutung. Diese erschließt sich aber meist kaum jemandem und wie sie ausgesprochen werden, kann man nur raten.

Wenn dann die Eintragung erfolgt ist, der Zwingername geschützt, passiert erstmal gar nichts. Es ist so ähnlich, wie wenn man eine Firma gründet, aber noch keine Geschäfte macht, keinen Laden und kein Büro hat. Wenn man nun wirklich beginnen will zu züchten, muss man seine Zuchtstätte planen und einrichten, denn diese muss vor dem ersten Deckakt durch eine **Zwingererstbesichtigung** abgenommen werden. Dabei wird geprüft, ob die Zuchtstätte bzw. Zwingeranlage den Anforderungen des Tierschutzgesetzes und des Verbandes entspricht. Diese können je nach Windhundrasse sehr unterschiedlich sein. Dass ein Wurf Windspiele nicht den gleichen Platzbedarf hat wie ein Wurf Irish Wolfhounds, wird wohl jedem einsichtig sein. Auch die Außenanlagen werden je nach Rasse unterschiedlich in ihren Abmessungen sein. Einen Wurf kleinwüchsiger Windhundrassen kann man eventuell auch in einer Etagenwohnung großziehen, wenn man täglichen Auslauf im Freien bietet, mit größeren Rassen wird das sehr schwierig.

Ein **Wurfraum** oder -zimmer muss auf jeden Fall der Rassegröße entsprechende

HUNDEZUCHT PRAKTISCH

Irish-Wolfhound-Hündin mit zwei Wochen alten Welpen.

Ausmaße haben und idealerweise hat dieser Raum auch noch einen direkten Zugang zum Garten oder Hof. Wichtig ist, dass Tageslicht und Heizung vorhanden sind. Warmes und kaltes Wasser sollten ebenfalls nicht allzu weit weg sein, damit die Reinigung nicht zum Problem wird. Außerdem wird noch eine **Wurfkiste** benötigt, die eine leicht zu wechselnde und zu reinigende Einlage (Drybed o. Ä.) hat und von der Mutterhündin jederzeit verlassen werden kann. Es muss deshalb auch ein Platz für die Mutterhündin im Wurfzimmer vorhanden sein, wenn sie sich vom Wurf zurückziehen will, was nicht selten ist, wenn die Welpen schon etwas größer sind. Auch für ausreichende Frischluftzufuhr sollte gesorgt sein. Außerdem ist es günstig, wenn genügend Platz vorhanden ist, damit der Züchter die ersten Nächte auf einer Liege direkt beim Wurf verbringen kann. Es gibt zwar Hündinnen, die alles hervorragend allein bewältigen, aber gerade in den ersten Tagen und Nächten können Probleme auftauchen. Wenn der Wurf größer ist, kann man sicherheitshalber ein Babyphon installieren; damit haben schon viele Züchter gute Erfahrungen gemacht.

Der Zugang zum Freigelände sollte ohne Stufen zu überwinden sein. Falls das nicht möglich ist, muss man sich mit einer aus einem breiten Brett hergestellten Rampe behelfen, die mit einer rutschfesten Unterlage bedeckt ist (Dachpappe, Gummimatte o. Ä.) und falls nötig, zusätzlich mit dünnen hölzernen Leisten als Auf- oder Abstiegshilfe versehen wird. Der **Welpenauslauf** selbst richtet sich nicht nur nach der Körpergröße, sondern auch nach dem Alter der Welpen, die immer mehr Freiraum benötigen, je älter sie werden. Im Handel sind variable Welpenausläufe erhältlich, die man je nach Bedarf mit Verbindungspfosten und Zusatzelementen vergrößern oder verkleinern kann.

Im Idealfall besteht der Welpenauslauf etwa zu gleichen Teilen aus befestigtem und unbefestigtem Gelände, also etwa aus Pflasterung und Wiese. Sehr beliebt bei allen Welpen ist ein sonniger Hochsitz, der leicht aus einer Industriepalette mit einer geeigneten Abdeckung, einer Holzplatte oder einem festen Stück Fußbodenbelag hergestellt werden kann. Ein solcher Hochsitz ist gegen Kälte von unten geschützt, und auch manche Mutterhündin macht gerne Gebrauch davon.

Durch meine Arbeit als Zuchtwart habe ich schon die unterschiedlichsten Wurfzimmer und Welpenausläufe zu Gesicht bekommen, von der Vollaufzucht in einer Etagenwohnung, in der sich die Welpen im Alter von etwa acht Wochen frei bewegen konnten, was der Wohnung nicht unbedingt gut bekam, bis zur totalen Zwinger-

GEWERBLICHE HUNDEZUCHT

Auch Wolfhounds können im Gänsemarsch gehen.

haltung, wie man sie manchmal in größeren Zuchtstätten findet. Ich habe Wurfzimmer für Irish Wolfhounds in der dritten Etage vorgefunden und auch solche derselben Rasse, die sich buchstäblich zwischen Heu und Stroh in einer Scheune befanden.

Wenn die Welpen ausschließlich in der Wohnung aufgezogen werden, von gelegentlichen Spielstunden im Garten abgesehen, ist natürlich die **Prägung auf den Menschen** am vollständigsten, dafür kann es später Probleme mit der Stubenreinheit geben, denn die Welpen sind daran gewöhnt, eine Wohnung als Löseplatz zu benützen. Werden die Welpen von Anfang an nur in einer Zwingeranlage zusammen mit der Mutterhündin gehalten, ist der Kontakt zu Menschen nicht so direkt, das heißt, ein Züchter muss sich sehr viel mehr bemühen, damit eine Prägung auf den Menschen stattfindet, muss regelmäßige Spielstunden organisieren und darf nicht nur zum Füttern und Saubermachen nach den Welpen sehen. Auf diesen Themenkreis wird noch im Kapitel ‚Die Aufzucht der Welpen' näher eingegangen.

Die meisten Windhunde werden sicherlich im Haus gehalten, aber Zuchten mit einer großen Anzahl von Stammhunden und mehreren Würfen jährlich haben meistens zumindest teilweise **Zwingerhaltung**, schon um Rüden und Hündinnen im Bedarfsfall getrennt halten zu können. Diese Zwinger müssen den Hunden ausreichend Bewegungsraum bieten, außerdem muss eine wärmeisolierte Hütte vorhanden sein, die den Hunden Schutz vor den Einflüssen der Witterung bietet. Der Vorteil der Zwingerhaltung ist zweifellos, dass man die Hunde eher mal einen Tag alleine lassen kann, wenn sie ausreichend mit Wasser und Futter versorgt sind, dafür wird die Bindung an den Menschen nie so eng sein, wie wenn die Hunde im Haus gehalten werden. Auf keinen Fall sollte ein Hund über längere Zeit allein im Zwinger bleiben. Hunde sind Rudeltiere, wenn sie schon keine menschliche Gesellschaft haben können, dann brauchen sie wenigstens andere Hunde. Es ist Tierquälerei, Hunde ständig allein in einem Zwinger zu halten.

Gewerbliche Hundezucht

Sowohl der DWZRV wie auch der VDH lehnen gewerbliche Hundezucht ab und erteilen gewerblichen Züchtern keinen Zwingerschutz und keine Papiere. Es ist allerdings möglich, Hunde von gewerblichen Züchtern nach einer Einzelfallprüfung eintragen zu lassen. Das kann aber nicht durch den Züchter geschehen, vielmehr muss sich der Erwerber darum bemühen. Trotzdem kommt es immer wieder vor, dass gewerbliche Züchter ihre Hunde mit Fantasie-Ahnentafeln ausstatten und gutgläubige Neulinge darauf hereinfallen. In Deutschland hat aber die gewerbsmäßige Hundezucht seit Ende der 60er Jahre des 20. Jahrhunderts stark abgenommen. Zugenommen hat dagegen die Zahl der importierten Hunde, die aus gewerblichen Zuchten stammen. Hier kommen für Greyhounds und Whip-

HUNDEZUCHT PRAKTISCH

GEWERBLICHE HUNDEZUCHT

■ Eine Irish-Wolfhound-Gruppe im vollen Lauf in der freien Natur ist beeindruckend.

pets vor allem Großbritannien und Irland in Frage, die vor allem die Hunde, die keine Höchstleistungen bringen, gerne ins Ausland abgeben, sofern sie nicht gleich getötet werden. Es handelt sich also um schon erwachsene Hunde. Ihre Papiere werden in Deutschland meist anerkannt. Auch aus dem Ostblock kommen vermehrt Hunde, die aus gewerblichen Zuchten stammen. Sie werden dort von Hundehändlern erworben und bei uns weiterverkauft. Diese Hunde wurden oft sehr früh von der Mutter getrennt und in der Zeit bis zum Verkauf nur mangelhaft betreut und versorgt. Deshalb sind sie nicht selten vorgeschädigt und können hohe Tierarztkosten verursachen. Selbst wenn die Elterntiere und die Aufzucht vor Ort in Ordnung waren, kann man nicht ausschließen, dass sie durch die Zeit, die sie auf dem Transport und bei Hundehändlern verbringen mussten, dauerhaft geschädigt wurden. Tiere aus Zuchtstätten in den ehemaligen Warschauer-Pakt-Staaten haben meist FCI-Papiere, die in Deutschland anerkannt werden.

Auswahl der Zuchttiere

Die Auswahl der Zuchttiere gehört sicherlich zu einem der schwierigsten Kapitel im Themenbereich ‚Zucht'. Nach welchen Kriterien sollen Zuchttiere ausgewählt werden? Ganz klar stellt sich hier die Frage, ob ein Züchter eher rasseorientiert oder absatzorientiert denkt. Ein Züchter, dem in erster Linie eine bestimmte Rasse am Herzen liegt, wird wahrscheinlich eine andere Wahl treffen als ein Züchter, der seine Welpen möglichst gut verkaufen will.

Die Zuchtwahl erfolgt meistens sowohl nach dem Phänotyp als auch nach dem Genotyp. Der **Phänotyp** ist die Gesamtheit der erkennbaren äußeren und Wesenseigenschaften eines Hundes, also das Bild, das uns ein Hund zeigt, das uns auf irgendeine Weise sichtbar wird. Dazu gehört der Körperbau ebenso wie die Farbe, ein scheues Wesen oder Rennleidenschaft. Bei den körperlichen Eigenschaften ist meistens ganz klar, dass sie ererbt wurden, obwohl natürlich auch die Kondition oder ein schönes Haarkleid bis zu einem gewissen Grad eine Frage der Haltung sind. Anders ist es mit dem Wesen. Ob ein Hund scheu und aggressiv oder zutraulich und freundlich ist, hängt nicht unbedingt oder nur zum Teil von seinen Genen ab. Hier spielen Aufzucht und Haltung eine große Rolle, außerdem sicherlich auch die psychische Verfassung der Mutterhündin, die ein erlerntes Verhalten wie etwa Scheu auch an ihre Welpen weitergeben kann. Dieses tradierte Verhalten von einer genetischen Disposition zu unterscheiden ist manchmal schwierig.

Der **Genotyp** ist das nicht offensichtliche Erbe, das ein Hund von seinen Ahnen mitbekommen hat. Ein weißer Hund, der schwarze Hunde unter seinen Ahnen hat, kann diese Farbe in sich tragen und vererben. Wenn man wissen will, welche Merkmale und Eigenschaften im Genotyp eines Hundes angelegt sein können, muss man möglichst viele seiner näheren und weiteren Verwandten betrachten, außerdem, wenn vorhanden, seine Nachzucht, denn an dieser kann man am deutlichsten erkennen, welche Eigenschaften ein Hund vererbt. Ein Rüde beispielsweise, dessen Nachkommen aus Würfen mit verschiedenen Hündinnen alle grau sind, wird höchstwahrscheinlich keine andere Farbe vererben. Eine Hündin, die sowohl aggressive Tiere unter ihren Ahnen als auch unter ihren Welpen hat, wird diese Eigenschaft wahrscheinlich vererben, auch wenn sie selbst ganz friedlich ist.

Wenn wir nun die einzelnen Gesichtspunkte betrachten, nach denen Zuchttiere ausgewählt werden können, so steht sicherlich ganz vorne in dieser Reihe die **Gesundheit**. Sie ist eine Grundvoraussetzung für eine erfolgreiche Zucht, denn nur bei absolut gesunden Zuchttieren kann ich einen erfolgreichen Deckakt, eine problemlose Tragezeit und Geburt und einen gesunden Wurf erwarten. Hunde, die zur Zucht verwendet werden sollen, dürfen nicht nur keine genetischen Defekte oder Erbkrankheiten haben, sie müssen auch frei von Infektionen (kann man in den meisten Fällen vorher behandeln) und sonstigen Erkrankungen wie etwa Herzkrankheiten sein. Besonders sorgfältig muss man das Vorhandensein genetischer Defekte überprüfen.

Fallbeispiel „Nina"

Dass ein intelligenter Hund nach nicht optimaler Aufzucht auch in höherem Alter noch erstaunliche Fortschritte machen kann, hat mir eine meiner Afghanenhündinnen gezeigt. Bevor Nina im Alter von neun Monaten zu uns kam, kannte sie nicht viel mehr als ihren Zwinger, sie war nur unzureichend auf Menschen geprägt und konnte die einfachsten Dinge wie etwa Treppensteigen nicht, dabei war sie noch äußerst scheu.

In der ersten Woche im neuen Heim näherte sie sich den Familienmitgliedern nur, wenn man ihr den Rücken zukehrte und sie mit Futter lockte, immer wachsam und bereit, sofort den Rückzug anzutreten. Dann begann sie, sich an mich anzuschließen und machte die erstaunlichsten Fortschritte. Sie beachtete unsere alte Hündin nur wenig, meinen neugeborenen Sohn dagegen bewachte sie ausdauernd, ein Verhalten, das sie bis zu ihrem Tod mit über 15 Jahren nicht ablegte. Sie lernte nicht nur, normale Treppen zu gehen, auch eine Gitterwendeltreppe bereitete ihr nach kurzer Zeit keine Schwierigkeiten mehr. Bald konnte sie alle Türen öffnen, ganz gleich, ob es sich um normale Türen oder schwere Schiebetüren handelte.

Sie entwickelte sich zu einer leidenschaftlichen Rennhündin, die weder für den Startkasten noch für Renndecke oder Beißkorb eine Gewöhnungsphase benötigte und lief immer absolut einwandfrei, ohne zu raufen oder stehen zu bleiben, auch wenn sie selbst angegriffen wurde. Dominant, wie sie war, übernahm sie auf dem Windhundplatz in höherem Alter die Rolle des Leitwolfs. Neulinge wurden von ihr begutachtet und eingewiesen, wobei sie nur selten deutlich werden musste. Diese Rolle wurde ihr auch in hohem Alter, als ihre körperlichen Kräfte schon deutlich nachließen, von keinem streitig gemacht.

Sie war bis zu ihrem Tod ungeheuer wachsam, ihr entging nichts, kein Fremder konnte unser Grundstück unbemerkt betreten. Übrigens auch kein Familienmitglied, diese wurde allerdings nicht durch lautes Bellen, sondern durch ein leises Brummen gemeldet. Meinen Kinder gelang es nie, spätabends unbemerkt von Nina ins Haus zu kommen. Eine gewisse Scheu vor Fremden verlor sie allerdings niemals und sie war immer etwas unruhig, wenn ich außer Haus war, denn ihre Bindung an mich wurde im Lauf der Zeit sehr eng.

Immer hellwach und aufmerksam, war sie sicherlich die intelligenteste von unseren Afghanenhündinnen, ein Ausnahmehund, von dem wir leider keine Nachkommen haben.

Genetische Defekte können nicht nur Erkrankungen wie etwa die **Hüftgelenksdysplasie** sein, die man mit Röntgenuntersuchungen und Zuchtprogrammen zu bekämpfen sucht, sondern auch nur in bestimmten Situationen auftretende Probleme wie etwa eine **erbliche Wehenschwäche** oder die Unfähigkeit, ohne Kaiserschnitt zu gebären. Die Fortschritte in der Tiermedizin haben es heute möglich gemacht, dass auch sehr schwache Welpen überleben können oder Welpen von Müttern, die nicht in der Lage sind, einen Wurf selbständig großzuziehen. Eine Hündin, die nicht in der Lage ist, ohne tierärztliche Hilfe zu gebären oder einen Wurf großzuziehen, kann diese Eigenschaften nicht nur an weibliche Nachkommen weitergeben, sondern auch über die männliche Linie vererben. Wenn man das ausschließen will, muss man sich die Ahnen der potenziellen Zuchthunde genauer anschauen und bei den Züchtern nachfragen. Ob man allerdings immer eine korrekte Antwort erhält, sei dahingestellt. Nicht offensichtliche Defekte und Fehler werden gerne verschwiegen, manchmal aber hilft beharrliches Nachfragen.

Ebenfalls sehr wichtig ist das **Wesen**. Darunter sind Eigenschaften wie Intelligenz, Lernfähigkeit, Gehorsam, Sicherheit zu verstehen. Hier ist es schon schwieriger, zwischen erworbenen, also erlernten oder von der Mutterhündin tradierten Eigenschaften und ererbten Fähigkeiten zu unterscheiden. Intelligenz ist sicherlich im Erbgut verankert, aber ein Hund, der in seiner Welpenzeit genügend Anregungen erhalten hat und auch später sorgfältig ausgebildet wurde, wird uns sicherlich intelligenter erscheinen als ein Hund, der sein Leben fern von menschlicher und tierischer Gesellschaft allein im Zwinger verbracht hat – wohlgemerkt bei gleicher genetischer Anlage.

Das Wesen der Hunde ist vor allem auch deshalb wichtig, weil für die meisten Hunde, die gezüchtet werden, ja keineswegs eine Renn- oder Ausstellungskarriere angestrebt wird, sondern sie sollen Familienhunde sein. Aber auch Hunde, die aktiv am

HUNDEZUCHT PRAKTISCH

■ Hunde, die Rennen laufen, stellen ihre körperliche Leistungsfähigkeit unter Beweis.

Windhundsport oder Ausstellungswesen teilnehmen wollen, sind fast immer in erster Linie Familienmitglieder und müssen alltagstauglich sein. Ein sicheres Wesen ist gerade in einer immer enger und keineswegs hundefreundlicher werdenden Umwelt wichtig für ein problemloses Zusammenleben. Aggressive oder scheue Hunde sind nur schwer in das tägliche Leben zu integrieren. Ein Hund, der in einer Familie gehalten wird, muss nicht nur Erwachsenen, sondern auch Kindern gegenüber absolut zuverlässig sein. Außerdem muss er gewisse Dinge wie Leinenführigkeit und einfache Kommandos lernen, ohne dass sich ein Halter jahrelang darum bemühen muss, diese dem Hund beizubringen. Darüber hinaus ist ein sicheres Wesen auch für eine Renn- oder Ausstellungskarriere unerlässlich: Ein unsicherer Hund wird wahrscheinlich weder ein großes Rennen gewinnen, wenn er mit fünf anderen Hunden zusammen laufen muss, und wird auch nicht sehr viele Ausstellungssiege erringen, wenn er seinen Konkurrenten oder dem Richter scheu oder aggressiv gegenübertritt.

Auf dem dritten Platz sollte die körperliche **Leistungsfähigkeit** stehen, also Eigenschaften wie Schnelligkeit, Ausdauer und geringe Verletzungsanfälligkeit, eventuell auch Langlebigkeit. Für Windhunde, die aktiv am Sport teilnehmen sollen, ist das ein besonders wichtiges Kriterium, und mancher Züchter oder Halter wird es vor das Wesen stellen.

Die Erkenntnis, dass man einen Hund nicht über sein genetisches Potenzial hinaus trainieren kann, hat sich allmählich auch in Windhundkreisen durchgesetzt, da helfen auch ausgefeilte Methoden oder unter der Hand weitergegebene Wundermittel nicht. Natürlich ist auch die körperliche Leistungsfähigkeit unter anderem ein Produkt von Aufzucht und Haltung, ein mangelhaft ernährter und wenig bewegter Hund kann auch bei besten Anlagen keine Spitzenleistungen erbringen. Ein Hund, der eine im Erbgut angelegte Leistung von etwa 42 Sekunden auf 480 Meter hat, kann unter optimalen Bedingungen vielleicht auf 41 Sekunden gebracht werden, viel mehr ist nicht drin. Ein Hund aber mit anlagebedingten 37 Sekunden kann auch bei einer temporären Leistung von 42 Sekunden auf die 37 Sekunden gebracht werden, wenn die Betreuung und die Gesundheit stimmen.

Hierbei ist es übrigens interessant zu sehen, wie unterschiedlich sich die Zucht auf Schnelligkeit auf die verschiedenen Windhundrassen ausgewirkt hat. Während zum Beispiel die Greyhounds in den letzten 20 Jahren nicht mehr wesentlich schneller wurden, obwohl die Rennbedingungen immer besser wurden (die Kurven wurden

AUSWAHL DER ZUCHTTIERE

weiter und die Rennbahnen gepflegter, die Anzahl der an einem Tag zu leistenden Läufe wurde reduziert), wurden die Orientalen wie Afghanen und Salukis deutlich schneller. Mit der Zucht auf Schnelligkeit hat sich allerdings auch das äußere Erscheinungsbild dieser Zuchtlinien verändert, denn nur die wenigsten Hunde werden, obwohl das immer vom Verband propagiert wird, sowohl auf Schönheit als auch auf Leistung hin gezüchtet. Die **Verletzungsanfälligkeit** scheint in der aktuellen Greyhoundzucht überhaupt keine Rolle zu spielen, vielmehr geht man dazu über, den Zustand der Rennbahnen zu optimieren und die Zahl der Läufe zu reduzieren. Das könnte sich als eine Sackgasse erweisen. Die Geschwindigkeit wird nicht größer, und die Anzahl der Verletzungen scheint nicht abzunehmen, vielmehr sieht man kaum mehr einen älteren Greyhound auf der Rennbahn wie etwa vor 20 Jahren noch. Leider scheinen auch die robusten Greyhoundlinien aus der ehemaligen DDR keinen Einfluss auf unsere heutige Zucht gehabt zu haben. Greyhounds, die in erster Linie auf Schönheit gezüchtet wurden, haben eine deutlich verminderte körperliche Leistungsfähigkeit, was sich schon äußerlich an dem zwar noch tiefen, aber schmalen und spitz zulaufenden Brustkorb erkennen lässt, der Herz und Lunge merklich weniger Raum bietet.

Zum guten Schluss kommen wir zur **Schönheit**. Sie spielt gerade bei den Windhunden eine große Rolle. Wie soll man nun Schönheit messen? Sind Ausstellungstitel ein Zeichen für Schönheit? Ausstellungssiege sind Momentaufnahmen – sie zeigen, dass ein bestimmter Hund im Augenblick der Ausstellung nach Ansicht des amtierenden Richters schöner war als alle anderen. Natürlich wird man nicht Champion, wenn man einmal einen Ausstellungssieg erringt, aber Schönheit ist Ansichtssache oder liegt ‚im Auge des Betrachters'. Darüber hinaus gehört zum Ausstellungserfolg auch ein optimaler Pflegezustand und gute Bemuskelung, die sich durch gezieltes Training erreichen lässt. Dabei muss man gerade mit Training vorsichtig sein, denn gerade die bei manchen Rassen geforderte ‚lange' oder ‚flache' Muskulatur wird nur durch vorsichtige Bewegung erzielt, bei einem richtigen Renn- oder Coursingtraining stellt sich eine deutlich hervortretende Muskulatur ein. Deshalb spielt das Kriterium der Schönheit je nach Zuchtziel eine unterschiedliche Rolle. Bei Hochleistungshunden kann es vielleicht vollständig durch das Merkmal der **Standardgerechtigkeit** ersetzt werden, während es bei der Zucht von Ausstellungshunden (oder Show Dogs) vielleicht an die Stelle der Leistungsfähigkeit tritt. Natürlich ist das alles eine Frage der Gewichtung, der

HUNDEZUCHT PRAKTISCH

Bei der Zuchtschau muss man alles zeigen – auch die Zähne.

persönlichen Präferenzen eines Züchters, der Merkmale, die eine Zuchtstätte auszeichnen oder in Zukunft auszeichnen sollen. Wenn ich unbedingt schwarze Hunde züchten will, werde ich mich nur unter schwarzen Hunden umschauen und mich erst danach mit den übrigen wichtigen Eigenschaften beschäftigen. Auch wenn meine Hunde bestimmte Fähigkeiten wie etwa einen ausgeprägten Hütetrieb oder besondere Lernfähigkeit haben sollen, werde ich zuerst nach diesen Fähigkeiten suchen, um dann meine Wahl unter den in Frage kommenden Hunden unter Berücksichtigung der übrigen Kriterien zu treffen.

Aber ganz gleich, ob es sich um Leistungshunde oder Schönheitshunde handelt, die Zuchtordnung des DWZRV schreibt vor, dass die zur Zucht ausgewählten Hund angekört sind. Neben den auf Seite 101 beschriebenen Voraussetzungen für die Zulassung ist seit dem Jahr 2000 eine Genanalyse notwendig. Diese kann entweder durch eine Blut- oder eine Speichelprobe erfolgen. Darüber hinaus gibt es noch Sonderbestimmungen für einzelne Windhundrassen, wie etwa Herz- oder Augenuntersuchungen, um Erbkrankheiten auszuschließen. Da auch Leistungshunde zwei Ausstellungen absolvieren müssen, ist es in jedem Fall nützlich, die Hunde auch gut darauf vorzubereiten (siehe Seite 100 ff.).

Ein weiteres Kriterium bei der Auswahl kann die **Langlebigkeit** sein. Auch die Lebenserwartung von Hunden ist genau wie die von Menschen teilweise genetisch bedingt, also erblich. Wenn man sich die Verwandten eines Hundes anschaut, kann man erkennen, ob es sich um eine Zuchtlinie mit hoher Lebenserwartung handelt oder nicht.

Bevor man nun einen Zuchthund nach den vorstehenden Kriterien auswählt, muss man sich darüber klar werden, wohin man mit seiner Zucht will. Die meisten Anfänger haben bereits eine Hündin, mit der sie züchten wollen. Trotzdem sollten sie noch einmal eingehend überprüfen, ob diese Hündin, die ja meist nicht im Hinblick auf eine geplante Zucht angeschafft worden ist, den Anforderungen genügt und ob sie dem Bild entspricht, das man sich von seiner zukünftigen Zucht macht. Wenn die Hündin in wesentlichen Punkten nicht diesem Bild entspricht, sollte man besser davon Abstand nehmen. Zwar kann man, wenn man schwarze Hunde möchte und eine rote Hündin hat, diese mit einem schwarzen Rüden paaren und wird sicherlich in der ersten oder zweiten Generation einen gewissen Anteil an schwarzen Welpen erzielen, aber um mittelgroße Hunde zu erzielen, genügt es nicht, eine kleine Hündin mit einem großen Rüden zu paaren, und die Verbindung von einem Rennrüden und einer Ausstellungshündin ergibt nicht unbedingt die idealen Hunde für Schönheit und Leistung. Eigenschaften, auf die man besonderen Wert legt, sollten nach Möglichkeit bei beiden Elternteilen vorhanden sein, zumindest aber sollte man sie in der Ahnenreihe von Rüde und Hündin finden. Es ist auf jeden Fall wichtig, sich vor einem Deckakt gründlich zu informieren, die meisten Züchter sind auch bereit, beratend tätig zu werden. Man kann sich auch an die zuständigen Zuchtwarte wenden, die allerdings alle Windhundrassen betreuen und sich nicht bei allen gleich gut auskennen. Wenn man einen Rüden auswählt, der schon gedeckt hat, sollte man sich unbedingt die Mühe machen, die Nachzucht anzuschauen. Es ist ein großer Irrtum zu glauben, dass man an eine Zuchthündin nicht so große Anforderungen stellen muss wie an einen Rüden. Für den einzelnen Wurf ist eine Zuchthündin genauso wichtig wie der Rüde. Für das Gesamtbild einer Rasse allerdings ist ein Rüde ungleich wichtiger, denn ein Rüde kann viel mehr Nachkommen haben als eine Hündin, auch wenn sie ihren ersten Wurf schon sehr früh hat. Ob man einen Rüden verwenden soll, der schon viele Male zur Zucht eingesetzt wurde, muss man genau prüfen, vor allem, wenn man das Wohl einer gesamten Windhundrasse im Auge hat. Schließlich werden nicht nur positive Eigenschaften vererbt, sondern auch negative, die sich möglicherweise erst in der zweiten oder dritten Generation herausstellen. Gelegentlich findet man in der Literatur den Ratschlag, mit einem sehr jungen Rüden eine Inzestprobeverpaarung vorzunehmen, also eine Verpaarung mit der Mutter, einer Voll- oder Halbschwester. Man hofft, auf diese Weise besser

AUSWAHL DER ZUCHTTIERE

erkennen zu können, welche Qualitäten und Fehler ein Rüde vererbt. Angesichts der Tatsache, dass sowieso schon zu viele Hunde gezüchtet werden, erscheint es nicht angebracht, einen Rüden auf diese Weise zu erproben, zumal die Fortschritte in der Zucht durch eine Inzestverpaarung gering sind und möglicherweise mit schweren Fehlern behaftete Welpen getötet werden müssen oder im günstigen Fall nur schwer gut unterzubringen sind.

> Auf jeden Fall führt der vielfache Einsatz eines Rüden, vor allem wenn die Rassepopulation relativ klein ist, zu einer genetischen Verarmung, die nicht immer durch Fremdzucht oder Outcross ausgeglichen werden kann.

Außerdem kann es sich auf den Absatz der Welpen durchaus negativ auswirken, wenn schon viele Nachkommen eines Rüden da sind, denn die Zahl der Interessenten für einen bestimmten Hundetyp ist immer auch begrenzt und im Ausstellungsring stehen viele gleichartige Hunde in Konkurrenz miteinander. Es ist unerlässlich zu prüfen, ob man im ‚Mainstream' schwimmen will oder etwas Neues wagt und andere Akzente setzt.

Ein Anfänger sollte sich bei seiner Auswahl auf jeden Fall auf den Phänotyp konzentrieren, denn dieser zeigt die Eigenschaften, die ein Hund mit Sicherheit hat (nicht aber mit Sicherheit vererbt!). Die im Genotyp verankerten Anlagen sind heute noch nicht mit Sicherheit zu erkennen. Vielleicht wird es durch Gentests einmal möglich sein. Denn auch wenn ein Hund viele Ahnen und Verwandte hat, die ein bestimmtes Merkmal zeigen, ist niemals sicher, dass wir dieses Merkmal in seinem Genotyp wiederfinden.

Der Zyklus gliedert sich in folgende Phasen:
a. Anöstrus oder Ruhephase   90 bis 180 Tage, eventuell auch länger
b. Proöstrus oder Vorbrunst   10 bis 15 Tage
c. Östrus oder Brunst   12 bis 15 Tage
d. Metöstrus oder Rückbildungsphase 60 Tage

Körperliche Vorgänge vor dem Deckakt

Den Sexualzyklus der Hündin haben wir schon im Hinblick auf die Rennleistung betrachtet. Zur Feststellung des richtigen Decktages ist eine genauere Darstellung notwendig. Bei den meisten Haushunden dauert dieser Zyklus etwa sechs Monate, das heißt, Hündinnen werden im Allgemeinen im Frühling und Herbst läufig oder brünstig. Bei Windhunden kann man sich nicht unbedingt auf dieses Intervall festlegen, denn viele Windhündinnen, gerade auch die mit ausgezeichneter Rennleistung, haben einen verlängerten Zyklus, sie werden regelmäßig alle acht oder neun Monate, oder wie ihre Wolfsahnen nur einmal im Jahr läufig.

Diese Zahlen sind natürlich nur Richtwerte, ein Hund ist ein lebendiges Wesen, seine körperlichen Vorgänge halten sich nicht unbedingt an Zahlenangaben. Die Zeiten von Anöstrus und Proöstrus sind ziemlich variabel und am Ende der Ruhephase oder am Beginn der Vorbrunst liegt die Zeit der größten Leistungsfähigkeit einer Hündin: Sie ist in dieser Zeit am schnellsten.

Den Beginn der Vorbrunst kann der Hundehalter am leichtesten daran erkennen, dass die Schamlippen der Hündin allmählich anschwellen und dadurch auch etwas ihre Farbe verändern. Die meisten Hündinnen beginnen auch schon einige Tage vorher zu markieren, das heißt, sie verteilen ihren Urin tröpfchenweise an markanten Stellen, wie das im Allgemeinen nur die Rüden tun. Manche Hündinnen markieren in dieser Zeit auch mit erhobenen Bein, sehr dominante zeigen dieses Verhalten gelegentlich auch ganzjährig. Die eigentliche Hitze beginnt dann mit dem ersten Tag der Blutung, die an Anfang nur leicht ist und deshalb von unerfahrenen Haltern leicht übersehen werden kann, vor allem wenn die Hunde im Zwinger gehalten werden. Rüden beginnen meistens schon in der Zeit der Vorbrunst Interesse an der Hündin zu zeigen, in dieser Phase werden sie aber von der Hündin noch konsequent abgewehrt. Wenn man den ersten Tag der Blutung nicht versäumen will, kann man ein helle Unterlage auf das Lager der Hündin legen, etwa ein altes Leintuch, so lassen sich erste Blutstropfen am leichtesten feststellen. Allerdings gibt es Hündinnen, die nicht nur sich selbst, sondern auch ihr Lager sauberlecken.

Die ersten Blutstropfen sind dunkelrot, werden dann immer heller, schließlich fast wasserhell. Die Schamlippen oder Labien schwellen während dieser Zeit weiter an und sind prall und fest. Im Allgemeinen nimmt man an, dass der richtige Decktag zwischen dem 10. und 13. Tag liegt, diese Angaben sind aber mit Vorsicht zu behandeln. Der Decktag kann durchaus früher liegen, außerdem kommt es immer wieder vor, dass der Hündinnenbesitzer erst am 2. oder 3. Tag bemerkt, dass die Hitze eingesetzt hat. Noch häufiger ist aber, dass die Phase der Vorbrunst etwas verlängert ist, der richtige Decktag sich also nach hinten verschiebt. Als relativ sicheres Zeichen dafür, dass sich die Hündin in der richtigen Zyklusphase befindet, gilt das Wegdrehen der Rute, wenn sich ein Rüde annähert. Es ist sinnlos, einen Deckakt zu versuchen, wenn die Hündin noch nicht so weit ist. Auch wenn der Versuch durch Hilfe des Züchters schließlich erfolgreich sein sollte, der Deckakt, wie auch immer, vollzogen ist, wird die Hündin leer bleiben. Wenn der Deckakt zum richtigen Zeitpunkt erfolgt ist und sonst alles stimmt, wird die Hündin trächtig. Der richtige Decktag kann übrigens zwei bis drei Tage vor und nach dem Eisprung liegen, denn gesunde Spermien können einige Zeit im Körper der Hündin überleben und gesunde Eizellen bleiben über eine gewisse Zeitspanne befruchtungsfähig.

Die Tragezeit beträgt 59 bis 65 Tage, in der Regel 63 Tage. Abweichungen von dieser Zeit kommen vor, große Würfe werden im Allgemeinen etwas früher geboren als Einzelwelpen. Wenn ein Züchter eine starke Abweichung von der normalen Tragezeit feststellt, sollte er in jedem Fall überprüfen, ob es nicht zu einem zusätzlichen unbemerkten Deckakt vor oder nach dem offiziellen Decktermin gekommen ist. Das kommt vor allem bei Züchtern, die Rüden und Hündinnen halten, gar nicht so selten

vor. Bei einer Hündin, die nicht gedeckt wurde oder leer geblieben ist, liegt die Phase der Rückbildung um den ungefähren Geburtstermin. Für Rennhündinnen ist das die Zeit des Leistungstiefs, das etwa 20 bis 30 Tage nach einem möglichen Geburtstermin zu Ende geht.

Nicht gedeckte Hündinnen können **scheinträchtig** werden und auch Milch haben.

> Scheinträchtigkeit ist kein krankhafter Vorgang, sondern Teil des Wolfserbes: Nur die Alpha-Wölfin wirft Junge. Die untergeordneten Wölfinnen müssen jederzeit fähig sein, die Alpha-Wölfin zu ersetzen, also ihre Jungen großzuziehen, wenn die Mutter nicht mehr von der Jagd zurückkommt.

Scheinträchtige Hündinnen brauchen keine besondere Schonung, auch wenn sie in dieser Zeit dazu neigen, träge und lethargisch zu werden. Es ist vielmehr sinnvoll, sie ausreichend zu bewegen und abzulenken und nicht zu reichlich zu füttern, damit sie kein Fett ansetzen. In der Zeit um den möglichen Geburtstermin haben nicht gedeckte Hündinnen manchmal ein absolutes Formtief, sie sind kaum zu bewegen, das Haus zu verlassen. Das dauert aber nur wenige Tage, danach hat man den Eindruck, dass sie das Herumliegen satt haben und wieder auf Abenteuer aus sind.

Rüden unterliegen im Gegensatz zu Hündinnen nicht einem hormonellen Zyklus, sie sind im Normalfall das ganze Jahr über paarungsbereit.

Der Deckakt

Wenn alle Formalien erfüllt sind und man sich vergewissert hat, dass Rüde und Hündin absolut gesund sind (es ist auf jeden Fall angebracht, die Hündin vor einem geplanten Deckakt einem Tierarzt vorzustellen, um eventuelle Erkrankungen auszuschließen und sie gegebenenfalls zu entwurmen und den Impfschutz aufzufrischen), wenn man seinen Wunschrüden gefunden hat und der richtige Tag gekommen ist, dann endlich kann der mit Spannung erwartete Deckakt vollzogen werden.

Der richtige Tag kann übrigens auch vom Tierarzt durch einen Scheidenabstrich oder einen Bluttest festgestellt werden. Diese Untersuchungen sollte man etwa am 5. oder 6. Tag der Läufigkeit beginnen. Schließlich aber ist es so weit. Wahrscheinlich wird der Deckakt am leichtesten vor sich gehen, wenn man den Rüden für einige Tage zu der Hündin holen kann, damit die beiden vertraut miteinander werden, aber das wird meist nicht möglich sein. Auch der umgekehrte Fall, dass die Hündin einige Tage beim Rüden bleiben kann, ist selten. Außerdem lassen sich manche, sehr stark an Menschen gebundene Hündinnen nicht decken, wenn keine vertraute Person in der Nähe ist. Auf jeden Fall ist es günstig, wenn entweder der Rüden- oder der Hündinnenhalter ein erfahrener Züchter ist, denn nicht immer kommt man zum Erfolg, wenn man der Natur ihren Lauf lässt, vor allem dann, wenn es sowohl für den Rüden wie auch die Hündin das erste Mal ist.

Es ist üblich, dass die Hündin zum Rüden kommt. Nach der Ankunft geht man erst einige Zeit mit der Hündin spazieren, damit diese sich lösen kann, dann beginnt das Kennenlernen. Nach Möglichkeit geschieht das in zwei nebeneinander liegenden, durch einen Zaun getrennten Gehegen. Wenn sich die Hunde beschnuppert haben und vielleicht zu spielen beginnen, können sie zusammengebracht werden, gemeinsam in einem Zwinger oder an einem beliebigen Ort, wo sie sich sicher fühlen.

Es ist nicht günstig, wenn eine Menge aufgeregter und neugieriger Personen um die Hunde herumstehen, denn die Aufregung der Umwelt überträgt sich auf jeden Fall auf die Hunde und kann bei sensiblen Rüden oder Hündinnen schon die Paarung be- oder verhindern. Ein ruhiger Platz ist in jedem Fall vorzuziehen. Nach einigen Annäherungsversuchen von Seiten des Rüden kann man schon erkennen, ob sich die Hunde sympathisch sind und im Idealfall reitet der Rüde auf und führt seinen Penis ein. Bei vielen Hunderassen ist es üblich und nötig, die Hündin dabei festzuhalten, zumindest ist diese Ansicht unter Züchtern sehr verbreitet. Ein Hündinnenbesitzer sollte darauf vorbereitet sein, dass manche Hündinnen in dieser Phase schreien. Nach dem Einführen und einigen heftigen Stößen verdicken sich die Schwellkörper des Penis, der Scheidenring der Hündin verengt sich, das Hängen und Absteigen beginnt. Der Rüde dreht sich jetzt und steigt über den Rücken der Hündin, sodass die beiden Hunde Schwanz an Schwanz hängen, die Köpfe sind voneinander abgewendet. In dieser Phase, die bis zu einer Stunde dauern kann, werden die Hunde im Allgemeinen am Halsband festgehalten. Wenn man Probleme damit hat, länger zu stehen, sollte man für eine Sitzgelegenheit sorgen. Nach geraumer Zeit lösen sich die Hunde von selbst voneinander. Danach sollte man die Hündin nicht gleich urinieren lassen, weil dadurch eventuell auch Sperma ausgeschwemmt wird.

Beim eigentlichen Deckakt erfolgt die Ejakulation in drei Abschnitten. Nach den Einführen des Penis wird zuerst ein dünne, farblose Flüssigkeit ausgestoßen, das sogenannte Vorsekret. Es enthält noch keine Samenfäden oder Spermien. Im zweiten Abschnitt erfolgt die Ausstoßung der spermienhaltigen Samenflüssigkeit. Erst dabei kommt es zu einer starken Verdickung der Schwellkörper im Penis des Hundes, das eigentliche ‚Hängen' beginnt. Dabei wird eine größere Menge dünnflüssiges Ejakulat ausgestoßen, das kaum oder gar keine Spermien mehr enthält und wahrscheinlich die Aufgabe hat, die eigentliche Samenflüssigkeit, die sehr dickflüssig ist, in die Hündin zu transportieren. Wenn man sich diesen Ablauf vergegenwärtigt, wird einem auch klar, warum ein Deckakt auch dann erfolgreich sein kann, wenn es nicht zum ‚Hängen' gekommen ist.

Noch eine Anmerkung zur **Wiederholung des Deckakts**: Viele Hundezüchter wiederholen den Deckakt sicherheitshalber nach einem oder zwei Tagen, vor allem, wenn sie nicht ganz sicher sind, dass sie den richtigen Tag erwischt haben. Da sich der Eisprung der Hündin über einige Zeit hinzieht und die Eizellen nach dem Eisprung noch einige Zeit lebensfähig bleiben, kann sich dadurch selbstverständlich auch die Zahl der zu erwartenden Welpen erhöhen. Die Erfolgsaussichten steigen in

Magyar Agars, aufgenommen in ihrer Heimat, der Puszta, beim spielgerischen Jagen.

jedem Fall. Es ist auch möglich, dass eine Hündin während einer Hitze von zwei oder mehr verschiedenen Rüden gedeckt wird und Welpen von mehreren Rüden austrägt.

Die Gründe dafür, dass der Deckakt eventuell nicht klappt, sind vielfältig. Der Naheliegendste ist, dass es eben doch nicht der richtige Tag war. Rüden registrieren das zuverlässiger als jede menschliche Beobachtung oder tierärztliche Kontrolle. Nach Möglichkeit sollte man am nächsten oder übernächsten Tag nochmals einen Versuch machen, wenn es beim ersten Mal nicht klappt. Ein Grund können auch anatomische oder gesundheitliche Probleme bei Rüde oder Hündin sein. Das kann man durch eine tierärztliche Untersuchung ausschließen, wenn man es nicht schon im Vorfeld abgeklärt hat. Es kann sich allerdings auch um ein psychisches Problem handeln. Manche Rüden, die sich ihrem Herrn sehr stark unterordnen, decken in seiner Anwesenheit nicht. Auch Hündinnen mit einer sehr starken Menschenbindung haben manchmal Probleme mit dem Deckakt. Eine unruhige, nervöse Atmosphäre kann sich ebenfalls negativ auswirken. Deshalb sollte man auf jeden Fall ausreichend Zeit einplanen, damit alles in Ruhe vor sich gehen kann.

Es gibt auch Fälle von spontaner Antipathie, das heißt, die beiden Hunde mögen sich aus irgendeinem Grund nicht. Das ist zwar eher selten, kann aber dadurch verursacht sein, dass ein Hund in der Vergangenheit mit irgendeinem ähnlichen Partner schon schlechte Erfahrungen gemacht hat. Auch das Lebensalter eines Rüden kann eine Rolle spielen.

Man kann einen Rüden nicht zwingen, eine Hündin zu decken, aber eine Hündin, die sich absolut nicht decken lassen will, kann man schon festhalten. Ob ein solch erzwungener Deckakt unbedingt sein muss, das sollte jeder Hündinnenbesitzer selbst entscheiden. Eine Hündin, die sich von keinem Rüden decken lässt, sollte nicht unbedingt Nachkommen haben müssen, auch wenn sie gesund und dazu in der Lage erscheint. Auch wenn sich eine Hündin nur von einem bestimmten Rüden nicht decken lässt, sollte man den Deckakt nur aus sehr guten Gründen erzwingen. Vielleicht sind die Hunde in dieser Beziehung manchmal klüger als wir und erkennen instinktiv, was genetisch zusammenpasst und was nicht.

Künstliche Befruchtung

Wenn es mit dem natürlichen Deckakt nicht klappt, liegt der Gedanke nahe, es mit der künstlichen Befruchtung zu probieren. Die künstliche Befruchtung spielt in der Nutztierzucht eine immer größere Rolle, aber auch in der Hundezucht hat sie in den letzten Jahren sehr zugenommen. Während es in der Nutztierzucht vor allem wirtschaftliche Gründe sind, die für die Zunahme der künstlichen Besamung gesorgt haben (ein Bulle kann Tausende von Kühen decken), spielt dieses Argument bei der Hundezucht nur eine untergeordnete Rolle.

Gründe für eine künstliche Befruchtung können physische oder psychische Probleme bei Rüde oder Hündin sein. Wenn das der Fall ist, sollte man unbedingt abklären, ob diese erblich bedingt oder durch eine Krankheit oder einen Unfall erworben wurden. Wenn die Ursachen im genetischen Bereich liegen, sollte man genau überlegen, ob man wirklich Hunde, die anatomische oder Verhaltensanomalien zeigen, zur Zucht verwenden will. In einem solchen Fall sollten schon außerordentliche andere Qualitäten vorliegen, die diesen Fehler aufwiegen, vor allen dann, wenn es andere in Frage kommende Elterntiere gibt, die in Bezug auf die Fortpflanzung keine Probleme haben. Hunderassen, die sich fast nur noch unter Zuhilfenahme der künstlichen Besamung fortpflanzen können, haben sich biologisch gesehen zu weit von der Natur entfernt. Die Annahme liegt nahe, dass sie auch in anderen Bereichen nicht mehr gesund sind.

Ein guter Grund für die Anwendung der künstlichen Besamung kann die Entfernung sein, die zwischen dem Standort der Hündin und dem des Rüden liegt. Grenzen sind heutzutage keine unüberwindlichen Schranken mehr, es kommt durchaus vor, dass man sich einen Zuchtrüden in einem anderen Land oder gar Erdteil aussucht. Da liegt die Verwendung von Gefriersperma nahe, denn es ist viel leichter, einen kleinen Behälter mit tiefgekühltem Sperma zu transportieren als einen Rüden oder eine Hündin mit dem Auto, Flugzeug oder Schiff über weite Entfernungen zu bewegen. Auch der Zeitfaktor spielt eine Rolle, auch der aufmerksamste und erfahrenste Hundehalter kann nie genau vorhersagen, wann seine Hündin heiß wird. Der Zeitraum zwischen den ersten Anzeichen für die Vorbrunst und dem Eisprung ist recht variabel. Da ist es bei weiten Entfernungen sehr viel einfacher, auf die künstliche Befruchtung zurückzugreifen. Auf die technischen Vorgänge soll hier nicht eingegangen werden, die liegen sowieso in den Händen von erfahrenen Tierärzten oder darauf spezialisierten Tierkliniken. Wenn man darauf zurückgreifen will, tut man also gut daran, sich rechtzeitig nach einer geeigneten Einrichtung umzusehen. Eine Schwierigkeit bei der künstlichen Besamung stellt die Überwachung dar. Der Hündinnenbesitzer hat keine Kontrolle darüber, welches Sperma er erhält, und auch der Rüdenbesitzer kann nicht selbst überwachen, welche Hündin letztendlich mit dem Sperma seines Rüden gedeckt wird. Durch die Genanalyse vor dem Deckakt können die genetischen Eltern der Welpen später zweifelsfrei festgestellt werden, auch wenn diese inzwischen verstorben, unbekannt verzogen oder sonst wie nicht mehr greifbar sind. Das gilt ebenso auch für Würfe, die auf natürlichem Wege zustande gekommen sind. Ob diese Kontrolle allerdings auch mit im Ausland oder gar in Übersee stehenden Hunden so klappt wie geplant, muss sich noch herausstellen.

Die Erfolgsquote bei der künstlichen Besamung liegt um 50 %, also nur wenig schlechter als beim natürlichen Weg. Künstliche Besamung ist sicherlich ein medizinischer Fortschritt auf dem Gebiet der Hundezucht. Ob dieser Fortschritt sich immer zum Nutzen der verschiedenen Hunderassen auswirkt, sei dahingestellt. Verschiedene Züchter nutzen auch die Entnahme von Sperma und anschließende Gefrierkonservierung, um das Zuchtpotenzial alter Hunde auch über deren Tod hinaus zu erhalten.

Tragezeit und Geburtsvorbereitungen

Nach dem Deckakt folgt die spannende Zeit des Wartens. War der Deckakt erfolgreich oder nicht? Auch der beste Tierarzt und der erfahrenste Züchter können ihnen in den ersten Wochen nicht sagen, ob Welpen zu erwarten sind. Ein verändertes Verhalten der Hündin kann ebenso wie körperliche Veränderung durch hormonelle Vorgänge oder eine einsetzende Scheinträchtigkeit verursacht sein. Es kann auch vorkommen, dass der Deckakt durchaus erfolgreich war, die Hündin die in der Gebärmutter befindlichen Welpen aber aus irgendwelchen Gründen resorbiert, es also nicht zu einer Geburt kommt. Als Anzeichen für einen erfolgreichen Deckakt gilt ein gelartiger, wasserheller Ausfluss aus der Scheide ab der vierten Woche nach dem Deckakt, er lässt sich aber nicht bei allen Hündinnen feststellen. Eine Wölbung des Leibes lässt sich frühestens ab der 5. bis 6. Woche beobachten. Bei den Windhunden kann man in dieser Zeit auch eine allmähliche Lockerung des im stark aufgezogenen Bauchraum normalerweise sehr straffen Gewebes beobachten. Schon früher lassen sich Erscheinungen wie ein gesteigertes Schlafbedürfnis, manchmal auch Übelkeit, Erbrechen und Futterverweigerung feststellen, aber das Ausbleiben dieser Symptome bedeutet keineswegs, dass die Hündin nicht tragend ist. Manche Hündinnen zeigen ein völlig unverändertes Verhalten und eine sehr wenig ausgeprägte körperliche Symptomatik. Röntgen zur Feststellung einer Schwangerschaft wird nur im Notfall nötig sein. Wenn man sicher gehen will, ist eine Ultraschalluntersuchung auf jeden Fall die sicherste und schonendste Methode. Durch sie lässt sich auch feststellen, ob die Hündin nur einen, zwei oder mehrere Welpen trägt. Das ist deshalb wichtig, weil wenige Welpen in der Regel ein wesentlich höheres Geburtsgewicht haben als ein normal großer Wurf, es kommt deshalb überdurchschnittlich häufig zu Komplikation oder es muss ein Kaiserschnitt vorgenommen werden.

In den ersten vier Wochen wachsen die Föten nur wenig, eine reichliche Futtergabe ist nicht notwendig. Eine normalgewichtige Hündin hat es während der letzten Wochen der Schwangerschaft und bei der Geburt auf jeden Fall leichter als eine übergewichtige. Die Ernährung der Hündin in den ersten vier Wochen kann völlig normal sein, allerdings sollte der Züchter auf eine ausreichende Versorgung mit Vitaminen und Mineralstoffen achten. Das kann durch selbst zusammengestelltes Futter ebenso gesichert werden wie durch hochwertiges Fertigfutter. Ab der fünften Woche wird dann der Kalorienbedarf der tragenden Hündin deutlich größer, sie benötigt etwa 50 % mehr als sonst. Diese Angabe gilt für mittelgroße Hunde mit einem Körpergewicht von 20 bis 30 kg, kleine Hunderassen kommen mit 30 bis 35 % zusätzlicher Futtergabe aus, während bei großen bis sehr großen Hunderassen der zusätzliche Futterbedarf bis auf 65 oder 70 % ansteigen kann. Eine hochwertige Ernährung ist in dieser Zeit auf jeden Fall richtig, vor allem wenn man auf das Wohl der Hündin bedacht ist, denn die Welpen holen sich alles, was sie brauchen, aus dem Körper der Mutter. Bei ihr treten zuerst Mangelerscheinungen und Schäden auf, wenn die Versorgung nicht ausreichend ist. Auch jetzt gilt verstärkt, dass die Ernährung nicht nur hochwertig, sondern auch hochverdaulich sein sollte. Hochverdaulich deshalb, weil der durch die vergrößerte Futtermenge und durch die in der letzten Phase der Tragezeit entstehende Enge im Bauchraum belastete Verdauungsapparat der Hündin nicht durch schwer verdauliches voluminöses Futter beansprucht werden sollte.

Wenn feststeht, dass die Hündin aufgenommen hat, ihr Bauch allmählich dicker wird und sich die hinteren Zitzen verfärben, dann wird es endgültig Zeit, sich um **die Einrichtung eines Wurfzimmers** zu kümmern. Das muss kein Zimmer sein, der Wurf kann genauso gut in einer Waschküche oder in einem sonst ungenützten Souterrain-Raum untergebracht werden, wobei ein direkter Ausgang ins Freie schon sehr angenehm ist. Bei der Auswahl eines geeigneten Raumes sollte man das Bedürfnis der Hündin, sich in den ersten Wochen mit dem Wurf zurückzuziehen, nach Möglichkeit berücksichtigen. Ein belebter Wohnraum ist deshalb weniger günstig. Eine Wurfkiste sollte ausreichend Platz für die Hündin und ihre Welpen bieten, aber nicht zu groß sein. Die Hündin sollte die Wurfkiste jederzeit verlassen können. Ein Teil der Grundfläche kann überdacht werden, viele Hündinnen bevorzugen eine Art Wurfhöhle und benützen das Dach gerne als Liegeplatz. Als Unterlage in der Wurfkiste eignet sich eine wasserfeste Gummimatte, sie ist auch leicht zu reinigen. Für die Geburt und die ersten zwei bis drei Tage kann man auch saubere alte Bettlaken benützen, sie sind ebenfalls leicht zu reinigen und zu ersetzen und geben der Hündin die Möglichkeit, ihrem Grabetrieb zu frönen und sich ein Lager nach ihrem Geschmack einzurichten. Man kann versuchen, die Hündin schon vor dem Geburtstermin an die Wurfkiste zu gewöhnen, solche Bemühungen sind aber bei Wohnungshunden nicht immer von Erfolg gekrönt. Viele Hündinnen bestehen darauf, sich ihren Wurfplatz selbst auszusuchen und der Halter kann nicht viel mehr dagegen tun, als eine wasserfeste Unterlage und Leintücher unter der Hündin auszubreiten und ihr ihren Willen zu lassen. Für den reibungslosen Ablauf einer Geburt ist es in jedem Fall günstig, die Hündin nicht zu zwingen, sich an einem bestimmten Platz aufzuhalten.

Hinweis

Auch alles, was man sonst benötigt, wie etwa ein
- Handwaschbecken aus Kunststoff
- alte Frotteetücher und Bettlaken
- Reinigungsmittel und Schwammtücher für die Wurfkiste
- weiches Tuch und Handtücher zum Reinigen der Welpen
- bei Bedarf eine Wärmelampe für die Welpen
- einen kleinen Vorrat an Welpenmilch sowie eine
- Babyflasche mit Sauger für den Notfall

sollte spätestens in diesen letzten Tagen vor der Geburt beschafft werden.

Auch in den letzten Tagen vor einer Geburt ist es wichtig, die tragende Hündin ausreichend zu bewegen. Eine Schwangerschaft und Geburt ist keine Krankheit, bei der die Hündin absoluter Schonung bedarf, Spaziergänge sind bis zum letzten Tag möglich und nötig, selbst wenn wir hin und wieder einen beleidigten Blick kassieren und unsere Hündin sich nur zögernd von ihrem gemütlichen, warmen Lager erhebt, um sich im Freien zu bewegen. Mehrmals täglich kurze Ausgänge sind günstiger als ein ausgedehnter Spaziergang.

Jetzt sollte sich der noch unerfahrene Züchter auch darum kümmern, dass er im Notfall auf den Rat und die Hilfe eines erfahrenen Züchters oder Zuchtwarts zurückgreifen kann und dass ein Tierarzt erreichbar ist. Falls sein Stammtierarzt aus irgendwelchen Gründen nicht verfügbar ist, sollte man sich rechtzeitig um Ersatz bemühen und auch Kontakt aufnehmen, ihm eventuell auch die Hündin vorstellen. Jeder Wurf ist aufregend und der erste ganz besonders. Auftretende Schwierigkeiten sind leichter zu bewältigen, wenn man sich vorher gut informiert hat und nicht lange nach Hilfe suchen muss, wenn schon Probleme aufgetreten sind.

Zu den Geburtsvorbereitungen gehört auch, dass sich der Züchter all die Dinge beschafft, die er benötigt, um die Geburt zu dokumentieren. Er wird sich also ein Zwingerbuch besorgen (das wird vom DWZRV und anderen Zuchtvereinen angeboten) oder ein großes Schulheft. Züchter- und Zwingernamen können schon vorab eingetragen werden, ebenso die Namen der Elterntiere. Auch eine Waage muss vorher beschafft werden, um das Geburtsgewicht der Jungen festzuhalten und zur laufenden Gewichtskontrolle bei der Aufzucht. Falls man bei oder gleich nach der Geburt Fotos machen will, sollte der Apparat mit einem hochempfindlichen Film schon bereitliegen.

Die Geburt

Um es gleich vorweg zu sagen: Die meisten Geburten verlaufen völlig unproblematisch, die Hündin kann sie ganz allein ohne aktiven Beistand des Züchters bewältigen. Der Züchter muss nur dafür sorgen, dass das Umfeld stimmt. Wenn der Decktag bekannt ist, können wir ab dem 56. Tag mit der Geburt rechnen. Oft wird empfohlen, ab diesem Tag mit regelmäßigen Temperaturmessungen zu beginnen, zuerst zweimal täglich, dann in immer kürzeren Abständen, bis man schließlich alle zwei Stunden die Körpertemperatur feststellt und in eine Kurve einträgt. Dabei geht man davon aus, dass die normale Körpertemperatur von ca. 38,5 °C ungefähr zwölf Stunden vor der Geburt für kurze Zeit um bis zu 2 °C absinkt, danach steigt sie wieder an. Sehr bald nach dem Wiederanstieg der Temperatur ist mit der Geburt zu rechnen. Verursacht werden diese Temperaturschwankungen durch das Absinken des Progesteronspiegels kurze Zeit vor der Geburt. Statistiken zeigen aber, dass das Absinken der Temperatur und der darauf folgende Wiederanstieg nicht immer so deutlich sind, wie man das gerne hätte. Zur sicheren Vorherbestimmung eines Geburtstermins ist sie also ungeeignet, sie kann uns allenfalls einen Anhaltspunkt bieten. Da das ständige Temperaturmessen für

DIE GEBURT

unsere Hündin nicht angenehm ist, kann im Normalfall darauf verzichtet werden.

Wenn der Geburtstermin näher rückt, wird die Hündin unruhig und verstärkt ihre Bemühungen um den Nestbau. Sie scharrt die ihr angebotenen Laken zusammen, wenn man Glück hat, tut sie das in der vorbereiteten Wurfkiste. Man sollte sie jetzt nicht mehr über einen längeren Zeitraum allein lassen. In den letzten Stunden vor der Geburt nimmt die Hündin in der Regel kein Futter mehr zu sich, die Unruhe nimmt zu und sie muss häufiger ihre Blase entleeren. Schließlich beginnt sie stark zu hecheln, ein Zeichen dafür, dass die Geburt in den nächsten Stunden bevorsteht. Das Anschwellen der Scheide wie in der Läufigkeit ist ebenfalls ein deutliches Merkmal, während das Absenken des Bauches nicht immer klar zu erkennen ist.

> **Wichtig!**
>
> Vergessen Sie nie, dass eine Hündin die Geburt im Normalfall völlig allein bewältigen kann. Lassen Sie sie die Lage einnehmen, die ihr angenehm ist, ganz gleich, ob sie im Stehen, Sitzen oder Liegen gebären will.

Die Muskelkontraktionen der ersten Wehen gleiten wellenartig über ihren Körper.

Durch die Presswehen werden die Welpen nach außen gestoßen, dabei spielt es keine Rolle, ob sie sich in der Kopflage oder in der bei Menschen gefürchteten Steißlage befinden. 25 bis 30 % aller Welpen werden in der Steißlage geboren (die Angaben schwanken je nach Autor), ohne dass es dabei zu Komplikationen käme. Es gibt allerdings Lagen, etwa mit abgeknickten Beinen oder einem nach vorne geneigten Kopf, die unbedingt einen Kaiserschnitt erfordern.

Die Hündin versorgt die neugeborenen Welpen selbst, beißt die Nabelschnur ab und öffnet die Fruchtblase. Sie leckt die Welpen sauber und frisst die Nachgeburt (Plazenta), zumindest bei den ersten Welpen. Bei einem zahlenmäßig großen Wurf wird sie allerdings nicht alle Nachgeburten fressen, diese müssen dann vom Züchter entfernt werden. In den Pausen zwischen den Geburten kann man die Hündin etwas bewegen und zum Wasserlassen nach draußen führen, allerdings nie alleine in den Garten lassen, weil es schon vorgekommen ist, dass Hündinnen dabei Welpen verloren haben. In dieser Zeit kann man den Wurfplatz reinigen und für frische Laken sorgen. Neu geborene Welpen sollte man nach dem ersten Trinken in einem weich ausgepolsterten Waschkorb oder Karton unterbringen, solange die Geburt noch nicht abgeschlossen ist. Eine Gummiwärmflasche und ein Frotteetuch zum Abdecken der Welpen leisten gute Dienste, die Neugeborenen fühlen sich warm und behaglich. Wenn längere Pausen zwischen den Geburten auftreten, kann man die bereits geborenen Hunde wieder zur Mutter legen und säugen lassen. Wichtig ist auch, darauf zu achten, dass nach jeder Geburt auch die dazugehörige Nachgeburt ausgestoßen wird. Wenn nicht, muss der Tierarzt nach Abschluss der gesamten Geburt ein wehenförderndes Mittel spritzen, denn das Verbleiben des Mutterkuchens in der Hündin kann zu schweren Infektionen und zu ihrem Tod führen.

Das Öffnen der Fruchtblase muss durch den Züchter geschehen, wenn die Hündin nicht willens oder in der Lage ist, das zu tun. Das muss schnell gehen, denn es besteht die Gefahr, dass der Welpe das in der Fruchtblase vorhandene Fruchtwasser mit den ersten Atemzügen einatmet und daran erstickt. Wenn die Mutter die Nabelschnur nicht selbstständig abbeißt, muss der Mensch diese Aufgabe übernehmen. Am besten ist es, sie etwa im Abstand von zwei bis drei Zentimetern mit den Fingernägeln abzuknipsen, dann treten keine Blutungen auf. Wenn die Nabelschnur abgeschnitten werden soll, muss sie unbedingt vorher mit festem Garn abgebunden werden, damit es nicht zu Blutungen kommt. Im Normalfall durchtrennt die Hündin die Nabelschnur selbst, ebenso wie sie anschließend die Welpen mit der Zunge reinigt. Hierbei wird auch der Bauch und der Analbereich massiert, der Welpe scheidet Urin und den ersten Kot, das so genannte ‚Kindspech' aus. Ein gesunder Welpe wird schon in den ersten Minuten seines Lebens versuchen, an die Milchquelle zu kommen. Blind kriecht

HUNDEZUCHT PRAKTISCH

■ Noch sind die Augen und Öhrchen geschlossen, der Welpe orientiert sich mit seinem Gespür für Wärme und Geruch.

er herum, wobei die Körperwärme der Mutter als Richtungsgeber dient, bis er eine freie Zitze gefunden hat und beginnt zu saugen und mit beiden Vorderpfoten zu treten (Milchtritt).

Nach der Geburt und Versorgung eines Welpen wird der Zeitpunkt der Geburt notiert, ebenso das Geschlecht, das Geburtsgewicht und die Farbe sowie erkennbare Merkmale wie etwa weiße Abzeichen, man kann auch eine Skizze von charakteristischen Fellzeichnungen anfertigen, um später eine sichere Unterscheidung zu ermöglichen. Falls der Wurf sehr gleichmäßig ausfällt, was bei der heutigen Rassehundezucht nicht selten ist, wird man wohl auf weiche, verschiedenfarbige Wollfäden zurückgreifen müssen, die man den Welpen locker um den Hals binden kann. Weiche Wollfäden sollten es deshalb sein, weil diese im Gegensatz zu festeren Garnen bei der geringsten Beanspruchung reißen, der Welpe kann sich also nicht strangulieren.

Auch während einer länger dauernden Geburt nimmt die Hündin keine Nahrung zu sich, man sollte ihr aber immer wieder frisches oder mit wenig Traubenzucker versetztes Wasser anbieten. Nicht alle Hündinnen nehmen gesüßtes Wasser an. Fleischbrühe, auch ungewürzte, scheint wenig sinnvoll zu sein, denn die Hündin nimmt durch das Fressen der Nachgeburten genügend Eiweißstoffe zu sich.

Nach der Geburt kann man einen ersten ruhigen Blick auf die Welpen werfen. Es gibt sehr homogene Würfe, vor allem in gefestigten Zuchtlinien, das heißt, alle Welpen ähneln sich sehr stark. Aber auch bei diesen Würfen finden wir oft, bei allen sonstigen Gemeinsamkeiten, erstaunliche Größenunterschiede, die durch die Lage im Mutterleib bedingt sein können. Durchaus unterschiedlich ist oft auch schon das Verhalten der Welpen, man kann lebhafte und aktive ebenso finden wie ruhige und träge. Manche Züchter suchen sich bereits zu diesem Zeitpunkt ihre zukünftigen Zuchthunde aus, denn sie gehen davon aus, dass die Welpen hier noch ganz unverfälscht ihr genetisches Potenzial zeigen, denn sie waren noch nicht irgendwelchen äußeren Einflüssen unterworfen. Das stimmt nur zum Teil, denn zu den nicht genetisch verankerten Einflüssen gehört auf jeden Fall auch die Geburt. Ein kleiner, leichter Welpe, der eine schnelle, leichte Geburt hinter sich hat, wird sich unter Umständen gleich nach der Geburt agiler zeigen als ein großer, kräftiger Welpe, der eine langdauernde, schwere Geburt hinter sich hat. Auch hier kommt man also nicht daran vorbei, die äußeren Umstände zu berücksichtigen.

Bei **Geburtsstörungen** wie Wehenschwäche, Eklampsie (Krampfanfällen) und auch bei zu lang andauernden Wehen, ohne dass es zu einer Geburt kommt, sollte in jedem Fall ein Tierarzt zu Rate gezogen werden. Geburtshilfe, auch beim Hund, kann man

---

Hinweis

Vergessen Sie vor lauter Welpen nicht, neben der Wurfkiste auch die Hündin zwischen den einzelnen Geburten zu säubern, am besten mit einem Schwammtuch und klarem, lauwarmem Wasser.

Bei langhaarigen Hündinnen sollte man erwägen, schon vor der Geburt die Haare am Bauch und auf der Innenseite der Oberschenkel kurz zu schneiden, denn diese Haare sind auch während der nachfolgenden Welpenaufzucht nur schwer sauber zu halten und verfilzen oft.

nicht aus Büchern lernen, deshalb sollte man im Zweifelsfall immer den Fachmann bemühen, vor allem, wenn man am Anfang seiner Züchterkarriere steht. Ein erfahrener Züchter kann schon eher beurteilen, ob alles glatt geht und eventuell auch eingreifen, aber im Ernstfall wird auch er fachmännische Hilfe rufen. Vor allem kleine Hunderassen haben häufig nur einen Welpen, der bei der Geburt dann sehr groß ist, während die großen Rassen wie Deerhounds und Irish Wolfhounds meistens sehr große Würfe haben und damit einhergehend relativ kleine Welpen und eher leichte Geburten. Bei diesen Rassen sollte der Züchter in jedem Fall darauf vorbereitet sein, dass er die Welpen von Anfang an zufüttern muss.

Die Aufzucht der Welpen

Die Aufzucht der Welpen gehört zu den schönsten und spannendsten Aufgaben eines Züchters, aber sie beschert ihm auch eine arbeits- und stressreiche Zeit. Die Zeit, die der Züchter mit den Welpen verbringt, könnte man auch ‚Vom Säugling zum Kind' nennen. Nach der abgeschlossenen Geburt, während Hündin und Wurf sich ausruhen, muss man erst einmal Verwaltungsaufgaben erfüllen. Die Geburtsprotokolle werden durchgesehen und, falls nötig, ergänzt und ins Zwingerbuch übertragen, und der Wurf muss den zuständigen Stellen (beim DWZRV sind das die Landeszuchtwarte) gemeldet werden. Das Zwingerbuch können wir gleich in Reichweite behalten, schließlich müssen die Welpen in regelmäßigen Abständen gewogen werden (es wird empfohlen, dies in den ersten drei Wochen täglich, danach alle zwei bis drei Tage zu tun) und das Gewicht wird eingetragen. Viele Züchter fotografieren die jungen Hunde in kurzen Abständen, um die Entwicklungsfortschritte im Bild festzuhalten.

Die Hündin wird nach der anstrengenden Geburt meist völlig erschöpft sein, aber die Ruhepausen sind jetzt nur kurz, die Welpen fordern ihr Recht. Sehr häufig hat die Mutterhündin nach der Geburt und dem Verzehr der Nachgeburten Durchfall. Das ist nicht krankhaft und bedarf keiner besonderen therapeutischen Maßnahmen. Ebenfalls normal ist es, wenn die Hündin in den ersten Tagen nach der Geburt eine um etwa 1 °C erhöhte Temperatur hat (normal sind etwa 38,5 °C). Regelmäßiges Messen der Körpertemperatur ist in den ersten Tagen dringend anzuraten. Der Tierarzt sollte in jedem Fall gerufen werden, wenn die Temperatur stark erhöht ist oder über den dritten bis vierten Tag hinaus erhöht bleibt, das deutet auf eine ernsthafte Erkrankung hin. In den ersten Tagen und Wochen nach der Geburt hat die Hündin blutig-schleimigen Ausfluss aus der Scheide, der allmählich immer weniger blutig wird und schließlich ganz aufhört. Das ist der Normalfall, sollte sich dieser Ausfluss aber gelblich verfärben oder übel riechen, dann deutet das auf eine Erkrankung hin, die vom Tierarzt behandelt werden muss.

Vegetative oder Neugeborenenphase

Da die Hündin im Idealfall die Welpen mit ihrer Milch vollständig ernährt, steigt ihr Futterbedarf jetzt stark an. Man kann davon ausgehen, dass er sich verdoppelt oder gar verdreifacht, je nach Anzahl der Welpen. Geben Sie also der Hündin so viel Futter, wie sie mag. Die Aufzucht der Welpen zehrt sehr stark an der Mütterhündin und alles, was nicht von außen zugeführt wird, nimmt die Mutter aus der Substanz und den

---

Die 1. und 2. Woche (Vegetative oder Neugeborenenphase)

- Welpen sind blind und taub, nur eingeschränkt schmerzempfindlich
- Geruchs- und Geschmackssinn sind bereits entwickelt
- Hauptbeschäftigung: Trinken und Schlafen
- Welpen orientieren sich nach der Wärme und finden so die Mutter
- Ende der zweiten Woche: erste Zufütterung, entwurmen
- Augen und Ohren öffnen sich nach dem 11. Tag
- Erste Zähne zeigen sich

Reserven. Durch nicht ausreichende Fütterung während der Welpenaufzucht können irreparable Schäden bei der Mutter entstehen und auch auf die Entwicklung der Welpen wirkt sie sich ungünstig aus. Darüber hinaus sollte es sich um ein konzentriertes, kalorienreiches Futter handeln (bei Fertigfutter ein Hochleistungsfutter wählen), das reich an Vitaminen und Mineralstoffen ist und nicht zu viel Volumen hat, damit die erhöhte Menge die Verdauung nicht zu sehr belastet. Außerdem benötigt eine säugende Hündin laufend frisches Wasser, denn schließlich produziert sie Welpenmilch in großen Mengen. Die Entwicklung der Welpen verläuft sehr schnell, die Hundemilch ist sehr hochwertig und kalorienreich, alle ihre Bestandteile müssen der Hündin in ausreichendem Maß mit dem Futter zugeführt werden, wenn sie keinen Schaden nehmen soll. Man kann das Futter auch mit Kalziumpräparaten, Welpenmilch (Fertigpräparat) und Eigelb anreichern.

Von den zehn Zitzen, die die Hündin hat, sind meistens höchstens acht voll funktionsfähig, das heißt, sie kann während der ersten beiden Wochen nach der Geburt im Höchstfall acht Welpen voll versorgen. Ob sie das wirklich kann, muss man genau beobachten. Durch das tägliche Wiegen stellt man fest, ob bei den Jungen eine kontinuierliche Gewichtszunahme erfolgt. Am zweiten Tag kann man manchmal noch eine Gewichtsabnahme feststellen, die wahrscheinlich durch die Strapazen der Geburt und die Umstellung auf eine Ernährung durch das Verdauungssystem, nicht mehr durch den mütterlichen Blutkreislauf, verursacht wird. Aber danach muss eine gleichmäßige Gewichtszunahme einsetzen. Am achten Tag sollten die Welpen ihr Geburtsgewicht verdoppelt haben. Sind mehr Welpen als funktionsfähige Zitzen vorhanden, muss man in jedem Fall **zufüttern**. Es gibt ausgezeichnete Welpenmilchpräparate, die der echten Hundemilch sehr nahe kommen und wie Babynahrung nur mit Wasser angerührt und auf Körpertemperatur gebracht werden müssen. Ein Babyflaschenwärmer ist dabei sehr nützlich, weil in ihm die Milch nicht zu heiß werden kann. Zur Fütterung eignen sich kleine Plastikbabyflaschen mit Sauger besser als zerbrechliche Glasflaschen. Das Loch im Sauger, das im Neuzustand sehr klein ist, kann mittels einer heißen Nadel auf die passende Größe gebracht werden. Es soll nicht zu klein sein, weil sonst der Welpe nicht genug Milch bekommt, und nicht zu groß, weil er sich sonst verschluckt und sich nicht genug anstrengen muss. In Prinzip ist das nicht anders als bei menschlichen Babys. Im Allgemeinen wird empfohlen, die kräftigsten Welpen mit der Flasche zuzufüttern, damit sie satt sind und die übrigen an die Zitzen lassen. Das scheint auf den ersten Blick widersinnig zu sein, denn die stärksten Welpen benötigen ja keine zusätzliche Fütterung. Da aber auch die beste Fertignahrung die Hundemilch nur unvollkommen nachahmen kann, ist es sinnvoll, die kräftigen Welpen mit der Flasche zu füttern, damit die anderen in den Genuss der vollkommen an ihre Bedürfnisse angepassten Muttermilch kommen.

Wenn die Welpen satt sind und ihnen die Raumtemperatur angenehm ist, liegen sie zufrieden in der Wurfkiste in der Nähe der Mutter. In den ersten beiden Wochen tun sie nichts als trinken und schlafen. Sie sind nicht unruhig und jammern nicht, beides ist immer ein Zeichen dafür, dass etwas nicht in Ordnung ist. Es kann sein, dass die Raumtemperatur zu niedrig ist, die Welpen werden dann immer versuchen, ganz dicht bei der Mutter zu bleiben. Oder die Mutter hat nicht genug Milch, mit der Milch stimmt etwas nicht oder die Hündin erfüllt ihre sonstigen Pflichten nicht richtig. Für das Gedeihen der Welpen ist es außerordentlich wichtig, dass die Hündin den Bauch und den After ausgiebig beleckt. Sie säubert den Welpen dadurch nicht nur, sondern sie ermöglicht erst die Ausscheidung von Kot und Urin. Wenn sie diese Aufgaben nicht übernimmt, muss das der Züchter tun, wenn ihm das Gedeihen der Welpen am Herzen liegt. Er muss ihren **Bauch** und den Bereich um den After vorsichtig und sanft **massieren**, dabei kann er ein weiches Tuch zu Hilfe nehmen oder die Hand mit Babyöl leicht einfetten. Das muss nach jeder Futteraufnahme wiederholt werden.

Die **Pflege der Mutter** muss in jedem Fall der Züchter übernehmen. Dazu gehört

DIE AUFZUCHT DER WELPEN

An den kleinen Zähnchen ist zu sehen, dass sich die Welpen am Ende der Neugeborenenphase befinden.

nicht nur die reichliche Fütterung und ständige Versorgung mit frischem Wasser, sondern auch die regelmäßige Reinigung der Zitzen mit angewärmtem Wasser und die Säuberung des äußeren Genitalbereichs, ebenfalls mit handwarmem Wasser. Beides sollte mehrmals täglich geschehen, am besten mit Wegwerftüchern, um die Infektionsgefahr gering zu halten. Darüber hinaus sollte auch die Wurfkiste mindestens einmal täglich gründlich gereinigt werden und die benützten Unterlagen durch frische, saubere ersetzt werden. Und, nicht vergessen, frische Luft tut den Welpen gut. Ein Kippfenster, das für eine zugfreie Belüftung des Wurfzimmers sorgt, ist hervorragend, ansonsten sollte sich der Züchter eben etwas einfallen lassen, um für ausreichende Belüftung zu sorgen. Ein unangenehm riechendes, womöglich noch überheiztes Welpenzimmer wird auch potenzielle Käufer abschrecken, ganz davon abgesehen, dass es auch ein hygienisches Problem darstellt. Alle drei bis vier Stunden sollte man der Mutter einen kurzen Spaziergang gönnen, das tut ihrer Verdauung und ihrem Kreislauf gut. Am Anfang macht sie das vielleicht nur nach gutem Zureden und nicht gerne. Gerade pflichtbewusste Hündinnen verlassen nur zögernd ihr Nest, aber nach einigen Tagen wird sie diese Ausflüge immer freudiger begrüßen.

Vor allem die regelmäßige Kontrolle der Zitzen ist notwendig, nicht leergetrunkene und möglicherweise schon etwas verhärtete Zitzen müssen unbedingt abgepumpt oder ausmassiert werden, um die gefürchtete **Brustentzündung** (Mastitis) zu verhindern. Sollte es dazu kommen, ist eine Zitze schon hart, heiß und gerötet, muss unbedingt der Tierarzt gerufen werden, die Gabe eines Antibiotikums wird unvermeidlich. Die Welpen müssen dann in dieser Zeit meistens künstlich ernährt werden. Wunde Stellen an den Zitzen kann man mit Penatencreme oder einem ähnlichen, zur Babypflege bestimmten Präparat behandeln. Oft wird auch empfohlen, spätestens nach einer Woche die Krallen der Welpen erstmals ein wenig zu schneiden, damit sie die Haut der Hündin beim Milchtritt nicht allzu stark strapazieren; das sollte man dann regelmäßig bis zum Ende der Säugezeit wiederholen.

Eine sehr gefürchtete Komplikation während der ersten Tage nach der Geburt ist auch die **Eklampsie**. Es handelt sich hierbei um Krampfanfälle, die durch akuten Kalziummangel verursacht werden. Auch hierbei ist die Hilfe des Tierarztes nötig, der Kalzium intravenös spritzen muss. Diese Therapie ist in den meisten Fällen erfolgreich. Orale Gaben von Kalzium helfen nicht, wenn es schon zu den epilepsieähnlichen Anfällen gekommen ist; ob sie zur Vorbeugung geeignet sind, ist nicht sicher. Ergänzende Kalziumgaben bei der Fütterung mit geeigneten Präparaten schaden aber nicht.

Es kann auch vorkommen, dass die Milch der Hündin wegen einer Infektion oder einer Nahrungsmittelunverträglichkeit nicht in Ordnung ist, ohne dass das gleich erkennbare Symptome bei der Mutter ausgelöst hat. Dann sind die Welpen unruhig und unzufrieden und fiepen herum, die Waage zeigt uns, dass sie nicht mehr richtig zunehmen. In diesem Fall tut schnelles Handeln not, eine Milchprobe muss durch den Tierarzt untersucht werden. Bis dahin sollte man mit der Flasche zufüttern. Wenn die Untersuchung keine krankhaften Befunde erbracht hat, ist wahrscheinlich die Menge nicht ausreichend, man muss also mit dem Zufüttern weitermachen. Falls die Hündin erkrankt ist, wird der Tierarzt entscheiden, ob sie die Jungen weiterhin säugen kann oder die Muttermilch abgesetzt werden soll.

Die ersten beiden Wochen sind, wenn alles normal verläuft, noch einigermaßen ruhig für den Züchter. Damit aber eine optimale Prägung auf den Menschen schon möglichst früh stattfindet, sollte er sich auch in dieser Zeit schon täglich mindestens einmal ausgiebig mit den Welpen beschäftigen, sie in die Hand nehmen und streicheln. Zwar beginnt die eigentliche Prägephase erst später, aber die Gewöhnung an den Menschen setzt schon zu diesem Zeitpunkt ein.

Ein sehr schwieriger Punkt ist die Entscheidung, ob man sehr schwache und kleine Welpen aufpäppeln soll. Wohlgemerkt, hier sind nicht gesunde Welpen gemeint, die in irgendeiner Weise nicht dem Standard entsprechen oder in die Zuchtlinie passen, etwa weil sie eine falsche Farbe oder Zeichnung haben. Es ist ganz eindeutig verboten, gesunde Hundewelpen zu töten und es ist auch moralisch in keiner Weise zu vertreten. Kein Züchter ist gezwungen, mit diesen Hunden weiterzuzüchten, aber sie können immer noch sehr gute Familienhunde abgeben, auch wenn sie eine Knickrute oder nicht zur Rasse gehörende Hängeohren haben. Wenn sie wirklich gesund und lebhaft sind und von sich aus versuchen an die Zitzen zu gelangen und auch richtig saugen, dann ist das keine Frage. Bei einer großen Zahl von Welpen kann man versuchen, das festzustellen, indem man die anderen für kurze Zeit aus der Wurfkiste nimmt, damit sie einen kleinen und schwachen Welpen nicht von der Mutter verdrängen können. Welpen, die dann nicht von selbst trinken, lassen sich zwar manchmal mit liebevoller Betreuung und viel Zeit großziehen. Schwierig wird es, wenn sie auch die Flasche nicht annehmen, denn die Pipette eignet sich nur bei sehr kleinen Hunderassen wirklich zur Aufzucht. Oft zeigt es sich auch, dass solche Welpen nicht gesund sind und sich nicht so entwickeln, wie man sich das wünscht. Sehr schwache Welpen werden manchmal auch von der Mutter abgelehnt und nicht ausreichend betreut. Neuere Forschungen haben ergeben, dass Welpen, die von der Mutter abgelehnt werden, fast immer eine unter dem Normalwert für Welpen liegende Körpertemperatur haben. Die Chancen für eine erfolgreiche Handaufzucht stehen dann sehr schlecht, aber wenn sie keine weiter gehenden Defekte haben und die ersten beiden Wochen überleben, kann sie erfolgreich sein. Es kommt auch vor, dass sehr schwache Welpen von der Mutter totgebissen werden. Das hat nichts mit dem bei manchen Rassen genetisch bedingten Instinktausfall zu tun, in dem Fall kommt es bei einzelnen Zuchtlinien immer wieder vor, dass Welpen von ihren Müttern getötet werden.

Bei gesunden Welpen aber sagt das Geburtsgewicht nicht unbedingt etwas über die endgültig erreichte Größe aus, kleine und leichte Welpen aus einem relativ großen Wurf können sich ebenso gut entwickeln wie übergroße Welpen aus einem Einzel- oder Zweierwurf. Die endgültig erreichte Größe ist weitgehend genetisch bedingt, die Aufzucht spielt eine Rolle. Das Geburtsgewicht hängt auch vom Wurftag und der Wurfgröße ab und der Ernährungszustand der Hündin spielt eine Rolle. Des-

DIE AUFZUCHT DER WELPEN

halb wird bei festgestellten Einzel- oder Zweierwürfen geraten, die Mutter vor allem in den letzten Wochen nicht allzu üppig zu füttern. Man will damit übergroße Welpen verhindern.

Am Ende der zweiten Woche wird es dann immer lebhafter in der Wurfkiste, die Welpen schlafen nicht mehr den ganzen Tag und können immer besser herumkriechen. Junge Hunde können schon vom ersten Tag an riechen und schmecken und auch die Schmerzempfindlichkeit entwickelt sich allmählich. Zwischen dem 12. und 15. Tag öffnen sich Augen und Ohren, das heißt, die Welpen können hören und sehen. Ab dem Ende der zweiten Woche können wir auch mit der Zufütterung beginnen, die Welpen bekommen jetzt erstmals feste Nahrung. Normalerweise beginnt man mit sehr kleinen Portionen von gehacktem Rindfleisch (Tatar). Es sollte mindestens zimmerwarm sein, besser noch ist es, diese kleinen Portionen zwischen den Fingern auf Körpertemperatur zu bringen. Keinesfalls darf das Fleisch direkt aus dem Kühlschrank kommen. Danach bekommen die Welpen wieder Muttermilch oder das Fläschchen. Ende der zweiten oder Anfang der dritten Woche ist es Zeit, die Welpen erstmals zu entwurmen. Selbst wenn die Mutterhündin vor dem Deckakt und während der Tragezeit entwurmt wurde, ist das notwendig, denn mit der Wurmkur erreicht man die Wurmlarven in der Regel nicht, die sich sozusagen in Lauerstellung in der Hündin eingenistet haben. Diese gehen bereits im Mutterleib auf die Welpen über oder werden mit der Milch übertragen. Im ungünstigsten Fall können sie sich in den Welpen explosionsartig vermehren und zu einer ernsthaften Gefahr für die jungen Hunde werden. Bei den Würmern, die die Welpen befallen, handelt es sich normalerweise um Spul- oder Hakenwürmer, der Hundebandwurm tritt in diesem Alter nicht auf. Spul- oder Hakenwürmer sind auch auf Menschen übertragbar. Es gibt verschiedene Wurmmittel, die man genau nach dem Gewicht der Welpen dosieren kann. Diese Wurmkur sollte noch zweimal im Abstand von zwei Wochen wiederholt werden. Vergessen Sie nicht, Wurmmittel sind hochwirksame (hochgiftige) Medikamente, sie müssen sorgfältig nach dem Gewicht der Welpen dosiert werden und dürfen auch nicht häufiger als nötig angewendet werden.

■ Noch kann man sich nicht vorstellen, dass daraus Irish Wolfhounds werden sollen: Welpen mit etwa zwei und acht Wochen.

Übergangsphase

Die Entwicklung der Welpen in der dritten und vierten Woche wird immer schneller. Während die ersten beiden Wochen vor al-

---

Die 3. und 4. Woche (Übergangsphase)

- Übergang von reiner Muttermilchernährung zu fester Kost
- Welpen lernen Sitzen, Stehen und Gehen
- Mutter entfernt sich häufiger von ihrem Wurf
- Welpen beginnen, Kontakt mit Mutter und Geschwistern aufzunehmen
- Menschliche Kontakte werden wichtiger (Fütterung aus der Hand, streicheln)
- Erste Aufenthalte im Freien

lem durch Gewichtszunahme und Wachstum gekennzeichnet waren, finden die Fortschritte jetzt im Bereich der Wahrnehmung, der sozialen Kontakte und der körperlichen Fähigkeiten statt. Natürlich wächst unser Welpe immer noch rasend schnell und er nimmt an Gewicht zu. Seit Ende der zweiten Woche kann er hören und sehen und er beginnt damit, sich um seine Geschwister zu kümmern. Er muss lernen, **feste Nahrung** zu sich zu nehmen, das braucht manchmal seine Zeit, aber wenn man ihn auf den Schoß nimmt und ihm ganz kleine Portionen handwarmes gehacktes Rindfleisch anbietet, wird er es spätestens beim zweiten oder dritten Mal freudig annehmen. Parallel dazu beginnt man auch, Brei zuzufüttern. Dieser Brei kann aus zerkleinerten Welpenflocken bestehen, mit lauwarmem Wasser oder Vollmilch angerührt, angereichert mit etwas Joghurt, Sahne und Honig und kann ab dem Ende der dritten Woche in kleinen Mengen zugefüttert werden, damit sich die Welpen daran gewöhnen. Als sehr praktisch hat sich dabei ein ringförmiger Futternapf erwiesen, mit einer Erhöhung in der Mitte, wie er im Fachhandel angeboten wird. Die Welpen können zu mehreren um den Napf herumstehen, ohne sich gegenseitig zu behindern oder mit allen vier Pfoten gleichzeitig im Futter zu landen. Bei sehr großen Würfen sind zwei solcher Futternäpfe sinnvoll. In der vierten Woche kann man dazu übergehen, zwei solcher Breimahlzeiten und eine Fleischmahlzeit zuzufüttern. Sinnvollerweise geschieht diese Fütterung immer, bevor man die Welpen an der Mutter trinken lässt. Manche Hündinnen beginnen in der Übergangsphase, das Futter für die Welpen hervorzuwürgen. Meist beginnt das so ab dem 17. oder 18. Tag nach der Geburt. Das ist eine Instinkthandlung der Hündin und lässt sich kaum unterbinden. In diesem Fall muss man dafür sorgen, dass die Hündin eine ausreichende Futtermenge erhält, und die Menge der den Welpen zugefütterten Nahrung entsprechend kürzen. Außerdem sollte man den Welpenraum regelmäßig kontrollieren, um zu verhindern, dass Reste von hervorgewürgtem Futter liegen bleiben. Oft kann uns bei diesem Verhalten der Mutterhündin nur die Waage zeigen, ob die Ernährung der Welpen ausreichend ist, eine Kontrolle der Futteraufnahme ist schwierig.

Die Welpen erweitern jetzt ihren Aktionsradius. Bis zum Ende der dritten Woche bleiben sie gerne im Nest bei der Mutter und zeigen kein Verlangen, nach draußen zu kommen. Aber spätestens im Laufe der dritten Woche sollte man den Welpenauslauf vorbereiten. Wenn man einen Wurfraum hat, der sonst nicht benützt wird, mit einem wasserfesten, gut zu reinigenden Boden, dann kann man diesen Raum in einem Auslauf verwandeln, idealerweise mit einem direkten Zugang ins Freie. Ein entsprechender Bereich draußen lässt sich dann einfach mit im Handel erhältlichen Gitterelementen absperren.

Es ist nicht sinnvoll, die Welpen in diesem Alter in einem größeren Garten einfach frei laufen zu lassen. Man glaubt gar nicht, auf welche Ideen Hunde in diesem Alter schon kommen können und wie schwierig es sein kann, einen großen Wurf von sechs bis acht Welpen wieder aufzufinden. Man muss bedenken, dass die Welpen ihren Aktionsradius jeden Tag erweitern und in jedem Wurf gibt es kleine Forscher, die sich etwas weiter hinaus wagen als der Rest. Genaue Größenangaben für den Welpenauslauf im Haus zu geben ist schwierig, was für die Windspiele gilt, ist nicht passend für die Irish Wolfhounds. Wir bewegen uns in der Größenordnung zwischen 2 und 6 qm. Als Einstreu im Auslauf empfiehlt sich Sägemehl (grob, oder Kleintierstreu aus dem Handel, zu feines Sägemehl staubt). Dieses Sägemehl saugt den Urin der Welpen gut auf, der Kot kann leicht mit Toiletten- oder Haushaltspapier aufgenommen und im Mülleimer entsorgt werden. Auch die Zugabe von Heu oder Stroh wird oft empfohlen. Dabei ist zu bedenken, dass Stroh, wenn die Welpen darin herumtoben, ziemlich staubt. Auch wenn man den Kot regelmäßig entfernt, muss die gesamte Streu nach einigen Tagen ausgetauscht werden, unsere Mutterhündin übernimmt jetzt keine Reinigungsarbeiten mehr.

Ins Freie können die Welpen an trockenen Tagen. Man beginnt auch hier mit einer Gewöhnungsphase und lässt die Welpen

DIE AUFZUCHT DER WELPEN

zuerst nur kurze Zeit nach draußen. Vor allem muss man darauf achten, dass der Untergrund trocken ist, denn Nässe vertragen die Kleinen nur schlecht. Also, nicht frühmorgens ins nasse Gras setzen, sondern warten, bis der Boden trocken ist. Ein milder, sonniger Tag ist ideal, trotzdem sind Hundewelpen erstaunlich robust und nach den ersten Tagen nicht mehr auf schönes Wetter angewiesen. Man muss nur darauf achten, dass sie sich im Freien bewegen und nicht nass werden und zum Schlafen müssen sie weiterhin ins Haus. Deshalb sollte man Welpen in diesem Alter nicht längere Zeit allein im Garten lassen.

Der menschliche Kontakt spielt in dieser Zeit eine immer größere Rolle, denn unsere Welpen sollen ja gut sozialisiert werden. Diesem Punkt muss man vor allem dann viel Aufmerksamkeit widmen, wenn eine Aufzucht im Zwinger erfolgt. Wenn die Aufzucht in der Wohnung oder im Einfamilienhaus stattfindet, gibt es in der Regel genügend menschliche Kontakte: Kinder, die mit den Hunden spielen, andere Hunde, die zum Haushalt gehören, Geräusche aus anderen Räumen oder von der Straße her, klappernde Fenster oder Radiomusik – das alles hilft, die Welpen an ein menschliches Umfeld zu gewöhnen. Es ist wichtig, die Ruhephasen zu respektieren, also, nur mit den Welpen zu spielen, wenn sie wach sind.

Es ist keinesfalls nötig, dass dann alles auf Zehenspitzen geht. Ein Welpe, der frühzeitig an ein belebtes Umfeld und vielerlei Geräusche gewöhnt ist, wird viel weniger schreckhaft und ängstlich sein als ein in völliger Ruhe und Abgeschiedenheit aufgewachsener Hund. Natürlich müssen wir uns nicht andauernd mit den jungen Hunden beschäftigen, sie sind sich meist selbst genug. Aber es ist günstig, wenn sie zwischen uns aufwachsen, unseren Alltag mit Augen und Ohren aufnehmen, die menschliche Hand spüren und angenehm finden.

Prägephase

Die Übergangsphase geht in die Prägephase über. Jetzt wird es lebhaft in Haus und Hof. Die Welpen, die in der ersten Zeit nach der Geburt ziemlich träge waren, entwickeln einen unglaublichen Bewegungsdrang. Neugierig beginnen sie ihre Umgebung zu erkunden. Wenn sich die Wurfkiste und der **Welpenauslauf** in den Wohnräumen befinden, ist es jetzt unbedingt nötig, die übrigen Wohnräume gegen die Zerstörungskraft der Welpen zu sichern. Man glaubt nicht, was so kleine Zähne in ein paar unbewachten Augenblicken alles anrichten können. Die Zeit, die die Welpen im Freien verbringen, kann ausgedehnt werden, aber immer muss für einen sicheren Auslauf gesorgt sein, denn die Kleinen werden von Tag zu Tag körperlich geschickter und er-

■ Vom sicheren Zufluchtsort aus kann man alles genau beobachten.

Die 4. bis 7. Woche (Prägephase)
• Prägung auf Mensch oder Hund ist irreversibel
• Intensiver Kontakt mit Menschen unbedingt nötig
• Welpen entfernen sich aus eigenem Antrieb immer weiter von der Mutter
• Intensives Spielen, Balgereien um Knochen, Holzstücke, Stofffetzen
• Jetzt lernt der Welpe das meiste, was er für sein späteres Leben braucht
• Erste Impfung am Ende der siebten oder Anfang der achten Woche
• 4-mal täglich füttern

findungsreicher. Sie benützen alles als Spielzeug, was ihnen zwischen die Pfoten kommt. Ganz eifrige Windhundfreunde können jetzt schon damit beginnen, ein Stück Stoff oder Fell an eine kurze Schnur zu binden und sie so spielerisch an den künstliche Hasen zu gewöhnen. Die Betonung liegt auf ‚spielerisch', vor jeder Übertreibung sei gewarnt. Welpen in diesem Entwicklungsstadium haben ungeheuer viel zu lernen, jeder Tag bietet ihnen neue Anregungen und Abenteuer. Um das alles zu verarbeiten, brauchen sie unbedingt ausgiebige Schlaf- und Ruhepausen. Eine Wölfin in der Natur spielt auch nicht tagelang mit den Jungen, sie wird meistens unterwegs sein, um die Ernährung des Wurfes zu sichern. Auch der Rüde, der bei den Wölfen ab der vierten Woche teilweise die Erziehungsaufgaben übernimmt, ist nicht pausenlos zum Spielen aufgelegt.

Die Milch der Mutter reicht allmählich nicht mehr aus, um den Kalorienbedarf zu decken. Die Zufütterung wird immer wichtiger, ersetzt nach und nach die spärlicher fließende Muttermilch. Die meisten Züchter geben ab der vierten Woche vier Mahlzeiten täglich, von denen eine aus Rinderhackfleisch oder Tatar bestehen sollte. Jetzt ist die Verdauung schon robuster, man kann auf das preiswertere Rinderhackfleisch übergehen. Es ist unmöglich, bei den Windhunden allgemeine Mengenempfehlungen zu geben, schließlich sind die Größenunterschiede beträchtlich. Auch die Mengenangaben, die beim fertigen Welpenfutter gegeben werden, sind nur Anhaltspunkte und können je nach Konstitution und Temperament deutlich vom wirklichen Bedarf abweichen. Günstig ist es, wenn wir dem Welpen schon in diesem Alter verschiedene Futtermittel anbieten, damit er später in der Familie jedes Futter annimmt. Ein Hund, der kein Fertigfutter gewöhnt ist, wird das wahrscheinlich auch später ablehnen, andere Hunde wiederum, die nie selbst gemachtes Futter oder rohes Fleisch kennen gelernt haben, muss man erst daran gewöhnen. Übrigens gibt es bei ausgewachsenen Hunden auch Ablehnung von bestimmten Futterbestandteilen, die sich nicht überwinden lässt.

> **Fallbeispiel**
>
> Eine unserer Afghanenhündinnen lehnte Futter, das auch nur kleine Anteile von Rinderlunge enthielt, kategorisch ab. Sie fraß lieber gar nichts und war auch nicht am folgenden Tag nicht dazu zu bewegen (wir hatten ihr kein anderes Futter angeboten), das verhasste Futter zu sich zu nehmen. Da Afghanen sowieso nicht leicht zu überzeugen sind, haben wir darauf verzichtet, unseren Kopf durchzusetzen und sie in Zukunft damit verschont. Sie fraß aber ansonsten alles, was ihr angeboten wurde, wurde nur im Alter etwas wählerisch.

Was können ihnen außer Milchbrei und Rinderhack noch anbieten? Neben fertigem Welpenfutter ist auch Fleischbrühe eine Alternative. Die Brühe wird aus Knochen oder Hühnerklein gekocht, eine reichliche Gemüsebeigabe ist wünschenswert. Das Gemüse muss zerdrückt oder klein geschnitten werden, die Brühe wird mit zerkleinerten Flocken angedickt. Wenn die Welpen größer sind, kann auch das Hühnerklein mit verfüttert werden, ohne Knochen natürlich. Außerdem können wir Quark füttern, ganz nach Geschmack ergänzt mit frischem Obst, zerdrückten, reifen Bananen, geriebenen Äpfeln, Honig und Eigelb, mit etwas Milch flüssiger gemacht. Der Speisezettel der Welpen soll durchaus abwechslungsreich sein, das gewöhnt sie nicht nur an die unterschiedlichsten Nahrungsmittel, sondern schützt auch vor Mangelerscheinungen. Die Zugabe von Kalk als Nahrungsergänzung wird empfohlen. Wenn wir unser Welpenfutter nicht selbst mischen, sondern ausschließlich eine im Handel angebotene hochwertige Futtermischung verwenden, sind solche Beigaben nicht nötig, der Grundbedarf an Kalk und Mineralstoffen ist dann gedeckt. Die tägliche Gabe einer kleinen Menge Kalk ist aber in jedem Fall anzuraten, wenn wir nicht zu allen Mahlzeiten Fertigfutter geben. In der fünften und sechsten Woche kann man damit beginnen, gröbere und preisgünstigere Fleischsorten zu füttern, auch dieses Fleisch muss noch gut zerkleinert werden, wenn man es nicht schon so beziehen kann. Nach der Fütterung sollte nicht nur das Welpenzimmer oder der Zwinger sondern auch die Welpen gründlich gereinigt werden.

Während das Futterangebot für die Welpen immer reichlicher wird, bekommt unsere Hündin allmählich weniger, damit der Milchfluss abnimmt. In den meisten Fällen beginnt die Hündin von selbst, die Welpen wegzubeißen, wenn die kleinen Zähnchen immer schärfer werden. Oft fängt sie an, die Welpen im Stehen zu säugen. Sie verbringt immer längere Zeiten fern von den Welpen. Mit dem Ende der sechsten Woche versiegt die Milch allmählich. Die Welpen erhalten jetzt vier reichliche Mahlzeiten, alles Futter, das nicht nach kurzer Zeit gefressen wurde, wird weggenommen. Ende der siebten oder Anfang der achten Woche werden die Welpen nochmals entwurmt und zum ersten Mal gegen Staupe, Hepatitis, Leptospirose und Parvovirose (SHLP) geimpft. Die Wiederholungsimpfung wird im Allgemeinen in der zwölften Woche zusammen mit der ersten Tollwutimpfung empfohlen. Manche Tierärzte empfehlen **die erste Impfung** ein bis zwei Wochen später, in jedem Fall sollte sie aber erfolgt sein, bevor die Welpen abgegeben werden. Neuere Untersuchungen haben gezeigt, dass sich fast 100%iger Impfschutz nur durch eine viermalige Impfung im Welpenalter erreichen lässt, zumindest wird dreimal Impfen empfohlen, wobei die erste Impfung nicht zu früh liegen sollte. Wenn nämlich die vom Organismus der Mutter über die Milch übernommenen Abwehrkräfte noch aktiv sind, kann sich kein Impfschutz aufbauen. Besonders die Parvovirose scheint ein Problemfall zu sein, ein ausreichender Impfschutz dagegen ist manchmal nur schwer zu erreichen. Normalerweise hält der mütterliche Immunschutz bis zur sechsten bis achten Woche; danach kann eine Immunisierung durch eine Impfung aufgebaut werden. Im Einzelfall aber kann die über die Mutter aufgebaute Immunisierung auch bis zur 10. Woche anhalten, die erste Impfung verpufft dann fast wirkungslos. In jedem Fall braucht es mindestens eine Woche, bis eine Impfung wirksam wird. Eine Impfung gegen Zwingerhusten kann ab der zweiten Woche gemacht werden, wenn abzusehen ist, dass ein akutes Infektionsrisiko zum Beispiel dadurch besteht, dass ein neuer Hund in den Zwinger kommt oder zum Haushalt oder Zwinger gehörige Hunde mit infizierten Tieren in Kontakt gekommen sind. Auch hier dauert es etwa eine Woche, bis ein Impfschutz aufgebaut ist.

In der achten Woche werden die Welpen tätowiert und/oder gechipt, im DWZRV ist nur die **Tätowierung** vorgeschrieben. Diese wird durch den Zuchtwart unter örtlicher Betäubung vorgenommen, für Reisen in manche Länder, vor allem nach Großbritannien, ist aber die Kennzeichnung mit einem Mikrochip vorgeschrieben.

Schon in dieser Zeit kann man die Welpen an **Autofahrten** gewöhnen. Es erleichtert das Leben mit einem jungen Hund ganz ungemein, wenn er gerne und problemlos Auto fährt. Windhunde sind viel im Auto unterwegs, denn das Auto ist die einfachste Möglichkeit, Veranstaltungen jeder Art mit dem Hund zu erreichen. Normalerweise kommen die Welpen zum ersten Mal mit dem Auto in Kontakt, wenn die erste Impfung ansteht, also bei der Fahrt zum Tierarzt. Das ist nicht unbedingt so günstig, weil es gleich nach der Autofahrt unangenehm wird. Manche Welpen stecken das ohne Probleme weg, andere merken es sich und verbinden von da an das Autofahren mit etwas Unerfreulichem. Man sollte Autofahren für die Welpen mit etwas Positivem verknüpfen. Packen Sie also ihre Welpen ins Auto und fahren sie mit ihnen auf eine nahe gelegene Wiese (Fahrtdauer am Anfang höchstens 5 Minuten), wo Sie mit ihnen spielen. Sinnvollerweise liegt zwischen der letzten Fütterung und diesen ersten Ausflügen einige Zeit, damit keine Übelkeit aufkommt. Dann werden die Welpen wieder ins Auto gepackt und danach gibt's Futter. Wenn der Wurf sehr groß ist, müssen sie eine zweite Person mitnehmen oder eben immer nur mit einem Teil der Welpen gehen. Das hört sich ziemlich mühevoll an, geht aber meistens sehr gut und wenn die Welpen das Autofahren mit einem schönen Erlebnis verknüpfen, ist meistens schon viel gewonnen. Sehr nervöse Welpen kann man auch während der ersten Aus-

HUNDEZUCHT PRAKTISCH

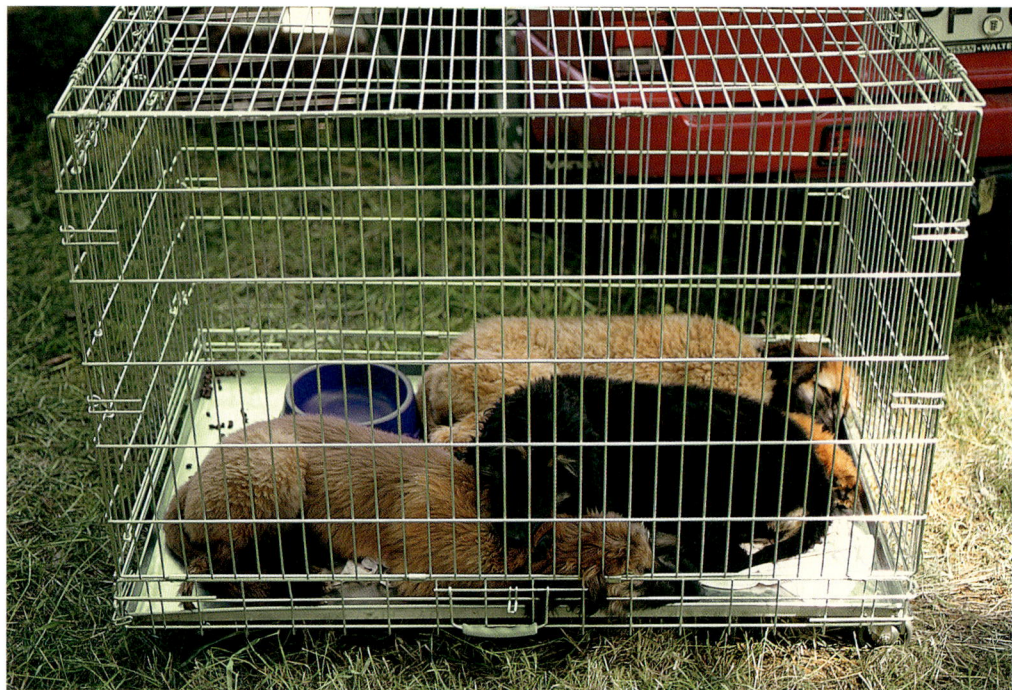

Wenn es drumherum turbulent zugeht, sind die jungen Hunde vorübergehend in einer Box sicher untergebracht.

fahrten auf den Schoß nehmen und streicheln. Natürlich braucht man dann einen Fahrer.

Wenn man allein fährt, eignet sich eine Gitterbox (Ausstellungsbox) oder ein Reisekäfig mit einer waschbaren, rutschfesten Unterlage hervorragend zum Transport. Die Welpen kugeln dann nicht im Auto herum, auch wenn man mal heftiger bremsen muss. Natürlich kann man Welpen über kurze Strecken auch im abgetrennten, mit einem Gitter versehenen Kofferraum eines Kombis transportieren, doch ist es nicht günstig, wenn die Welpen zu viel Bewegungsfreiheit haben.

Während der Prägephase **spielen** die Hündin und wenn vorhanden, auch der Rüde mit den Welpen oder vielmehr, sie **erziehen** sie ebenfalls. Auch andere, im Haushalt lebende Hunde kann man jetzt in die Gruppe einbeziehen. Die Mutterhündin wird mit den Welpen toben und auch heftige Spiele dulden, sie wehrt sich aber ganz energisch, wenn es ihr zu viel wird. Hier muss man nicht eingreifen, die Welpen akzeptieren die Abwehr der erwachsenen Hunde und gehen nach kurzer Zeit wieder freudig auf sie zu, lecken den Mundwinkel und beginnen das Spiel von Neuem. Falls ein erwachsener Hund richtig ärgerlich wird, ziehen die Welpen die Notbremse, werfen sich auf den Rücken und bieten die Kehle dar. Ältere **Rudelmitglieder** mögen sich manchmal nicht mehr mit den quirligen Welpen abgeben, sie wehren sie schnell mit Brummen oder Knurren ab. Auch da braucht man nicht einzugreifen, die Welpen sollen schließlich lernen, was sie dürfen und was nicht.

In dieser Entwicklungsphase ist es auch gut, wenn die Zahl der **menschlichen Kontaktpersonen** zunimmt, Besucher sind willkommen. Schließlich sollen die Welpen später nicht nur gut in die Familie integriert werden, sondern auch das Umfeld akzeptieren und nicht ängstlich auf Fremde reagieren.

Aber: **Erschrecken Sie die kleinen Hunde niemals, jagen Sie ihnen keine Angst ein.**

Überhaupt Angst: An laute Geräusche müssen sie sich erst allmählich gewöhnen ebenso wie an hastige, schnelle Bewegungen. Lassen Sie ihnen auch Zeit, in Ruhe alles Neue zu erkunden, forcieren Sie nichts. Jeder Hund hat seinen eigenen Rhythmus, seine eigene Art, auf Fremdes zuzugehen. Kecke, freche, mutige Jung-

Die junge Hündin links hat von Anfang an gelernt, dass die Katze zur Familie gehört.

hunde trauen sich mehr als ruhige, vorsichtige, zögernde, aber nach einer Weile fassen alle Zutrauen, wenn man ihnen genügend Zeit lässt. Mit **kleineren Kindern** muss man noch vorsichtig sein, sie können den Welpen leicht weh tun, wenn sie sie wie ein Spielzeug behandeln. Kinder sollten Welpen nur auf den Arm nehmen, wenn sie auf dem Boden oder in einem Sessel sitzen, beim **Herumtragen** ist die Gefahr zu groß, dass sie sie auf den Boden fallen lassen. Trotzdem ist der Kontakt mit Kindern ganz wichtig, schließlich dürfen unsere Hunde im Erwachsenenalter nicht kinderfeindlich sein. Wie beim Autofahren muss der Hund aber den Kontakt mit etwas Positivem, Erfreulichem verknüpfen, dann wird es später auch keine Probleme geben.

An **Spielzeug** kann man den jungen Hunden jetzt die unterschiedlichsten Sachen anbieten, nur sollte man darauf achten, dass sich die Hunde nicht daran verletzen können oder in der Lage sind, das Spielzeug oder Teile davon zu verschlucken. Außerdem sollten Sie den Hunden keine Sachen anbieten, die in ihrem späteren Leben **tabu** für sie sind, also möglichst keine alten Schuhe geben oder Kissen oder Ähnliches, denn die Hunde können nicht unterscheiden, welche Schuhe sie jetzt zerbeißen dürfen und welche nicht. Der spätere Besitzer wird Ihnen dankbar sein, wenn der Hund nicht die gesamte Wohnungseinrichtung zerlegt, weil er das vom Züchter her so gewöhnt ist.

Für eine gezielte Sauberkeitserziehung ist es jetzt noch zu früh, doch kann man schon erkennen, dass die größeren Welpen immer wieder eine bestimmte Ecke im Welpenauslauf aufsuchen, um sich zu lösen. Wenn man Sägemehl benützt hat, kann man versuchen, etwas von diesem verschmutzten Sägemehl ins Freie an eine günstige Stelle zu bringen, oft wird das als Löseplatz angenommen und die Welpen gewöhnen sich schon ganz unkompliziert daran, ihr Geschäft im Freien zu erledigen. Ebenfalls günstig ist es, wenn man die Welpen nach der Fütterung für eine kurze Zeit ins Freie bringt und direkt nach dem Aufwachen ebenfalls. Diese Ratschläge gelten natürlich nur für Welpen, die nicht im Zwinger aufwachsen.

Gegen Ende der achten Woche kann man auch damit beginnen, die Welpen an **Halsband und Leine** zu gewöhnen. Am ersten Tag legen wir nur das Halsband für einige Zeit an, dann können wir damit beginnen, die Leine daran zu befestigen und einige Schritte mit durchhängender Leine mit den Welpen zu gehen. Wir locken sie dabei immer, mit uns zu kommen. Wenn sie nicht wollen, bleiben wir stehen. Nach einiger Zeit werden sie uns schon besser folgen, auch wenn die Leine nicht mehr durchhängt. Völlig falsch ist es, einen jungen

HUNDEZUCHT PRAKTISCH

■ Halsband und Leine – kein Thema, diese beiden wurden zur richtigen Zeit damit vertraut gemacht.

Hund mit straff gespannter Leine hinter sich herzuzerren. Er wird die Leine hassen und bis zum Erwachsenenalter Schwierigkeiten machen. Besser ist es, ihn an der Leine an einen Ort zu bringen, wo es etwas Interessantes zu sehen gibt und ihn dadurch ablenken. Das ist allerdings dann eher in der nächsten Phase angebracht. Bitte keine langen Spaziergänge, auch mit der Leine sollen die Übungszeiten in jedem Fall nur kurz sein, um den jungen Hund nicht zu überfordern.

Sozialisationsphase

In den vergangenen acht Wochen haben unsere Welpen ungeheuer viel gelernt. Windhundwelpen werden normalerweise nach der Tätowierung in der achten Woche abgegeben. Es gibt unterschiedliche Meinungen über den günstigsten **Abgabetermin**. Manche Züchter glauben, dass die Welpen schon so früh wie möglich abgegeben werden sollten, weil sie sich dann am besten in die zukünftige Familie einfügen. Es gibt Untersuchungen darüber, dass ab dem 50. Tag der Rüde bei wild lebenden Hunden die Erziehungsaufgaben übernimmt, die Hündin zieht sich von den Welpen zurück. Deshalb scheint es manchen Autoren angezeigt zu sein, die Welpen genau zu diesem Zeitpunkt abzugeben, sie in der Familie unterzubringen. Wenn aber der Züchter die Prägephase genützt hat, das heißt, die Hunde sind auf den Menschen geprägt worden, dann erscheint es nicht notwendig, sie zu diesem frühen Zeitpunkt abzugeben, vor allem dann nicht, wenn die Hunde als Einzelhund in eine Familie oder zu einer Einzelperson kommen. Zudem gibt es Anhaltspunkte dafür, dass die psychische Entwicklung ebenso wie die körperliche nicht bei allen Rassen gleich verläuft, Kleinhunde scheinen für die psychische Entwicklung länger zu brauchen, während sehr große Hunderassen langsamer sind in der körperlichen Entwicklung, sie schließen ihr Wachstum später ab und sind körperlich erst später voll belastbar als Kleinhunde wie etwa Whippet oder Windspiel. Trotzdem führt kein Weg daran vorbei – der vom Züchter ebenso ersehnte wie gefürchtete Zeitpunkt rückt näher. Irgendwann zwischen der achten und zwölften Woche werden die Welpen im Normalfall abgegeben. Sicherlich hat sich der Züchter schon in den vorangegangenen Wochen intensiv darum bemüht, gute Plätze für die von ihm aufgezogenen Welpen zu finden und potenzielle Käufer haben die Hunde schon begutachtet. Jetzt heißt es, eine endgültige Entscheidung zu treffen, welcher Hund beim Züchter verbleiben soll, um in der Zucht Verwendung zu finden und welche abgegeben werden sollen. Der aufmerksame Züchter hat seine Welpen gut kennen gelernt, er kann die Hunde nicht nur nach äußeren Merkmalen beurteilen sondern er kennt auch ihren Charakter. Aber wenn die Beurteilung so einfach wäre, dann hätten die Züchter immer die besten Hunde zu Hause. Die höchste Bewertung, die ein Junghund auf einer Ausstellung bekommen kann, ist ‚viel ver-

---

Die 8. bis 12. Woche (Sozialisationsphase)

- Auswahl der Welpen
- Abgabe durch den Züchter
- Eingewöhnung ins neue Heim
- Erste Sauberkeitserziehung
- Zweite Impfung

sprechend'. Ob er dieses Versprechen halten kann, ist keineswegs sicher. Ein Einzelhund in einer Familie kann sich oft freier entwickeln als ein Junghund, der im Rudel beim Züchter von älteren Rudelmitgliedern immer wieder gedeckelt wird und das hat jetzt wirklich etwas mit der Sozialisation zu tun. Ein Hund, der auf den Menschen geprägt ist, wird sich an die Regeln anpassen, die in seinem Rudel gelten, er wird in der Familie lernen, was er darf und was nicht, lernen, Erwünschtes und Unerwünschtes zu unterscheiden. Wenn im frühen Alter keine Prägung auf den Menschen erfolgt ist, dann muss in der Sozialisationsphase eine Art von ‚Zähmung' oder ‚Gewöhnung' diese Prägung ersetzen. Auch wenn sich solch ein Hund in sein Menschenrudel einfügt, wird er doch in erster Linie ein Hunde-Hund bleiben. Die Übergänge sind fließend, schließlich haben sich die Haushunde in jahrhundertelanger Zucht mit den Menschen zusammengetan, ein Teil ihrer Bindung ist nicht durch die Prägephase entstanden, sondern bereits in den Erbanlagen angelegt. Es ist außerdem unter Windhunden sehr selten, dass sie ausschließlich im Zwinger aufwachsen, ein gewisser Kontakt mit Menschen ist immer vorhanden. Ob die Prägung aber ausreichend war, das können Sie nur feststellen, wenn Sie schon während der Aufzuchtzeit den Zwinger und die Welpen besichtigt haben.

Ein guter Züchter kann Sie auch beraten, welcher Welpe der Richtige für Sie ist, wenn Sie ihm genau sagen, was Sie sich wünschen und wie Ihre häusliche Situation ist. Wenn ich mir nur einen Familienhund wünsche, ist es nicht so wichtig, ob die äußeren Merkmale des Hundes buchstabengetreu dem Standard entsprechen, vielmehr kommt es darauf an, dass der Hund ein freundliches, umgängliches Wesen hat, lernbereit und gesund ist.

Das neue Zuhause

Wenn Sie einen jungen Hund geholt haben, lassen Sie sich und ihm Zeit. Die ersten Tage sollten Sie dafür benützen, sich mit ihm vertraut zu machen und ihn seine Umgebung erkunden zu lassen. Schließen Sie eine **Haftpflichtversicherung** ab, wenn sie das noch nicht getan haben, und melden Sie ihren neuen Hausgenossen bei der Gemeinde/Stadt an. Bei den meisten Gemeinden erhalten Sie eine **Steuermarke**.

> **Das neue Zuhause**
> - Formalitäten: Steuer, Hundehaftpflicht, Krankenversicherung
> - Hundekorb mit Unterlage
> - Evtl. Ausstellungskäfig
> - Halsband und Leine
> - Wasser- und Futternapf
> - Zaun kontrollieren
> - Alles welpensicher machen

> **TIPP** Beim Abschluss einer Hundehaftpflichtversicherung lohnt sich ein Preisvergleich, die Höhe der jährlichen Prämien ist bei vergleichbaren Leistungen sehr unterschiedlich.

Von verschiedenen Versicherungsgesellschaften werden auch Hundekrankenversicherungen angeboten. Diese sind aber meistens sehr teuer und decken nicht alle Eventualitäten ab.

Ihren Garten und Ihre Wohnung haben Sie hoffentlich schon vorher **welpensicher** gemacht. Welpensicher heißt, räumen Sie in der Wohnung alles aus der Reichweite des Welpen, was ihnen teuer und wertvoll ist und das er eventuell zerstören könnte. Kostbare Teppiche zählen ebenso dazu wie schöne Bücher, neue Schuhe und Felldecken. Junge Hunde sind neugierig und erfinderisch. Der Garten muss ebenfalls gesichert werden, allerdings nach anderen Gesichtspunkten. Ein Gartenteich mit steilem Ufer stellt eine Gefahr dar, die tödlich für einen jungen Hund sein kann. Der Zaun muss kontrolliert werden, auch wenn sie schon einen erwachsenen Hund haben, der ihn akzeptiert hat. Welpen sind kleiner und wendiger als ausgewachsene Hunde, außerdem sind ältere Hunde meistens nicht mehr so begierig darauf, ihre Umgebung zu er-

kunden. Sie können allerdings durch Junghunde durchaus auf neue Ideen gebracht werden. Falls nötig, stellen Sie die Klinken ihrer Gartentüren senkrecht nach oben, viele Hunde lernen schnell, Türen zu öffnen.

Wenn Sie sich das Leben leicht machen wollen, dann dulden Sie auch in diesen ersten Tagen nichts, was später absolut verboten sein soll. Wenn Sie keinen Hund im Bett haben wollen, dann darf der Welpe auch in den ersten Nächten nicht bei Ihnen im Bett schlafen, auch wenn er erst mal jammert und seine Mutter und die Wurfgeschwister vermisst. Sie können sein Hundekörbchen an Ihre Seite im Schlafzimmer stellen und beruhigend mit ihm sprechen, wenn er aufwacht. Auch ein tickender Wecker, der unter die Decke ins Hundekörbchen gelegt wird, hat auf manche Hunde eine erstaunlich beruhigende Wirkung.

Wichtig ist, dass der Hund einen **festen Platz** erhält, auf den er sich zurückziehen kann, wenn er müde ist oder sich unsicher fühlt. An diesem Platz sollte er auch von Fremden nicht gestört werden. Ob sein Platz für den Tag derselbe ist wie für die Nacht, das können Sie ganz nach Gutdünken regeln. Junge Hunde gewöhnen sich schnell an beides. Auch Kinder lernen schnell, wann und wo sie mit einem Hund spielen dürfen und wo er ungestört bleiben muss. Allerdings sollte ein Hund seinen Besitzer nicht anknurren dürfen. Das sollte man von Anfang an unterbinden.

Drastische Ernährungsumstellungen sollten Sie in den ersten Tagen nicht vornehmen, wie Ernährungsumstellungen überhaupt bei Hunden immer allmählich erfolgen sollten. Die meisten Züchter sind gerne bereit, dem jungen Hund Futter für die ersten Tage mitzugeben und auch Ratschläge, wie es mit der Fütterung weitergehen soll. **Regelmäßige Fütterungszeiten** sind wichtig, auch Hunde sind Gewohnheitstiere. Wichtig ist, dass die Welpen nicht nur einen festen Platz zum Schlafen haben, sondern auch einen festen Ort, wo frisches Wasser steht und sie gefüttert werden. Auch wenn der Junghund vom Züchter daran gewöhnt wurde, mit seinen Geschwistern aus einem Napf zu fressen, wird man jetzt, wenn schon ältere Hunde im Haushalt sind, dazu übergehen, den Junghund aus einem eigenen Napf zu füttern, denn sein Futter hat noch eine andere Zusammensetzung als beim ausgewachsenen Hund und er erhält noch mehrere Mahlzeiten täglich. Nur wenn man ihn allein füttert, hat man eine Kontrolle darüber, was er zu sich nimmt.

> **Hinweis**
>
> Die Eingewöhnungsphase ist für den Welpen eine sehr wichtige Zeit. Er muss sich völlig neu orientieren, lernt neue Räumlichkeiten und neue Kontaktpersonen kennen, neue Regeln werden aufgestellt und sollen befolgt werden.

Stubenreinheit

Das erste Erziehungsziel für Herr/Frau und Hund im neuen Heim ist die Stubenreinheit. Auch wenn der Züchter schon Vorarbeit geleistet hat und Welpen an einen Löseplatz im Garten gewöhnt waren, zuverlässig stubenrein sind sie damit noch nicht. Wenn Welpen bereits im Alter von acht Wochen abgegeben werden, wird es etwas länger dauern, bis sie stubenrein sind. Etwa ab zehn Wochen können sie nachts sieben bis acht Stunden durchhalten. Zwei Verhaltensweisen von jungen Hunden erleichtern die Sauberkeitserziehung. Zum Ersten gilt, dass Hunde im Normalfall ihr Lager nicht verschmutzen. Im Normalfall heißt, dass die Hunde gesund sind, keinen Durchfall oder sonstige Erkrankungen haben und auch nicht durch eine Behinderung oder einen Unfall ihr Lager nicht verlassen zu können. Das Zweite ist, dass Welpen nach dem Schlafen und nach dem Fressen meistens das Bedürfnis verspüren, sich zu erleichtern. Beobachten Sie also Ihren Welpen in den ersten Tagen genau, und gehen Sie sofort mit ihm nach draußen, wenn er unruhig in der Wohnung herum zu suchen beginnt. Es ist vorteilhaft, das von Anfang an der Leine zu tun, auch wenn die Junghunde noch nicht schnell genug sind, davonzulaufen. Sonst kann es nämlich sein, dass sich Ihr Hund daran gewöhnt, sein Geschäft nur frei laufend zu erledigen. Sollte das

■ Es ist nicht schwer, einen neuen kleinen Hund mit den Familienmitgliedern vertraut zu machen und anzufangen, eine Bindung aufzubauen.

■ Wir sind miteinander aufgewachsen und teilen sogar den Schlafplatz.

einmal nicht möglich sein, weil Sie sich nicht in einer passenden Umgebung befinden, müssen Sie stundenlang laufen, bis er sich endlich dazu bereit findet. Bei Welpen ist es auch günstig, immer wieder denselben Löseplatz aufzusuchen, sie lernen dann schneller, was von ihnen erwartet wird.

Meiden Sie von Anfang an Vorgärten, Hauseingänge und vor allem Spielplätze, wenn Sie weiterhin mit ihren Nachbarn gut auskommen wollen und beseitigen Sie den Hundekot, wenn doch einmal ein Malheur passiert, mit Hilfe einer kleinen Plastiktüte, die Sie immer dabei haben sollten oder notfalls mit Hilfe eines Tempotaschentuchs. Wenn Sie zwei Wochen so verfahren sind, hat Ihr Welpe meistens schon verstanden, was er tun soll und wird sich in Richtung Tür bewegen, wenn er sich erleichtern will. **Arbeiten Sie mit Lob, nicht mit Strafe! Erwünschtes Verhalten wird durch freundliche Worte und Streicheln belohnt, unerwünschtes Verhalten wird ignoriert.** Es nützt nichts, Ihren Hund anzuschreien, wenn er eine Pfütze ins Wohnzimmer gemacht hat, und auch ihn nach getaner Tat in den Garten zu setzen, macht wenig Sinn. Völlig verstört wird er, wenn Sie ihn mit der Nase in die Pfütze stoßen. Wenn dagegen das angestrebte Verhalten durch Lob verstärkt wird, wird Ihr Hund das bald verstehen und tun, was er soll. Er versucht ja, sich an die Regeln anzupassen, die in seinem neuen Zuhause gelten.

Nachts können Sie ihren neuen Hausgenossen in einen Raum mit einem wasserfesten, leicht zu reinigenden Boden sperren, eine Waschküche etwa, falls er noch nicht die ganze Nacht durchhalten kann. Wahrscheinlich wird er sich dann in den ersten Nächten durch Winseln und Jammern bemerkbar machen, denn er vermisst seine Geschwister und seine Mutter und diese werden ihm auch nicht durch menschliche Gesellschaft ersetzt, wenn er weitab von allen eingesperrt ist. Schließlich sind Hunde Rudeltiere, die sich auch nachts in der Nähe des Rudels aufhalten wollen. Ruhiger schlafen wird er wahrscheinlich, wenn Sie ihm ein Bett in Ihrer Nähe einrichten, einen Hundekorb etwa mit einer weichen, wasserundurchlässigen Unterlage, der entweder im Schlafzimmer oder direkt vor der Tür

---

Hinweis

Wohlgemerkt, der Käfig ist kein Daueraufenthaltsraum für einen Welpen, genauso wenig wie für einen ausgewachsenen Hund. Grundsätzlich bringen wir ihn dort nur unter, wenn er sich nicht frei bewegen soll und wir in der Nähe sind, auf Ausstellungen etwa (siehe auch Seite 118).

steht, damit Sie merken, wenn der Hund nachts unruhig wird und ihn rechtzeitig nach draußen bringen kann. Die Unterbringung in einem Ausstellungskäfig oder einer großen Transportbox während der Nacht ist ebenfalls möglich. Bitte sorgen Sie auch hier für eine weiche, dichte Unterlage. Viele Windhunde sind die Box schon vom Züchter her gewöhnt und befinden sich darin in durchaus vertrauter Umgebung.

Während der Nacht wird der Welpe den Käfig nicht als eine Einschränkung seiner Freiheit empfinden, wenn Schlafenszeit ist und Sie sich in seiner Nähe befinden.

> **Wichtig!**
> Sperren Sie Ihren Hund nie zur Strafe in die Box, lassen Sie ihn tagsüber nicht allein darin und sorgen Sie dafür, dass er sie nicht negativ belegt. Dabei kann auch ein Spielzeug helfen, das Sie ihm abends mitgeben.

Wenn Sie dann den letzten Ausgang gegen 23.00 Uhr einplanen und morgens zwischen 6.00 und 7.00 Uhr zum ersten Mal nach draußen gehen, sollte Ihr Hund bald gelernt haben, nachts durchzuschlafen, ganz egal, ob im Korb oder in der Box. Nach ungefähr zwei Wochen können Sie dann dazu übergehen, nachts die Türe des Käfigs offen zu lassen. Die hier gemachten Zeitangaben sind nur Anhaltspunkte, Hunde sind Lebewesen und keine Maschinen, sie brauchen unterschiedlich lang für den Lernprozess.

Minimalerziehung

- An der Leine gehen
- Allein bleiben
- Kommandos ‚Komm', ‚Steh', ‚Sitz', ‚Platz', ‚Aus'

Viele Windhundfreunde haben ein zwiespältiges Verhältnis zur Erziehung ihrer Hunde. Sie machen sich das Leben unnötig schwer, wenn Sie davon ausgehen, dass Windhunde nicht zu erziehen sind. Dabei

Wie ein Plüschtier, trotzdem echt: junger Afghane mit Babyfell und Nasenbart.

sind gerade Barsois, Greyhounds und Whippets drei sehr intelligente und von Natur aus gehorsame Hunderassen, die schnell lernen. Aber auch die als schwer erziehbar geltenden Orientalen können mit Liebe und Geduld erzogen werden. Schon einige wenige, gut eingeprägte Kommandos und Verhaltensweisen erleichtern unseren Alltag mit Hund ungemein. Deshalb: Glauben Sie den Gerüchten nicht! Warum sollten gerade die alten Kulturrassen der Windhunde, die den Menschen seit Tausenden von Jahren begleiten, nicht erziehbar sein?

Natürlich war das Zuchtziel die Jagd, aber jagen konnten die Wölfe auch schon, bevor sie näheren Kontakt mit Menschen hatten. Das Zuchtziel war doch sicherlich, die jagdlichen Fähigkeiten für den Menschen nutzbar zu machen und dazu braucht es auch Erziehung. Ganz wichtig ist diese Erziehung bei Hunderassen, die vom Menschen nicht mittels körperlicher Kräfte be-

> Windhunde brauchen auf ihre Eigenschaften abgestimmte Erziehungsmethoden. Sie eignen sich nur selten für den Gebrauchshundesport, allenfalls ist die Begleithundeprüfung artgerecht. Die Methoden, die teilweise zur Abrichtung von Schutz- und Jagdhunden angewendet werden, entsprechen nicht dem Wesen der Windhunde. Man kann nicht von ihnen erwarten, dass sie sich vollständig unterwerfen, wenn man auf der anderen Seite eine selbstständige Leistung, wie sie beim Rennen oder Coursing erforderlich ist, von ihnen erwartet.

herrscht werden können, etwa die Irish Wolfhounds, Deerhounds und Barsois. Die Orientalischen Windhunde mit einem Gewicht zwischen 20 und 25 kg sind manchmal auch schwer zu halten, aber normalerweise von einem Erwachsenen beherrschbar. Falls es gar nicht anders geht, kann man sie immer noch wegtragen. Ein Irish Wolfhound aber kann nur durch sehr wenige Menschen mittels Körperkraft im Zaum gehalten werden, im Konfliktfall ist er stärker als sein Halter. Also müssen die fehlenden körperlichen Kräfte des Hundehalters durch seine psychischen Kräfte und durch Erziehung ersetzt werden. Um Erfolg dabei zu haben, müssen wir ihm also zeigen, was wir von ihm wollen.

Leinenführigkeit

In unserer heutigen Umgebung muss ein Hund an der Leine gehen können. In vielen Gegenden Deutschlands ist es Vorschrift, dass größere Hunde angeleint werden müssen. Gerade Windhunde brauchen die Leine, weil sie in manchen Situationen zu schnellen Reaktionen neigen, etwa wenn sie einen Hasen oder eine Katze sehen. Deshalb ist es gut, sie schon jung an die Leine zu gewöhnen. Wir nehmen dazu bei unseren ersten Ausgängen den Welpen an eine längere Leine, die wir locker lassen, und passen unseren Schritt an seine Geschwindigkeit an. Dadurch wird er anfangs kaum spüren, dass er angeleint ist. Nach und nach können wir die Leine straffer und kürzer halten, der Hund ist dann gezwungen, seine Geschwindigkeit an unsere anzupassen. Loben Sie ihn, wenn er das tut, und lassen Sie es anfangs nicht allzu lange dauern. Wenn er bei den ersten Ausgängen zwei bis drei Mal brav an Ihrer Seite geht und dafür gelobt wird, reicht das schon. An der Leine gehen lernen die meisten Hunde sehr schnell. Die zweite Stufe der Leinenführigkeit ist das ‚Bei-Fuß'-Gehen. ‚Bei Fuß' heißt, der Hund geht direkt an unserer linken Seite, orientiert sich an unserem Knie. Mit den Übungen dazu fängt man am besten mit etwa sechs Monaten an. Man nimmt dazu die Leine in die rechte Hand (ausnahmsweise), lässt aber den Hund auf der linken Seite gehen. Wenn der Hund nun versucht, zu überholen und weiter nach vorne zu rennen, macht man eine schnelle Drehung nach links, sodass er auf unser Bein aufläuft. Gehen Sie danach ruhig weiter und wiederholen Sie die Übung, bis sie sitzt.

Loben Sie Ihren Hund, wenn er tut, was Sie wollen. Ignorieren Sie Fehlverhalten und wiederholen sie die Übung. Es ist sinnvoll, möglichst mit einer gelungenen Übung abzuschließen, den Hund zu loben und danach etwas anzufangen, was er gerne tut, frei laufen oder Ball werfen etwa. Es ist nicht nötig, jeden Tag mit dem Hund zu üben, 3- bis 4-mal pro Woche reichen aus.

Wenn der Hund gelernt hat, ordentlich an der Leine zu gehen, dann gewöhnen Sie ihn an Menschenansammlungen, gehen Sie mit ihm in die Stadt, auf ein Rennen oder eine Hundeausstellung. Bevor Sie mit ihm unter Menschen gehen, geben Sie ihm reichlich Zeit, sich zu lösen, damit er nicht gleich bei seinem ersten Ausflug den Gehweg verschmutzt. Dehnen Sie anfangs die Zeiten nicht zu lange aus, junge Hunde werden schnell müde.

Allein bleiben

Es gibt Hunde, die haben damit überhaupt kein Problem. Sie wimmern nicht, bellen nicht, machen nichts kaputt, wenn man sie gelegentlich allein lässt. Erwachsene Hunde können für gewöhnlich gut einen halben Tag allein bleiben, länger sollte es nicht sein, weder im Zwinger noch im Haus. Hunde als Rudeltiere brauchen Gesellschaft. Wenn ein Hund auf den Menschen geprägt ist, braucht er menschliche Gesellschaft. Erleichtert wird das Alleinsein aber schon, wenn ein zweiter, womöglich älterer Hund vorhanden ist, der sich ruhig und gelassen verhält und das Alleinsein akzeptiert. Beginnen Sie damit, den jungen Hund nur kurze Zeit allein zu lassen, in einem Raum, wo nichts passieren kann. Schließen Sie die Tür, und halten Sie sie für zehn Minuten geschlossen, ganz gleich, ob der Hund jault oder nicht. Natürlich sollte sein Korb während dieser Zeit im betreffenden Raum stehen. Gelobt wird der Hund, wenn er nicht gejault oder gebellt hat, ansonsten zeigen Sie keine Reaktion. Ausgiebige Verabschiedungen und stürmische Begrüßungen wirken sich eher negativ aus, das Alleinsein muss ganz alltäglich werden. Beginnen Sie erst damit, die Zeiten auszudehnen, wenn der Hund nicht mehr jault oder bellt.

Verschiedene Kommandos

Auch wenn das manche Hundebesitzer nicht glauben werden: Hunde verstehen unsere Sprache nicht. Sie müssen lernen, ein bestimmtes Kommando mit einer Handlung zu verknüpfen. Wohlgemerkt, mit einer Handlung, die vom Hund ausgeführt wird. Der erste Schritt ist, dem Hund zu zeigen, was wir wollen. Wir sagen ‚Komm', wenn wir nach draußen gehen und klopfen dabei leicht auf unseren Schenkel und der Hund wird uns sehr schnell auf dieses Signal hin willig folgen. Wir rufen ‚Komm' im Garten und wenn wir Glück haben, kommt der Hund auch hier. Wenn das nicht klappt, brauchen wir eine lange Leine, an der wir den Hund lose führen. Kommt der Hund auf das Kommando hin nicht angelaufen, ziehen wir ihn sanft zu uns her und loben ihn, wenn er da ist. Irgendwann wird er sich merken, wie er auf diesen Befehl hin reagieren soll. Das braucht manchmal viel Geduld, vor allem die ersten Befehle lernen manche Hunde nur langsam, später geht es leichter.

Arbeiten Sie in dieser Phase nur mit Lob, und verharren Sie nach dem Lob noch einige Sekunden, um dem Hund Zeit zu geben, sich das Erlernte einzuprägen. Nehmen Sie aber lieber gleich Abschied von der Illusion, dass ein Hund das Erlernte dann auch immer zuverlässig wiederholt, wenn ein Kommando gegeben wird. Es gibt so vieles, was ihn davon abhalten kann. Bei jungen Hunden kann das schon ein Blatt im Wind sein, das die Aufmerksamkeit erregt, bei älteren Hunden ein Hase oder eine Katze oder sonst etwas ungeheuer Interessantes. Wiederholen Sie dann den Befehl und bleiben Sie stehen oder bewegen sich vom Hund weg. Nie auf den Hund zulaufen, dann braucht er ja nicht mehr zu kommen, wird Ihre Bewegung möglicherweise sogar als Bedrohung empfinden und weglaufen. Wenn Sie unbedingt die Stelle erreichen müssen, an der ihr Hund steht, dann gehen Sie in einigem Abstand seitlich an ihm vorbei und geben das Kommando. Irgendwann wird er sich darauf besinnen, was Sie von ihm wollen.

Rufen Sie, wenn der Hund kommen soll, immer das Kommando oder das Kommando in Verbindung mit seinem Namen. Es ist kein eindeutiger Befehl, den Namen allein zu rufen, denn er wird unter den unterschiedlichsten Voraussetzungen benützt, etwa ‚brav, Bello' um ihn zu loben oder ‚nein, Bello' um ihn zu tadeln. Der Hund kann also dem Namen keinen eindeutigen Befehl zuordnen und weiß nicht immer, was in dieser Situation von ihm erwartet wird.

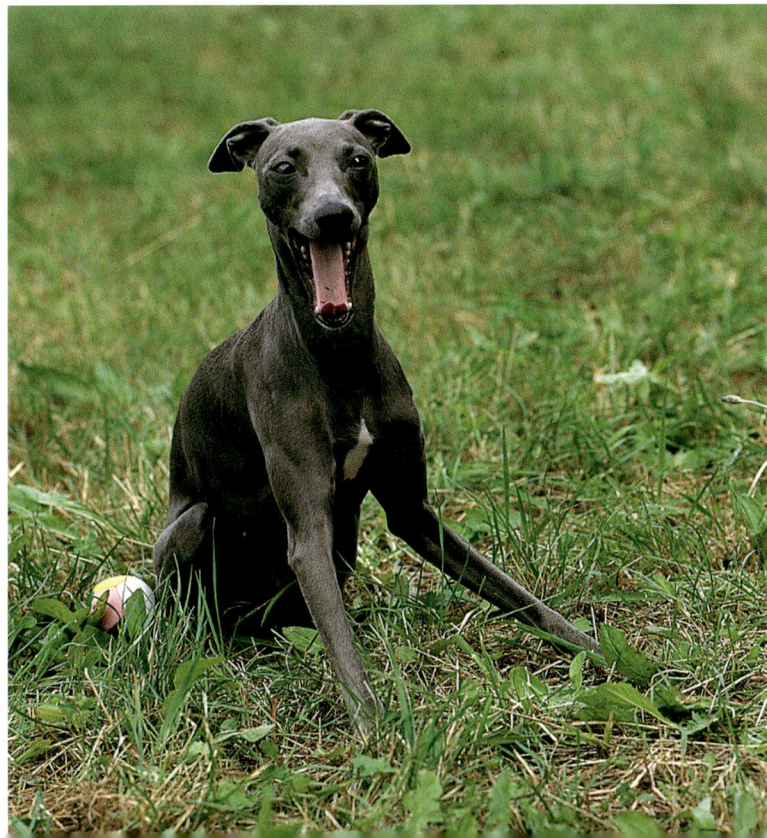

■ Das „Bleib"-Kommando kann auch ein Windhund lernen.

Sehr wichtig ist auch das Kommando ‚Steh' oder ‚Stopp'. Es ist nicht zu verwechseln mit dem Befehl ‚Bleib' sondern vielmehr dazu da, dass der Hund, egal was er gerade tut oder tun will, verharrt und abwartet, was geschieht. Es dient dazu, den Hund im freien Lauf zu stoppen oder ihn daran zu hindern, aus dem Auto zu springen, sowie die Tür geöffnet wird. Wenn der Befehl ‚Steh' gut gelernt wurde, lassen sich auch unangenehme Situationen vermeiden: Der Hund wird weder plötzlich auf die Strasse rennen noch sich weiter zielstrebig auf einen alten Rivalen zu bewegen, wenn er sein Stichwort hört. ‚Bleib' dagegen soll den Hund dazu veranlassen, an einer bestimmten Stelle auf seinen Herrn zu warten.

Auch mit ‚Steh' beginnen wir langsam. Wir sagen ‚Steh', wenn der Hund sowieso stehen bleibt, verharren einige Sekunden und loben ihn danach. Dann geben wir das Kommando, während er an der Leine geführt wird, und zwingen ihn, stehen zu bleiben, wenn er das nicht von selbst tut. Wieder etwas verharren und loben.

Im Prinzip funktioniert die Hundeerziehung immer auf diese Weise: In der ersten Stufe zeigen wir dem Hund, was wir von ihm erwarten, er lernt also, was der Befehl bedeutet. In der zweiten Runde muss er dann lernen, das zu tun, was ihm durch den Befehl mitgeteilt wird. Loben Sie ihren Hund durch freundliche Worte und durch Streicheln oder Tätscheln. Üben Sie immer nur kurze Zeit, vor allem mit einem Welpen, denn junge Hunde können sich nicht lange konzentrieren. Erst im Alter von sechs Monaten werden die Zeiten etwas ausgedehnt. Stetige Wiederholungen sind nötig, auch von Dingen, die er schon gut beherrscht, damit die Kommandos im Erwachsenenalter wirklich sitzen.

Überhaupt ist eine harte Erziehung nicht am Platze, wenn ein Hund vom Wesen her eher zurückhaltend und stolz ist. Auf diese Weise kann man vielleicht gehorsame Hunde erhalten, aber sie werden in den meisten Fällen dann auch ängstlich sein. Vor allem die Orientalischen Windhunde reagieren im Jugendalter sehr sensibel auf eine harte Erziehung und es ist sehr schwierig, solche Fehler wieder auszubügeln und einen selbstbewussten, sicheren Hund zu erhalten. Freundliche Konsequenz ist bei allen Windhunden richtig, auch bei den als etwas schwierig geltenden Azawakhs, die noch nicht ganz an das Zusammenleben mit Menschen in mitteleuropäischen Verhältnissen angepasst sind. Ein Azawakh muss immer genau wissen, was er darf und was nicht, Ausnahmen sollten hier nicht gestattet sein. Er muss besonders sorgfältig geprägt und sozialisiert werden, schon als Welpe sollte er mit größeren Menschengruppen und fremden Hunden Bekanntschaft machen. Fehlverhalten wie Knurren ist unbedingt mit einem scharfen ‚Nein' zu korrigieren.

> Üben Sie unbedingt auch Anfassen lassen, Zahnstand- und Hodenkontrolle, er muss das dulden, sowohl von seinem Herrn als auch von fremden Personen – und dazu muss er es jung lernen.

Wenn man auf Ausstellungen Azawakhs beobachtet (auch andere Windhunde, aber eher selten), die sich weder vom Richter noch von ihrem Herren anfassen lassen, dem Tierarzt möglicherweise nur mit angelegtem Beißkorb vorgeführt werden können, dann ist das vielleicht ein Wesensfehler, ganz sicher aber ein Erziehungsmangel.

Härte kann die durch Ängstlichkeit verursachte Aggression noch verstärken, arbeiten Sie deshalb mit Lob und einem energischen ‚Nein' bei unerwünschtem Verhalten. Vergessen Sie nicht, dass in den Windhunden noch ein gehöriges Teil des Wolfserbes steckt, ein Windhund wird sich in ungewohnten Situationen immer eher vorsichtig und zurückhaltend verhalten, weil er als ‚Raubtier' keine Verletzung riskieren kann. Fremden Tieren, die nicht seinem Jagdschema entsprechen, wird er sich vorsichtig nähern und fremden Menschen, die ihm bedrohlich erscheinen, ebenso. Wenn er nicht angeleint ist, wird er solchen Begegnungen eher ausweichen, er ist nicht auf Konfrontation bedacht wie etwa manche andere Hunderassen. Aber wenn er nicht ausweichen kann, weil er an der Leine ist oder festgehalten wird, können die Reaktionen schon heftiger ausfallen. Üben Sie deshalb besonders gut die Kommandos ‚Komm' und ‚Steh', spielen Sie im Jugendalter alle nur denkbaren Situationen mit ihm durch, gewöhnen Sie ihn an Musik und andere, auch lautere Geräusche und seien Sie konsequent. Bei der Gewöhnung an lautere Geräusche muss man vorsichtig sein, denn Windhunde sehen nicht nur hervorragend, sie haben auch ein ausgezeichnetes Gehör und reagieren auf heftige Geräusche stärker als viele andere Hunderassen. Erschrecken Sie einen Junghund keinesfalls, ein lautes Geräusch wie etwa das Knallen eines Luftballons sollte niemals in völlige Stille hinein platzen, sondern vielmehr durch einen allgemeinen Geräuschpegel (Musik, Spülmaschine o. Ä.) abgemildert werden. Auf die Prägephase haben Sie keinen Einfluss mehr, wenn der Hund mit zehn Wochen in ihr Haus kommt – die Sozialisation, das Erlernen der Verhaltensweisen, die im Umgang mit dem Menschen erwünscht sind, haben Sie noch in der Hand. Natürlich gibt es Hunde, die ein glückliches Temperament haben, die das alles nicht mühselig erlernen müssen, es wurde ihnen sozusagen in die Wiege mitgegeben. Auf sie muss man in dieser Beziehung viel weniger Mühe verwenden. Beobachten Sie ihren Hund und sein Verhalten genau, dann können Sie erwünschte Wesenszüge und Verhaltensweisen durch Lob verstärken und unerwünschte durch Ignorieren und Missbilligung wegerziehen.

Das alles hört sich nach sehr viel Mühe und Arbeit an, aber wenn Sie konsequent jeden Tag eine viertel bis halbe Stunde darauf verwenden, werden Sie wahrscheinlich einen angenehmen, unkomplizierten erwachsenen Hausgenossen haben, den Sie ohne größere Problem überall hin mitnehmen können, ohne sein oder Ihr eigenes Nervenkostüm allzu sehr zu strapazieren. Außerdem können Sie mit Ihrem Hund auch bei der Erziehungsarbeit viel Spaß haben, wenn Sie allmähliche Fortschritte feststellen, wenn Sie Bälle werfen, die freudig

zurückgebracht werden oder ihn auf Ausgänge mitnehmen. Ihr Hund liebt es, wenn Sie sich mit ihm beschäftigen. Wenn er dabei etwas lernen soll, stört ihn das überhaupt nicht.

Lassen Sie es aber nicht so weit kommen, dass Sie sich pausenlos mit ihm beschäftigen müssen, im Tagesablauf eines Hundes sind Ruhezeiten ebenso einzuplanen wie Spiel- und Lernzeiten, Spaziergänge oder Bewegungstraining. Wenn ein Hund daran gewöhnt ist, vormittags Ruhe zu geben, weil niemand Zeit hat, sich mit ihm zu beschäftigen, dann lernt er schnell, das zu akzeptieren. Genauso, wie er lernt, zu welchen Zeiten es Futter gibt, denn er besitzt eine gut funktionierende innere Uhr. Diese Ruhezeiten sind dann die Zeiten, die er später auch ohne Probleme allein verbringen kann, weil sein Besitzer oder seine Besitzerin dann einem Beruf nachgeht. Schließlich muss auch das Hundefutter bezahlt werden, der Tierarzt, Steuer und und...

◼ Das Lob gehört zum Allerwichtigsten bei der Erziehung des Windhundes.

Der Problemhund

Rechte Seite: Gerettete Windhunde aus dem Mittelmeerraum oder von den Profirennbahnen können durch ihre Vorgeschichte gelegentlich schwierig bei der Eingewöhnung sein.

Dieses Kapitel soll ausschließlich von Problemen berichten, die im Laufe der letzten 25 Jahre von Windhundfreunden an mich herangetragen wurden, und es soll Lösungsmöglichkeiten zeigen. Ausdrücklich ‚Lösungsmöglichkeiten', denn nicht alle Hunde reagieren gleich und es ist ohne Kenntnis der genauen Vorgeschichte nicht möglich, individuell genau passende Lösungen anzubieten.

Ein Welpe ist normalerweise kein Problemhund, auch wenn er unsere Zeit reichlich in Anspruch nimmt, trotzdem soll hier auch auf das Welpenalter eingegangen werden. Die Ursache von Problemen im Welpenalter liegt meistens in überzogenen oder falschen Erwartungen der Hundebesitzer. Man hat einen Hund gekauft, weil man schon immer einen weißen Saluki haben wollte – schön und gut, aber hat man sich vorher genau informiert, was auf einen zukommt? Die Zeit, die es braucht, um einen Hund in die Familie zu integrieren, wird fast immer unterschätzt und den Versicherungen der Kinder, sich um den Hund zu kümmern und täglich mit ihm spazieren zu gehen, wird Glauben geschenkt. Dabei wird erstens übersehen, dass der Neuheitswert eines jungen Hundes in der Familie gerade mal vier Wochen währt, spätestens dann herrscht wieder die alte Tagesordnung, der Hund bleibt in den Händen der oft ebenfalls berufstätigen Hausfrau und Mutter zurück, genau wie das mit unzähligen Zwerghasen, Meerschweinchen, Schildkröten und Kanarienvögeln passiert. Im Unterschied aber zu den meisten übrigen Haustieren teilt der Hund wirklich unser Leben, er kann nicht in den Käfig gesperrt und nur gelegentlich mit Futter versorgt werden. Zwar ist ein älterer, gut erzogener Hund weitgehend stressfrei in der Haltung, die Eingewöhnungszeit mit einem jungen Hund kann aber schon schwierig werden. Oft ist es so, dass nicht der Hund ein Problem hat, sondern sein Besitzer.

Im Übrigen gilt: Erwünschtes Verhalten wird belohnt, unerwünschtes ignoriert oder

Erziehungsregeln, die Sie befolgen sollten

- Die hauptsächliche Betreuung und Erziehung dieses neuen Familienmitglieds sollte in der Hand einer einzigen Person liegen.
- Gewöhnen Sie ihren Hund an feste Spiel-, Ruhe- und Fressenszeiten. Ein geregelter Tagesablauf sorgt dafür, dass man sich nicht ständig um den Hund kümmern muss.
- Gewöhnen Sie ihre Familienmitglieder daran, dass sie ihre Sachen aufräumen oder zumindest die Türen schließen. Was sich im Schrank oder hinter einer verschlossenen Tür befindet, kann nicht zerbissen werden.
- Betreiben Sie das Sauberkeitstraining in den ersten Wochen intensiv, bis es wirklich klappt. Dann sind Sie schon mal das ständige Putzen los.
- Es ist meistens besser, einen jungen Hund mitzunehmen, als ihn allein zu Hause zu lassen.
- Versuchen Sie, gelassen zu bleiben. Alle jungen Hunde werden einmal groß und vernünftig und Sie haben doch auch viel Spaß zusammen, oder nicht?
- Wenn Sie die letzte Frage nach reiflicher Überlegung mit Nein beantworten, also wirklich keinen Spaß mit und an ihrem Hund haben, dann war das Ganze ein grundlegender Irrtum. Suchen Sie so schnell wie möglich einen neuen Platz für den Hund. Vielleicht ist Ihnen der Züchter dabei behilflich.

Autofahren kann Spaß machen – vor allem, wenn es zum Rennplatz geht.

mit einem energischen ‚Nein' oder ‚Aus' geahndet. Zeigen Sie dem jungen Hund seine Grenzen und seinen Platz, auch wenn er ein etwas ängstlicher Hund ist. Wenn er genau weiß, was von ihm erwartet wird, wird er sich umso sicherer fühlen und sich gut in die Familie einfügen. Deshalb gilt auch: Seien Sie konsequent. Wenn jeden Tag andere Regeln gelten, weiß der Hund nicht, woran er sich orientieren soll.

Angst vor dem Autofahren

Wenn ein Hund in der Jugend nicht gelernt hat, dass Autofahren für ihn etwas Positives bedeutet, und nur die Fahrten zum Tierarzt kennen gelernt hat, die meistens mit einer unangenehmen Impfung verbunden sind, dann müssen wir ihm das jetzt beibringen.

Viele Windhunde haben leider eine niedrige Reizschwelle, das heißt, sie sind sensibel und leicht erregbar und das überträgt sich auch auf den Verdauungsapparat. Deshalb machen Sie Autofahrübungen am besten nur, wenn die letzte Mahlzeit mindestens drei Stunden zurückliegt, oder wenn Sie Zeit haben, gleich morgens, bevor der Hund die erste Mahlzeit bekommt. Wir nehmen also unseren Hund und setzen ihn auf einen gesicherten Platz im Auto, wo er nicht herumrutschen kann. Eine vertraute Decke oder ein Kissen können dabei hilfreich sein. Dann fahren wir bis zur nächsten Wiese (höchstens fünf Minuten lang). Dort kann sich der Hund lösen und wir machen einen kurzen Spaziergang und spielen mit ihm. Nach einer Viertelstunde oder 20 Minuten geht es wieder den kurzen Weg im Auto nach Hause. Zu Hause angekommen loben wir den Hund und geben ihm Futter, ganz gleich, wie er sich im Auto benommen hat. Es dauert manchmal seine Zeit, aber es funktioniert.

Nach spätestens einem Monat mit diesem Training, regelmäßig durchgeführt, wird sich Ihr Hund auf die Autofahrten freuen. Jetzt können wir auch längere Strecken fahren, bitte aber immer beachten, dass der Hund einen sicheren Platz (nicht zu groß) mit einer rutschfesten Unterlage hat und dass er in den letzten Stunden vor einer Fahrt nicht gefüttert wurde. Hunde hassen es mindestens genau so wie kleine Kinder, wenn ihnen übel wird und sie sich übergeben müssen. Darüber hinaus verknüpft unser Hund durch diese Übung eine positive Erfahrung mit dem Autofahren, die allmählich andere, aus früherer Zeit stammende negative Erinnerungen überdeckt.

Wie lange das Autotraining dauert, kann man nur schwer vorhersagen, etwas Geduld ist schon nötig. Von Reisetabletten ist eher abzuraten, sie wirken sehr stark beruhigend und behindern den Lernprozess. Vor längeren Reisen dagegen können Tabletten gegen Reisekrankheit hilfreich sein. Bitte beachten Sie aber unbedingt, dass auch Reisetabletten zu den unerlaubten Hilfsmitteln (Doping) gehören und bei Rennen oder Ausstellungen dem Bahn- oder Platztierarzt bei der Eingangskontrolle gemeldet werden müssen.

▮ Viele Kontakte zu anderen Hunden sind wichtig und helfen, Schwierigkeiten zu vermeiden.

Schwierigkeiten mit anderen Hunden

Die ersten Schwierigkeiten mit anderen Hunden treten meist in der zweiten Pubertätsphase, also zwischen dem 12. und dem 18. Monat auf. In dieser Zeit neigen vor allem Rüden dazu, aggressiv zu reagieren. Hier muss eine erzieherische Korrektur einsetzen, die man am besten sofort beginnt, bevor sich das aggressive Verhalten verfestigt hat. Bewährt hat sich, verschiedene Hunde auf neutralem Gelände zusammenzubringen, nicht im heimischen Garten, denn Rüden neigen dazu, ihr Revier zu verteidigen. Es ist übrigens völlig normal, dass Rüden aggressiv auf Geschlechtsgenossen reagieren, wenn sich eine läufige Hündin in der Nähe befindet. Hier muss nicht korrigierend eingegriffen werden.

Am entspanntesten sind die Hunde, wenn man sie nach dem Renn- oder Coursingtraining zusammen frei laufen lassen kann. Das ist auf dem Gelände mancher Vereine möglich. Beobachten Sie Ihren Hund und greifen Sie, wenn er Aggression zeigt (gesträubte Nackenhaare, Imponiergang, Pfote auflegen usw.) mit einem scharfen ‚Nein' oder ‚Pfui' ein. Meistens sind Hunde, die nicht angeleint sind, weitaus weniger angriffslustig als Hunde an der Leine. Falls das aber auf Ihren Hund nicht zutrifft, sollten Sie versuchen, ob die Gewöhnung an andere Hunde bei gemeinsamen Spaziergängen Fortschritte macht. Hunde, die sehr stark auf Menschen geprägt sind, sind manchmal ihren Artgenossen gegenüber etwas intolerant und müssen sich erst an sie gewöhnen. Bei Windhunden kann man manchmal beobachten, dass sie anderen Windhunden – egal welcher Rasse – gegenüber durchaus duldsam sind, während sie den übrigen Rassen, insbesondere wolfsähnlichen Hunden wie Schäferhunden und Huskys, ziemlich feindselig begegnen. Suchen Sie in solchen Fällen den Kontakt mit anderen Hunden und korrigieren Sie ihren Hund energisch, wenn er angriffslustig reagiert. Es ist meist nicht möglich zu erreichen, dass der eigene Hund allen anderen gegenüber freundlich ist, aber ein neutrales Verhalten, wenn der Hund an der Leine ist, kann in der Regel schon erreicht werden.

Wenn Ihr Hund akzeptiert, dass Sie der Boss sind, dann ist es nicht mehr so wichtig für ihn, die Rangordnung zu klären. Wenn aber Zweifel daran bestehen, wer eigentlich der Boss ist, Sie oder Ihr Hund oder vielleicht doch der fremde Hund, dann wird Ihr Hund möglicherweise klären wollen, wer das Sagen hat. Bitte bedenken Sie aber auch, dass es unter Hunden ebenso wie unter Menschen spontane Freundschaften oder Feindschaften gibt. Es ist unklar, woran das liegt und ob das eine Frage der Dominanz ist, aber viele Hundehalter konnten bei den eigenen Hunden beobachten, dass es das gibt. Manche Hunde werden samstags beim Training wie lange vermisste

Freunde begrüßt, andere werden gar nicht beachtet und wieder anderen begegnet man nur steifbeinig mit gesträubtem Nackenhaar. Solange das nicht in eine Beißerei ausartet, ist alles in Ordnung. Das hat auch nichts damit zu tun, wie gut sich die Hunde kennen, es kann sich bei einem Fall von deutlicher Antipathie auch um die eigene Schwester handeln, mit der man die ersten acht Monate seines Lebens verbracht hat. Gegen eine solche deutliche ‚persönliche' Antipathie lässt sich meist nur wenig tun, man kann die Hunde eigentlich nur auseinander halten. Selbst wenn ich meinen Hund so gut im Griff habe, dass er nicht zu Tätlichkeiten übergeht, wer garantiert mir denn, dass mein Gegenüber seinen Hund ebenso gut erzogen hat. Also, Vorsicht im Umgang mit fremden Hunden, und auch mit solchen, die ‚uns' bekanntermaßen unsympathisch sind. Es stimmt eben nicht, dass sich alle Hunde ohne Leine friedlich begegnen, auch wenn es nicht angeleint deutlich weniger Aggressionen gibt.

Verschiedentlich hört man auch den Rat, die Hunde ihre Rangordnung ein für alle Mal klären zu lassen, aber man riskiert dabei vor allem bei kurzhaarigen Hunden ernsthafte Verletzungen. Die Windhunde sind oft durch ihre Schnelligkeit, Wendigkeit und körperliche Fitness anderen Hunderassen überlegen und darüber hinaus Afghanen durch ihr langes Fell hervorragend vor Verletzungen geschützt, aber es ist ja auch nicht sehr schön, wenn ein Gegner schwere Blessuren davonträgt.

Renn- und Coursingtraining wirkt sich ebenso wie Ausstellungstraining im Allgemeinen positiv auf etwas aggressive Hunde aus, weil unser Problemhund dabei lernt, sich auf etwas Anderes zu konzentrieren und er dabei meistens seine Aggressionen vergisst. Vor allem, wenn die ersten Läufe vorbei sind und eine gewisse körperliche Erschöpfung eingetreten ist, wird das Verhalten oft deutlich besser. Rivalität am Hasenfell ist völlig normal, nicht zuletzt deshalb tragen die Hunde schließlich beim Rennen einen Beißkorb. Wenn Sie einmal gesehen haben, wie die Besitzer von sechs Afghanenrüden versuchen, diese am Ziel voneinander zu trennen, wissen Sie, wovon hier die Rede ist. Normal ist auch eine gewisse Aggression am Startkasten, denn hier kommt zu der Aufregung der Hunde auch noch die Aufregung der Besitzer dazu; es ist also dringend geraten, die Hunde am Start auseinander zu halten. Wenn sie erst im Startkasten sind, konzentrieren sie sich meistens auf das Objekt. Wichtig ist bei jungen Hunden, sie erst dann mit anderen zusammen laufen zu lassen, wenn sie gelernt haben, sich ausschließlich auf das Objekt zu konzentrieren, also ‚hasenscharf' sind.

Noch ein Wort zur Kastration. Oft wird sie bei aggressiven Hunden empfohlen. Neuere Untersuchungen zeigen, dass sich die Kastration bei etwa 30 % der aggressiven Rüden positiv auswirkt, während man bei Hündinnen den gegenteiligen Effekt erreicht, sie werden eher aggressiver, weil der mäßigende Einfluss der weiblichen Geschlechtshormone wegfällt. Die Kastration einer Hündin wegen Aggressivität ist ein Kunstfehler. Bei scheuen und ängstlichen Hündinnen ist eventuell ein positiver Effekt zu erzielen, doch scheinen auch hier geeignete Erziehungsmaßnahmen aussichtsreicher zu sein.

Nicht alle Hunde sind aggressiv, es gibt auch solche, die ausgesprochen ängstlich und scheu auf ihre Artgenossen reagieren. Nicht immer lässt sich eine bestimmte Vorgeschichte eruieren, es kann sein, dass ein Junghund schlechte Erfahrungen mit anderen Hunden gemacht hat oder dass Fehler in seiner Sozialisationsphase gemacht wurden. Es ist aber auch möglich, dass eine genetische Disposition zu Scheu und Ängstlichkeit vorliegt. Ängstlichkeit und Aggression liegen eng beieinander, man spricht nicht umsonst von einem ‚Angstbeißer'. Gerade bei ängstlichen beziehungsweise scheuen Hunden ist es sehr wichtig, dass sie schon in frühem Alter Umgang mit anderen Hunden haben. Treffen Sie also mit ihrem Junghund andere Hunde, besuchen sie Welpenspielstunden und Renn- oder Trainingsplätze. Meist ist es so, dass dann von ganz allein ein gewisser Gewöhnungseffekt Wirkung zeigt. Wichtig ist, dass der Hund Vertrauen zu seiner Bezugsperson hat, deshalb ist freundliches, aber konsequentes Handeln so wichtig. Sie müssen für Ihren Hund ein verlässlicher und berechenbarer Partner sein, er muss wissen, was von ihm erwartet wird, nur dann kann er angstfrei Neuem gegenübertreten und ist bereit zu lernen. Dabei muss auch unbedingt die Rangordnung klar sein, der Hund darf seinen Herren nicht dominieren.

Wenn wir also einen Hund haben, der auf andere Hunde ängstlich reagiert, dann bringen wir ihn am besten vorsichtig mit anderen, erwiesenermaßen friedlichen Hunden zusammen, und das auf neutralem

> **Wichtig!**
> Zwingen Sie den Hund niemals in körperliche Nähe zu einem anderen Hund, wenn er ängstlich reagiert, sondern gewöhnen Sie ihn langsam daran, lassen Sie ihn schnuppern und seine individuelle Distanz wahren.

Gelände. Das heißt, außerhalb seines Reviers, etwa auf dem Hundeplatz oder einer Wiese, auf der Hunde frei laufen können. Auch ein gemeinsamer Spaziergang kann sehr hilfreich sein. Es ist auch hier gut, wenn der Hund sich nicht auf den anderen Hund konzentriert, sondern auf irgendetwas anderes, das sein Interesse erweckt, denn er vergisst dann oft schon dabei seine Angst.

Loben Sie ihn, wenn er mit Ihnen einige Schritte auf den anderen Hund zumacht, und ignorieren Sie es, wenn er ängstlich reagiert. Futtergaben sind in diesem Zusammenhang kontraproduktiv, da mit einer Futtergabe vor anderen, fremden Hunden auch oft eine gewisse Rivalität entsteht. Schenken Sie ihm keine Aufmerksamkeit, wenn er ängstlich reagiert, denn Aufmerksamkeit versteht der Hund als Lob und sein Verhalten wird dadurch verstärkt. Sehr gut wirkt es oft, wenn wir Hunde nach dem Training auf einem umzäunten Rennplatz zusammen laufen lassen. Die körperliche Anstrengung hat die Hunde entspannt und wenn sie frei laufen, kann jeder Hund seine eigene Fluchtdistanz finden und wahren. Er kann aber nicht panisch fliehen, da es sich um ein umzäuntes Gelände handelt. Schauen Sie den Hunden zu, aber greifen Sie nicht ein, auch nicht verbal. Und lassen Sie ihrem Hund Zeit: Wenn er einmal gute Erfahrungen gemacht hat, wiegt das weder die schlechten Erlebnisse der Vergangenheit noch die genetische Disposition auf. Suchen Sie immer wieder den Kontakt zu friedlichen anderen Hunden und schenken Sie Ihrem eigenen Hund in dieser Situation nicht zu viel Aufmerksamkeit. Außerdem muss man gewisse Wesenszüge bei Hunden ebenso wie bei Menschen akzeptieren. Ein ängstlicher Hund wird wahrscheinlich niemals ein kraftstrotzender Draufgänger werden, ebenso wie ein ängstlicher Mensch sich nicht als James Bond profilieren wird. Man kann aber mit fleißigem Üben, Geduld und Konsequenz eine gewisse Sicherheit und Gelassenheit erreichen. Hilfreich dabei ist alles, was Kontakt mit anderen Hunden bringt und gleichzeitig Aufmerksamkeit auf eine andere Aufgabe lenkt. Neben Coursing- und Renntraining kann das auch Agility- oder Begleithundetraining sein. Wichtig ist, dass Sie Ihrem Hund das Gefühl vermitteln, dass er sich innerhalb seines Lebensbereiches gut und richtig verhält und dass er seinen Platz kennt. Das Verhalten des Besitzers überträgt sich immer auch auf den Hund. Wenn wir fremden Hunden gegenüber ruhig und gelassen reagieren, gibt das auch unserem Hund Sicherheit. Wenn wir selbst nicht sicher sind, ist es besser, unbekannte Hunde in weiterem Abstand zu umgehen, ohne dabei erschreckt oder panisch zu reagieren.

Schwierigkeiten mit Menschen

Auch hier gibt es wieder zwei Problemkreise, die Angst und die Aggressivität, die eng beieinander liegen. Wenn ein Hund aggressiv auf Menschen reagiert, liegt oft ein Erziehungsfehler des Besitzers oder mangelhafte Sozialisation vor. Als einigermaßen aussichtsreich hat sich ein Unterordnungstraining erwiesen, also üben wir ‚Sitz' und ‚Platz' und ‚Bleib'. Wenn das gut klappt, können wir versuchen, die Kontakte zu Personen zu verstärken, die der Hund nicht

DER PROBLEMHUND

Ein gemeinsamer Spaziergang erleichtert dem Hund auch das Kennenlernen fremder Personen.

kennt. Wir geben dem Hund das Kommando ‚Bleib' und beginnen in einiger Entfernung von ihm ein ruhiges Gespräch mit einem fremden Menschen. Wenn wir nicht ganz sicher sind, dass das Kommando sitzt, nehmen wir eine Gitterbox (Ausstellungskäfig) zu Hilfe, in der wir den Hund ablegen. Auch hier geben wir immer wieder das Kommando ‚Bleib', auch wenn er sich nicht aus dem Käfig entfernen kann, und nähern uns langsam mit der fremden Person, ohne den Hund weiter zu beachten. Das muss immer wieder geübt werden, bis der Hund ruhig liegen bleibt, auch wenn fremde Personen in der Nähe sind. Loben Sie den Hund, und belohnen Sie ihn eventuell mit einem besonders begehrenswerten Futter.

Meist haben aggressive Hunde auch eine sehr niedrige Reizschwelle, das heißt, sie reagieren schon auf sehr geringe Reize. Deshalb muss das Kommando ‚Bleib' oder ‚Platz' immer wiederholt werden, wenn der Hund die geringsten Anstalten macht, auf irgendeine Art auf eine fremde Person zu reagieren. Im Allgemeinen reagieren Hunde stärker, wenn sie sich innerhalb ihres eigenen Reviers befinden, also im eigenen Haus und Garten und besonders in der Nähe ihres Schlafplatzes. Auch das Auto wird oft im wahrsten Sinne des Wortes ‚verbissen' verteidigt. Erhöhte Aufmerksamkeit und gutes Zureden hält der Hund für Lob, deshalb nur ein kurzes Kommando geben und nach einiger Zeit belohnen, wenn der Hund ruhig bleibt. Schauen Sie einem aggressiven Hund nicht in die Augen, auch wenn es Ihr eigener ist, er könnte das als Angriff werten. Üben Sie Unterordnung, immer ruhig und konsequent und geben Sie ihm Sicherheit. Falls das alles nichts fruchtet (auch hier ist viel Geduld nötig), dann holen Sie sich Rat von einem erfahrenen Hundetrainer oder Verhaltenstherapeuten, vor allem, wenn es sich um einen größeren Hund handelt.

Auch wenn unser Hund Fremden gegenüber ängstlich reagiert, können wir die Box zu Hilfe nehmen. Dazu verlegen wir zuerst seinen Ruheplatz in die Box und gewöhnen ihn daran, bis er sich ganz gut und sicher dort fühlt, er bekommt Spielzeug dort und seine Lieblingsdecke. In dieser Gewöhnungsphase lassen wir die Box offen. In der eigentlichen Korrekturphase schließen wir die Box, bevor wir mit einem Fremden in die Wohnung kommen, und unterhalten uns dann in einiger Distanz von dem Hund. Der Hund wird sich sicher fühlen, denn er ist ja an seinem gewohnten Ruheplatz und wird nicht ängstlich reagieren. Allmählich nähern wir uns der Box, ohne dem Hund weitere Beachtung zu schenken. Nicht zu schnell vorangehen, Angst ist ein sehr tief sitzendes Gefühl, das man nicht an einem Nachmittag überwinden kann. Der Hund muss erfahren und lernen, dass von einem Fremden keine Gefahr ausgeht. Arbeiten Sie also äußerst langsam, üben Sie nach Möglichkeit jeden Tag und nähern Sie sich dem Hund immer mehr, bis sie schließlich zusammen mit dem Fremden neben der Box sitzen und sprechen, ohne den Hund zu beachten.

Nach dem Absolvieren der Übungen können Sie ihren Hund loben und ihm einen Leckerbissen geben. Dann können Sie damit beginnen, die Tür der Box offen zu lassen und den Hund, wenn er nicht mehr ängstlich reagiert, herauszulocken. Wenn er kommt, erhält er wieder einen Leckerbissen. Bitte geben Sie ihm keine großen Portionen und auch kein normales Futter, die Belohnung soll wirklich etwas Besonderes sein. Schließlich können Sie dazu übergehen, der fremden Person das Loben und Füttern zu überlassen. Wenn Sie alles richtig gemacht haben, hat der Hund wahrscheinlich seine Angst für den Augenblick überwunden. Aber Sie kann natürlich immer wieder aufflackern, deshalb arbeiten Sie immer mal wieder mit dem Hund. Ganz wichtig sind wechselnde Personen, sonst gewöhnt der Hund sich an eine Person und empfindet sie nicht mehr als fremd. Normalerweise wird ein ängstlicher Hund nicht zubeißen, wenn er ausweichen kann. Wenn er sich aber in die Enge getrieben sieht, kann er aggressiv reagieren. Deshalb sollten Sie nie einen Fremden in die Box greifen lassen. Respektieren Sie seinen Ruheplatz. Ein sicherer Hund, der von jung auf gelernt hat, mit Menschen zu leben, wird auch nicht beißen, wenn er an seinem Ruheplatz gestört wird, ein unsicherer, ängstlicher Hund aber ist in diesem Fall unberechenbar. Man sollte deshalb den Ruheplatz eines Hundes immer respektieren, vor allem, wenn man den Hund nicht sehr gut kennt. Und man sollte das auch Kindern beibringen. Hunde allerdings, die zusammen mit Kindern aufgewachsen sind, haben eine ganz erstaunliche Duldsamkeit den Kindern gegenüber und greifen sie nie an.

Das Wichtigste sowohl beim aggressiven wie auch beim ängstlichen Hund ist, dass Sie Ihrem Hund Sicherheit vermitteln. Sie sind der Boss, an Ihnen orientiert er sich. Wenn Sie unsicher und ängstlich oder erregt und wütend reagieren, wird sich das mit größter Wahrscheinlichkeit auf Ihren Hund übertragen, er wird möglicherweise in die Tat umsetzen, was Sie nur denken oder verbal ausdrücken: also weglaufen oder angreifen. Wenn Sie Ihren Hund kontrollieren wollen, müssen Sie sich selbst im Griff haben.

Die natürliche Zurückhaltung und Distanz, die die Orientalischen Windhunde zei-

> **Hinweis**
>
> Denken Sie daran, Sie sind der Rudelführer, der Hund vertraut Ihnen, zeigen Sie ihm keine Angst oder Aggression, wenn es sich nicht um eine wirkliche Notlage handelt.

■ Endloses Jaulen kann eine der Reaktionen sein, wenn ein Hund nicht alleine bleiben kann.

gen und die auch im Standard festgelegt ist, darf man nicht mit Ängstlichkeit oder Scheu verwechseln. Orientalische Windhunde zeigen Fremden gegenüber meistens deutliche Zurückhaltung, sie lassen sich nur ungern von jedem anfassen (muss man üben, wenn man Ausstellungen besuchen will) und versuchen, Abstand zu wahren.

Mein Hund will nicht allein bleiben

Auch das ist ein häufig auftretendes Problem. Hunde, die stundenlang bellen oder jaulen, wenn sie in der Wohnung allein gelassen werden, oder die Wohnung und Auto zerlegen, wenn sie sich verlassen fühlen, sind natürlich eine Plage für ihren Besitzer. Nicht jeder kann für eine ununterbrochene Betreuung seines Lieblings sorgen. Es handelt sich wahrscheinlich um eine Urangst des Hundes, der sein Rudel nicht verlieren will. Einen jungen Hund kann man allmählich daran gewöhnen, gelegentlich allein gelassen zu werden und die meisten akzeptieren das nach einiger Zeit ohne Probleme, wenn man langsam vorgeht. Bei älteren Hunden ist das schwieriger, weil sie sich schon eine Panikreaktion angewöhnt haben. Am besten macht man mit einem Hund, den man ans Alleinsein gewöhnen will, zuerst einen ausgedehnten Spaziergang, denn ein müder Hund reagiert bei weitem nicht so heftig wie ein ausgeruhter. Geben Sie dem Hund nach dem Spaziergang ein wenig Futter und bringen Sie ihn an einem Platz unter, wo er keinen Schaden anrichten kann. Am besten ist natürlich, wenn er seinen gewohnten Ruheplatz erreichen kann. Dann lassen Sie ihn allein, nachdem Sie alles aus dem Weg geräumt haben, was er eventuell zerstören kann. Beginnen Sie mit 10 bis 15 Minuten oder weniger, und lassen Sie sich auch nicht dadurch von Ihrem Vorhaben abbringen, dass er zu bellen oder jaulen beginnt. Verabschieden Sie sich nicht von ihm (auch kein kleines Streicheln!) und beachten Sie ihn beim Zurückkommen nur, wenn er sich ruhig verhalten hat, ansonsten ignorieren Sie ihn. Vielleicht geht es ja schon beim ersten Mal gut, dann müssen Sie seine Reaktion noch verfestigen, also weiter üben und den Zeitraum, in dem er allein gelassen wird, allmählich verlängern. Falls Sie beim ersten Mal noch keinen Erfolg haben, üben Sie weiter. Wichtig ist, dass Sie vor allem beim Gehen keine besondere Reaktion zeigen, und auch beim Zurückkommen ist keine übertriebene Reaktion angebracht. Ein kurzes, freundliches Wort genügt, wenn er sich ruhig verhalten und nichts kaputt gemacht hat, ansonsten ignorieren Sie ihn, auch wenn's schwer fällt. Bestrafungen sind sinnlos, weil der Hund sie nicht mit seinem Gebelle oder Gejaule in Verbindung bringen kann, Lob schadet nicht, wenn der Hund nicht gerade in diesem Augenblick etwas Verbotenes tut. Bei manchen Hunden braucht es ganz schön viel Geduld, bis sie gelernt haben, das Alleinsein zu ertragen, aber meistens klappt es auf diese Weise. Einen bequemeren und kürzeren Weg gibt es nicht, wie ja überhaupt alle Erziehungsmaßnahmen bei Hunden recht viel Ausdauer erfordern.

Unarten

Unarten sind lästige, aber nicht gefährliche Eigenschaften unserer Hunde. „Mein Hund bettelt immer", sagt uns, dass der Hund irgendwann einmal gelernt hat, dass **Betteln** zum Erfolg führt. Hier hilft es nur, sein Betteln konsequent zu übersehen und ihn nicht etwa mit Futter zu belohnen, wenn er das ausnahmsweise mal nicht tut. Übrigens führt das ständige Belohnen mit Futter, zum Beispiel wenn der Hund kommen soll, sehr leicht zum Betteln. Es gibt Hunde, die gelernt haben, aufdringlich bis militant zu betteln. Hier hilft nur eines: Schließen Sie die Tür beim Essen, der Hund bleibt draußen. Belohnen Sie ihren Hund mit Zuwendung, nicht mit Futter. Leckerbissen müssen Sonderfällen vorbehalten bleiben. Betteln ist eine erlernte Unart, die man mit ziemlicher Sicherheit in den Griff bekommen kann.

Rüden **markieren** oft auch im Haus, vor allem, wenn dazu auch noch Hündinnen gehalten werden. Sie spritzen zwar nur einige Tropfen Urin an die Ecken, aber der Geruch ist doch sehr störend. Hier gibt es keinen leichten Weg. Aufmerksamkeit ist nötig, um ihn genau im richtigen Moment zu ertappen und energisch zurechtzuweisen – und das immer wieder. Nach drei bis vier Wochen sollte er es gelernt haben. Bevorzugte Stellen mit geruchstilgenden Mitteln (Essigwasser, Sagrotan) abwaschen, danach eventuell mit stark riechender Farbe überstreichen. Vorhänge waschen (oder wegwerfen). Manche Hunde lernen auch noch im Erwachsenenalter das Markieren in der Wohnung zu unterlassen, aber oft ist der Erziehungserfolg vorbei, wenn die im Haus befindliche Hündin läufig wird. Schließen Sie Ihre Schlafzimmertüren, es gibt auch Rüden, die in den Betten markieren. Das ist dann zwar meistens ein Dominanzproblem, aber es lässt sich leichter durch konsequentes Türenschließen vermeiden als durch Erziehungsmaßnahmen in den Griff bekommen.

„Mein Hund **gräbt** im Garten" – kein großes Problem, außer für den Gärtner. Versuchen Sie es, indem Sie ihren Hund beobachten und energisch „nein" sagen, wenn er zu graben beginnt oder finden Sie sich gleich damit ab, gelegentlich die Löcher wieder zuzuschaufeln. Manche Hunde sind Gräber aus Leidenschaft, und hier sind es vor allem die Hündinnen, die sich in Zeiten von Schwangerschaft oder Scheinträchtigkeit durch größere Grabungsarbeiten hervortun. Sie verwenden viel Energie darauf, einen Bau für ihre Welpen im Garten anzulegen und wenn sie das nicht können, graben sie den Wohnzimmerteppich um. Leider gibt es keine Möglichkeit, sie zu veranlassen, an einem bestimmten Ort zu graben, das könnte manchmal die Gartenarbeit doch wesentlich erleichtern.

Problematische Vorgeschichte

Damit sind Hunde gemeint, die aus einer mangelhaften Zucht kommen und keine artgerechte Aufzucht erfahren haben; auch Hunde, die erst in höherem Alter abgegeben wurden, entweder über Windhunde in Not oder über ein Tierheim. Oder es handelt sich um Hunde, die im Erwachsenenalter aus dem Ausland zu uns kommen, wie das sehr häufig bei aus England und Irland stammenden Greyhounds der Fall ist. Dabei können hauptsächlich zwei Probleme auftreten: Entweder die Hunde haben körperliche Schäden durch mangelhafte Aufzucht und Haltung und leiden an den Folgen von Unfällen oder Misshandlungen, oder die Hunde haben Verhaltensprobleme, weil ihre Prägung und Sozialisierung nicht in Ordnung waren oder weil ihre spätere Haltung auf ihre Bedürfnisse keine Rücksicht genommen hat. Oft treffen auch beide Problemkreise zusammen.

> **Wichtig!**
> Bei solchen Hunden ist es wichtig, dass Sie ihr Vertrauen gewinnen, dass Sie ihnen ein sicheres, stabiles Zuhause bieten und sie nicht überfordern.

Wenn ein vorgeschädigter Hund zu uns ins Haus kommt, wird er sich erst einmal ganz neu orientieren müssen, er muss seinen Platz im neuen Umfeld erst finden. Dabei müssen wir ihm helfen. Wichtig ist ein Ruheplatz, an dem er sich sicher fühlt. Viele Greyhounds aus dem Ausland sind an enge Zwingerboxen gewöhnt, sie wünschen sich einen ziemlich engen Ruhe- und Schlafplatz, am besten eine Nische oder eine Ecke, so dass sie von zwei Seiten geschützt sind. Richten Sie den Ruheplatz danach ein und beobachten Sie, ob der Hund ihn annimmt oder sich einen anderen Platz sucht. Wenn das der Fall ist, dann lassen Sie ihm nach Möglichkeit seinen Willen, das erleichtert die Eingewöhnung. Es muss ja nicht gerade Ihr Bett sein. Überhaupt sollten Sie auch einem vorgeschädigten Hund keine Unarten durchgehen lassen. Konsequenz gibt einem solchen Hund die Sicherheit, die er braucht. Es ist sehr schwierig, ihm in der Eingewöhnungszeit zugelassene Marotten wieder abzugewöhnen. Natürlich ist man geneigt, einem ‚armen Hund' mehr zu erlauben, aber davon ist dringend abzuraten. Behandeln Sie den Hund freundlich und ruhig und zeigen Sie ihm, wo sein Platz in der Familie ist, damit nützen Sie ihm und sich selbst am meisten. Sie wollen ja schließlich nicht einen ungezogenen Problemhund für den Rest seiner Tage beherbergen, sondern Sie wollen einem Hund mit einer schwierigen Vergangenheit ein Zuhause bieten und auch noch Freude an ihm haben. Gewöhnen Sie den Hund an sein Umfeld, machen Sie ihn vertraut mit anderen Familienmitgliedern und mit eventuell noch im Haushalt vorhandenen Hunden, und akzeptieren Sie es, wenn ihr neuer Hausgenosse anfangs noch scheu und zurückhaltend reagiert.

> Oft schließt sich ein solcher Problemhund an die erste Person an, die ihm freundlich entgegenkommt, und vergisst das nicht mehr für den Rest seines Lebens.

Wenn Ihr neuer Hausgenosse Vertrauen zu Ihnen gefasst hat, beginnen Sie, mit ihm die Umgebung zu erkunden, nehmen Sie ihn auf Spaziergänge mit und gehen mit ihm unter Menschen, damit Sie feststellen können, wie er darauf reagiert. Greyhounds sind oft an die Rennbahn gewöhnt und freuen sich, wenn sie zum Training mitgenommen werden und laufen dürfen – natürlich nur, wenn keine alten, nicht ausge-

DER PROBLEMHUND

▶ Rechte Seite:
Mit Geduld und Zuwendung lassen sich die meisten Probleme lösen.

heilten Verletzungen vorliegen. Ganz vorsichtig können Sie prüfen, wie Ihr Sorgenkind auf größere Menschenmengen und laute Geräusche reagiert und auch ein Zusammentreffen mit anderen Hunden sollte arrangiert werden. Sie werden sehr schnell erkennen, wo die Stärken und Schwächen Ihres Hundes liegen, ob er ängstlich oder aggressiv reagiert oder gelassen, aber zurückhaltend bleibt. Hunde, auch wenn sie nicht mehr ganz jung sind, passen sich einer veränderten Situation erstaunlich schnell an, wenn sie sich sicher fühlen und Zutrauen zu ihrem Herrn gefasst haben. Fehlverhalten können Sie mit geeigneten Erziehungsmaßnahmen korrigieren oder Sie können, wenn es sich um einen jüngeren Hund handelt, versuchen ganz von vorne anzufangen und ihn von Grund auf zu erziehen. Zeigen Sie ihrem Hund durch Lob und Zuwendung deutlich, welches Verhalten erwünscht ist, dann wird er irgendwann damit beginnen, sich entsprechend zu verhalten.

> **TIPP**
> Gerettete Greyhounds aus dem englischsprachigen Raum reagieren oft sehr positiv auf die gewohnten Lobesworte ‚good boy' oder ‚good girl', weil sie damit schon etwas Positives verbinden.

Manche Eigenschaften und Angewohnheiten allerdings lassen sich in höherem Lebensalter kaum noch korrigieren. So ist etwa der unbändige Freiheitsdrang, den viele der aus Spanien importierten, erwachsenen Galgos und Podencos zeigen, nur sehr schwer in den Griff zu bekommen. Auch aus Afrika stammende Sloughis und Azawakhs können hier ein Problem darstellen, nicht weil sie verhaltensgestört sind, sondern weil sie aus einen völlig anderen Kulturkreis stammen und in ihrer Jugend daran angepasste Verhaltensweisen erlernt haben.

Hier muss man ganz klar sagen, dass es oft nicht mehr möglich ist, solche erwachsenen Hunde an unsere Verhältnisse zu gewöhnen. Mit manchen Eigenheiten wird sich der Besitzer arrangieren müssen, wenn er einen solchen Hund halten will. Im Endeffekt heißt das, ein Hund, der einen unstillbaren Freiheitsdrang hat und sich um keinen Preis der Welt wieder einfangen lassen will, wenn er erstmal frei laufen kann, muss eben grundsätzlich an der Leine ausgeführt werden. Einen Hund, der allen fremden Menschen scheu gegenübertritt, wird man besser nicht dem Stress aussetzen, den Menschenansammlungen für ihn bedeuten. Die Einsicht, dass auch Hunde einen eigenständigen Charakter haben, den wir nicht immer nach unseren Wünschen formen können, ist hilfreich.

Ein anderes Problem ist der **körperliche Zustand**, der durch mangelhafte Aufzucht und Ernährung im Erwachsenenalter entstanden ist. Hier stimmt die Regel ‚viel hilft viel' überhaupt nicht, vielmehr muss man umso langsamer vorgehen, je jünger ein Hund ist. Ein noch im Wachstum befindlicher Junghund darf keinesfalls mit Unmengen von hochwertigem, womöglich noch durch zusätzliche Vitamine und Mineralstoffe ergänztem Futter versorgt werden. Das würde mit Sicherheit starke Wachstumsschübe auslösen, die dem Hund mindestens zeitweise Knochenschmerzen, eventuell aber auch lebenslange Probleme bereiten könnten. Also, bei mangelernährten Welpen bitte an der unteren Grenze des Kalorienbedarfs wie auch des Vitamin- und Mineralstoffbedarfs bleiben. Eine Blutuntersuchung beim Tierarzt kann zeigen, ob ein spezieller Mangel besteht, der mit Futterzusätzen ausgeglichen werden muss. Im Allgemeinen sind vor allem bei hochwertigen Alleinfuttermitteln keine Ergänzungen nötig. Achten Sie bei selbst hergestelltem Futter darauf, dass Vitamin- und Mineralstoffgaben nicht zu reichlich bemessen und ausreichend Ballaststoffe vorhanden sind. Vor allem bei großwüchsigen

> **Hinweis**
> Bedenken Sie immer, dass sich ein Hund aus einem fremden Kulturkreis genauso an unsere Umgebung gewöhnen muss wie ein Mensch, der aus einem anderen Land unvorbereitet zu uns kommt.

PROBLEMATISCHE VORGESCHICHTE

Rassen können solche durch zu reichliche Futtergaben ausgelösten Wachstumsschübe schwere Schäden verursachen. Wachstumsschübe können übrigens im Extremfall bis zum Alter von ungefähr zwei Jahren noch auftreten, wenn die Geschlechtsreife durch eine extreme Mangelernährung verzögert wurde oder es sich um eine sehr große Hunderasse wie etwa Irish Wolfhound, Deerhound oder Barsoi handelt.

Auch bei ausgewachsenen Hunden ist es gut, vorsichtig bei der Futtermenge zu sein, denn abgemagerte, fehl- oder mangelernährte Hunde haben oft auch ein empfindliches Verdauungssystem, das auf zu reichliche Futtergaben mit Durchfällen oder Erbrechen reagiert. Fangen Sie auf keinen Fall mit einem Hochleistungsfutter an, auch wenn der Hund sehr abgemagert zu sein scheint, sondern beginnen Sie für mindestens zwei Wochen mit leichten Nahrungszusammensetzungen, wie man sie bei den verschiedenen ‚light' Futtermischungen findet und steigern Sie die Menge allmählich, bevor Sie zu einer konzentrierten Futtermischung übergehen. Eine ‚ad libitum'-Fütterung ist nicht ratsam, ausgehungerte Hunde wissen nicht, wann sie genug haben, vielmehr wollen sie den erlittenen Mangel so schnell wie möglich ausgleichen. Bieten Sie einem abgemagerten Hund auch genügend Möglichkeiten zur Bewegung, damit er seine Muskulatur wieder aufbauen kann. Aber strengen Sie ihn nicht zu sehr an. Beobachten Sie ihn dabei aufmerksam, überfordern Sie ihn nicht. Stundenlange Fahrradtouren sollten Sie ebenso auf später verschieben wie Trainingsläufe.

Mein Hund verträgt sein Futter nicht mehr

Hunde können normalerweise über Jahre hinweg mit einer fertigen Komplettfuttermischung ernährt werden, ohne dass es dabei zu Problemen kommt. Die Grundversorgung mit Kalorien, Vitaminen und Mineralstoffen ist dabei gewährleistet. Verdauungsstörungen und Durchfälle sind selten, wenn man bei dem gewohnten Futter bleibt, eine Umstellung auf anderes Futter sollte aber nie von einem Tag auf den anderen erfolgen. Trotzdem kommt es immer wieder vor, dass Hunde auf bestimmte (und oft auch seit Jahren verfütterte) Zubereitungen mit Unverträglichkeitszeichen reagieren. Das kann zwei Ursachen haben: Zum einen kann der Hersteller die Rezeptur geändert haben, zum anderen können sich spezielle, allergieähnliche Empfindlichkeiten entwickelt haben. Meist handelt es sich aber nicht um eine echte Allergie. Bei selbst zubereitetem Futter treten diese Unverträglichkeiten eher selten auf. Die Symptome können vielfältig sein, Hautausschläge und Hautjucken kommen ebenso vor wie andauernde Durchfälle, übermäßiges Abhaaren oder allgemeiner Leistungsabfall. Nicht alle diese Zeichen müssen eine Futtermittelunverträglichkeit bedeuten, man sollte in jedem Fall einen Tierarzt aufsuchen, um die Ursachen klären zu lassen. Wenn klar ist, dass keine andere Erkrankung vorliegt, kann man versuchen, eine besser geeignete Fertigfuttermischung zu finden oder zu selbst gekochtem Futter übergehen. Allerdings müssen Sie dann selbst auf eine ausgewogene Mischung und eine eventuell notwendige Ergänzung mit Vitaminen und Mineralstoffen achten. Ratschläge für eine ausgewogene, selbst zusammengestellte Fütterung gibt es in der einschlägigen Fachliteratur oder beim Tierarzt. Darüber hinaus gibt es an den Veterinärmedizinischen Lehrstühlen einiger Hochschulen Ernährungsberatungsstellen, die man auch telefonisch konsultieren kann. Sie arbeiten auch individuelle, auf den einzelnen Hund und seine speziellen Probleme abgestimmte Ernährungspläne aus. Eine solche befindet sich zum Beispiel am Lehrstuhl für Tierernährung und Diätetik der Ludwig-Maximilians-Universität München (Adresse siehe Seite 187).

Der verletzungsanfällige Hund

Hunde, die im sportlichen Wettbewerb stehen, laufen immer Gefahr, sich dabei mehr oder weniger ernsthaft zu verletzen. Abgebrochene Krallen sind meistens nach zwei

DER VERLETZUNGSANFÄLLIGE HUND

Bei aktiven Rennhunden oder zu wenig Training kann die Verletzungsanfälligkeit der Hunde steigen.

Wochen verheilt, andere Verletzungen gehen nicht so glimpflich ab. Wenn immer wieder Muskel- oder Sehnenverletzungen, Zerrungen oder Faserrisse auftreten, sollte man seine Trainingsmethoden überprüfen. Fahrradfahren ist nützlich zum Muskel- und Konditionsaufbau, bringt aber in Bezug auf Gelenkigkeit und Trittsicherheit nichts. Auch Zehenverletzungen sind häufig auf ungenügende Trittsicherheit zurückzuführen, nicht immer ist ein mangelhaftes Geläuf (Bahnuntergrund) die Ursache. Auch zu lange Krallen können Zehenverletzungen verursachen. Mit entscheidend über die Verletzungsanfälligkeit ist außerdem, ob der Hund vor einem Rennen oder Coursing ausreichend warmgelaufen wurde. Dabei gilt: Je größer die Muskelmasse, desto länger dauert das Warmlaufen. Nicht zuletzt deshalb sind Greyhounds besonders verletzungsanfällig. Und nach dem Lauf ist ein längeres Auslaufen gut, auch und gerade dann, wenn der Hund später einen zweiten und dritten Lauf absolvieren muss. Wenn immer wieder kleinere Verletzungen auftreten, sollten Sie Ihrem Hund eine längere Ruhepause gönnen, auch wenn es mitten in der Saison ist und ihr Hund leidenschaftlich gerne läuft. Gönnen sie ihm vier Wochen Ruhe bei leichtem, entspanntem Training, damit er sich ausreichend regenerieren kann. Ansonsten drohen auch Ermüdungsbrüche, die nur schwer vollständig ausheilen. Hunde, die verletzt waren, sollten Sie zum Antrainieren auf möglichst festem, ebenem Gelände bewegen, bei Gelenk- und Muskelverletzungen wirkt sich ein weicher Untergrund eher erschwerend aus. Und nochmals ein weit verbreiteter Irrtum: Kurze Strecken auf der Rennbahn verhindern keine Verletzungen, denn die Gelenke werden beim Starten und im Ziel beim Abbremsen am meisten belastet. Dagegen sind kurze Strecken bei Konditionsmängeln sinnvoll. Auch Hunde, die völlig austrainiert ('trocken') sind, scheinen sich erfahrungsgemäß eher zu verletzen als Hunde, die noch ein klein wenig Fett haben. Zahlen darüber sind allerdings nicht bekannt. Hunde, die unter Belastung immer wieder die gleichen Symptome zeigen, verletzen sich nicht ‚immer wieder', sondern haben fast meistens eine nicht völlig ausgeheilte Verletzung, die sich wieder zeigt. Hier sollten unbedingt die Ursachen bei einem Tierarzt abgeklärt werden.

Verzeichnisse

Literatur

Bücher

Aldington, Eric, u. Stockmann, Friederun: Vom Körperbau des Hundes. Kynos Verlag, Mürlenbach 1993.
Allan, Diana, u. Ken: The Complete Saluki. Ringpress Books, Letchworth 1991.
Bailey, Gwen: Der Hund aus dem Tierheim. Verlag Eugen Ulmer, Stuttgart 2001.
Baumann, Doris: Spiel und Spaß mit meinem Hund (Agility, Mobility, Obedience). Verlag Eugen Ulmer, Stuttgart 1997.
Cunliffe, Juliette: Popular Sighthounds. Popular Dogs Publishing, Cunliffe, London 1992.
Benecke, Norbert: Der Mensch und seine Haustiere. Konrad Theiss Verlag, München 1994.
Beute-Faber, Roel, u. Piet: Atlas der Hunde-Anatomie. Kynos Verlag, Mürlenbach (o. J.).
Del Amo, Celina: Welpenschule. Verlag Eugen Ulmer, Stuttgart 2000.
DWZRV: Das große Windhunderbe. Kynos Verlag, Mürlenbach 1985.
Fischer, Uwe H.: Wie man einen Hund beurteilt. VDH Dortmund 1995.
Fleig, Dieter: Die Technik der Hundezucht. Kynos Verlag, Mürlenbach 1998.
Fogle, Bruce: Die BLV Enzyklopädie der Hunde. BLV Verlagsgesellschaft, München 1999.
Fogle, Bruce: Hunde kennen und verstehen. BLV Verlagsgesellschaft, München 1992.
Hartmann, Michael, u. Steidl, Thomas: Patient Hund. Verlag Oertel und Spörer, Reutlingen 1992.
Heffels, Dieter: Irish Wolfhound. Selisch-Verlag, Langensendelbach 1989.
Krämer, Eva-Maria u. Siegel, Ulrike: Hundezucht für Einsteiger. Cadmos Verlag, Lüneburg 2000.
Miller, Constance, u. Gilbert, Edward: The New Complete Afghan Hound, Howell Book House, New York 1988.
Opitz, Walther: Windhunde. Verlag Eugen Ulmer, Stuttgart 1979.
Peper, Elke: Gutes Handling. Kynos Verlag, Mürlenbach 1999.
Puskas, Lisa: Ibizan Hound. T.F.H. Publications, Neptune City (o. J.).
Räber, Hans: Enzyklopädie der Rassehunde. Kosmos Verlag, Stuttgart 1993.
Roth, Margit: Afghane, Saluki, Sloughi u. Azawakh. Parey Buchverlag, Berlin 1998.
Schaal, Monika, u. Daugschieß-Thumm, Ursula: Der schwierige Hund im Training. Verlag Eugen Ulmer, Stuttgart 2001.
Schratter, Dagmar: Hunde. Verlag Eugen Ulmer, Stuttgart 1996.
Senfft, Alexandra, u. Strege, Ira: Die große Hundeschule. Deutscher Taschenbuch Verlag, München 1999.
Wachtel, Helmut. Hundezucht 2000. Verlag Gollwitzer, Weiden 1997.
Wild, Rosemarie, u. Rohrer, Iren: Windhunde. Verlag Müller Rüschlikon, Cham 1999.
Zimen, Erik: Der Wolf. Knesebeck und Schuler Verlag, München 1990.
Zimen, Erik: 1992, Der Hund. Wilhelm Goldmann Verlag, München 1992.

Deutschsprachige Zeitschriften

Unsere Windhunde
(offizielles Organ des DWZRV), DWZRV Geschäftsstelle, Grüne Straße 7, 31185 Söhlde.
WindhundWelt
(über Dagmar Ollik, Bergstr. 30 G, 65307 Bad Schwalbach).
Windhund news
(offizielles Organ des DAC) über Werner Wirkotsch, Wassertrüdinger Str. 36, 91550 Dinkelsbühl.
Unser Rassehund
(Offizielles Organ des VDH), über VDH e.V., Postfach 104154, 44041 Dortmund (mit Windhundseite).
Der Windhundfreund
Verlag Pro Lévrier, über Annette u. Max E. Haferl, Brand, CH-8717 Benken/SG (Windhundszene in der Schweiz und Österreich).
Wer-Wo-Was
Verzeichnis aller wichtige Adressen und Organisationen im deutschsprachigen und europäischen Raum, über die DWZRV-Geschäftsstelle zu erhalten, eMail: dwzrv@dwzrv.com.

Adressen

Organisationen

Deutschland
VDH – Verband für das Deutsche Hundewesen e.V.
Postfach 10 41 54
D-44041 Dortmund

ADRESSEN

DWZRV – Deutscher Windhund-
zucht- und Rennverband e.V.
Grüne Straße 7
D-31185 Söhlde
eMail: dwzrv@dwzrv.com

DAC – Deutscher Afghanen Rasse-
zuchtklub 1988 e.V.
Wasserträdinger Str. 36
D-91550 Dinkelsbühl

Schweiz
SKG - Schweizerische Kynologische
Gesellschaft
Hans W. Müller
Postfach 378
CH-8472 Seuzach

WIG – Windhund-Interessenge-
meinschaft der Schweiz
Carl Brandenberger
Hintertobel
CH-8499 Sternenberg

IGWR – Interessengemeinschaft für
das Windhundrennwesen
Dieter Gloor
Hardmattengut
CH-4802 Strengelbach

Österreich
ÖKWZR – Österreichischer Klub für
Windhundezucht und Rennsport,
Norbert Schwitzer
Heustadelgasse 1/1
A-1220 Wien

International
FCI – Fédération Cynologique Internationale
13, Place Albert I
B-6530 Thuin

Beratungsstellen

GFK
Gesellschaft für die Förderung Ky-
nologischer Forschung e. V.
Postfach 143053
D-53058 Bonn

Ernährungsberatungsstelle für
Hunde
Lehrstuhl für Tierernährung und
Diätetik
Ludwig-Maximilians-Universität
Müchen
Veterinärstr. 13
D-80539 München
Tel. 089-21803549
Sprechzeiten: Mo.–Fr. 10.00–12.00 Uhr

Hilfsorganisationen

Windhunde in Not e.V.
Geschäftsstelle:
Gisela Karas
Kampstr. 8
D-26676 Barßel
Windhundvermittlung:
Astrid Bartholomes
Tel. 02103-63431

Pro Lévrier
Verein zur Rettung, Betreuung und Unterbringung notleidender Windhunde aller Rassen
Geschäftsstelle
Max Haferl
Brand
CH-8717 Benken/SG
Tel. 0041-55-2935656

Bildquellen

Die Zeichnungen Seite 77 und 91 wurden von Hans Liss, Asperg, alle anderen von Dr. Anna Laukner, Ibiza, nach Vorlagen der Autorin und aus der Literatur gefertigt.
Behrens, Jens, Otterbraack: Titelseite kleine Fotos (3).
Bernschneider, Jörg, Stuttgart: Seite 28 unten, 161.
Bräuer, Jürgen, Pforzheim: Seite 1, 5, 11 unten, 21, 22 (2), 24, 25, 26, 28 oben, 29, 31 oben, 32, 34, 35, 36, 39, 40 (2), 42, 43, 44, 46 (2), 47, 48, 49, 51, 52 (2), 55 (2), 56, 57, 67, 71, 72 oben, 73, 76, 77, 78, 79, 83, 84 links, 85 rechts, 90 (2), 94 (2), 95 (2), 96, 97, 101, 105, 107, 118, 122, 138 (2), 139 (2), 141, 155, 160, 162, 167, 185.
Dr. Götz, Eva-Maria, Stuttgart: Seite 3, 6/7, 18, 19, 72 unten, 87, 89, 115, 119, 129, 164, 166, 179.
Haidle, Noël, Niefern: Seite 125.
Honstetter/Sewastianiuk, Ludwigshafen: Seite 117, 145, 150, 153, 157.
Kothe, Dieter, Stuttgart: Umschlagrückseite untere Reihe von links (4), Seite 31 unten, 65, 82 oben, 109, 131, 169.
Kuhn, Regina, Stuttgart: Titelfoto (großes Bild), Umschlagrückseite untere Reihe ganz rechts, Seite 9, 38, 74/75, 82 unten, 84/85 Mitte, 121, 127, 171, 174, 175, 178, 183, 187.
Dr. Laukner, Anna, Ibiza: Seite 11 oben, 54, 173.
Meier, Roger, Ibiza: Seite 16/17.
Sarrazin, Marisa, Ammerbuch: Seite 132, 133, 134/135.
Schabel, Matthias, Merdingen: Seite 112.
Schmidt-Röger, Heike, Hamminkeln: Umschlagrückseite Foto oben, Seite 111.
Spiegel, Else, Künzell: Seite 23.

Fachliche Beratung
Dr. Teresa Müller-Roguski, Niefern.

Register

Abhaaren 184
Afghanischer Windhund 20 ff.
Aggression 175, 176
Aggressivität 18, 177
Agility 18, 55, 63, 67, 73
Agilitytraining 177
Alleinsein 168, 179
Allergie 184
Allgemeinrichter 104
Allrounder 96
Alter 110
American Staghound 62
Angstbeißer 176
Ankörung 101
Anmeldung 93
Antipathie 176
Anwartschaften 101
Aufwärmphase 106
Aufzucht 151 ff.
Ausdauerleistung 76
Auslaufen 84
Ausschreibung 82
Ausstellung 79, 96 ff.
Ausstellungsklassen 99
Ausstellungstraining 98
Ausstellungstyp 24
Austragungsmodus 75
Autofahren 159, 174
Azawakh 31
Azidose 36

Bahnbeobachter 78
Balearen-Hund 57
Barsoi 48 ff.
Befruchtung, künstliche 145
Begleithund 43
   -Training 177
Beißkorb 78
Bell Murray 23
Bergafghane 22
Bestrafung 180
Betteln 180
Bewertung 95
Bezugsperson 176
Biss 88
Borreliose 118
Brustentzündung 153

Ca Eivissec 56
CAC 101
CACIB 101
Cirneco dell'Etna 56
Charnege 57
Charnegui 57
Chart Polski 52 ff.
Chort 62
Chortaj 62
Coursing 70, 79, 86 ff.
   -Lizenz 89
   -Richter 87

Dachverbände 79
Deckakt 143 ff.
   erzwungener 145
Decktag 142 ff.
Deerhound 40 ff.
Disposition, genetische 177
Disqualifikation 89
Distanz 179
   individuelle 177
Doping 106
Durchfall 184
DWZRV 74, 79

Einlaufsystem 75
Einzeljäger 23
Eklampsie 150, 153
Eltern, genetische 146

Endlosanlagen 77
Entwurmung 118
Erbanlagen 163
Ermüdungsbruch 185
Ernährung 92, 110 ff.
Ernährungsberatungsstelle 184
Erziehung 167, 170 ff
Erziehungsarbeit 171
   -Maßnahmen 176, 180
   -Regeln 172
Exoten 67
Exterieur 129

Fahrradtraining 112
Fang 87
Fehlverhalten 182
Feldrichter 87
Fellpflege 25, 102
Finale 76
Flöhe 118
Flüssigkeitszufuhr 118
Fötus 147
Freiheitsdrang 182
Fremdzucht 122
Fruchtblase 149
Funktion 129
Futter 116
Futtermenge 184
Futtermittelunverträglichkeit 184
Fütterungszeiten 165

Galgo Español 46 ff.
   Ingles-Español 46
Galopper 13
Gebiss 13
Geburt 148 ff.
   -Störungen 150
   -Termin 149 ff.
   -Vorbereitungen 146 ff.
Geburtsgewicht 150
Gehör 55
Gehorsam 18
Geläuf 185
Gelenke 12
Gemeinschaftsjäger 51
Genanalyse 146
Genotyp 136
Gentest 101
Geruchssinn 55
Geschlechtsreife 182
Gesundheit 110 ff., 136
Ghazni 22

Gitterbox 177
Graben 180
Greyhound 34, 181, 182, 185
Greyhoundsperre 36
Grundversorgung 184
Gruppenrichter 104
Gubinin 48

Halskragen 89
Hämatokritwerte 118
Handler 96
Handling 96
Hängeohr 12
Hase 4
Hasenmaschine 73, 90
Hasenschärfe 70
Hasenzug 76, 90
Hautausschlag 184
Hautjucken 184
Hepatitis 159
Hetzleidenschaft 11, 25
Hilfsmittel, unerlaubte 174
Hindernisse, künstliche 86
   – natürliche 86
Hirschhund 40
Hitzschlag 107
Hochleistungsfutter 184
Hochleistungshund 35
Hüftgelenksdysplasie (HD) 45, 137
Hundehaftpflicht 163
Hundepass 74, 82
Hunderassen 125
Hundetrainer 178
Hundetyp, linearer 10
Hundezucht 122
   – gewerbliche 133

Immunisierung 159
Impfpass 82
Impfungen 159
Infektionen 119
Inzestprobeverpaarung 140
Inzestzucht 124
Inzucht 124
Irish Wolfhound 42 ff.

Jagd 8
Jagdcoursing 87
Jagdeigenschaften 51
Jagdschema 170
Jagdgesellschaft, Kaiserliche 49
Junghund 72

Kalk 158
Kalorienbedarf 147, 158
Kaninchenjagd 55
Kastration 114
Katalog 99
Kelb Tal Fenek 54
Kohlenhydrate 117
Kommandos 169
Konditionsmangel 185
Konsequenz 170, 181
Kontaktpersonen 160
Kopflage 149
Körperbau 13
Körpertemperatur 148 ff.
Korrektur, erzieherische 174
Korrekturphase 178
Krallen 102
Kurvenradius 76, 92
Kurzschädeltyp 10

Langlebigkeit 140
Langschädeltyp 10
Laufhunde 53
Läufigkeit 86, 114
Läufigkeitskontrolle, hormonelle 114
Lauftraining 72 ff
Leinenführigkeit 97, 168
Leistung 15, 67, 81, 96
Leistungsfähigkeit 138
Leistungsschwankungen 86
Leistungscoursingordnung LCO 89
Leptospirose 159
Lernwilligkeit 51
Linienzucht 124
Lizenzhund 78
Lizenzkarte 82
Lob 168, 177, 182
Lurcher 62

Magyar Agar 47
Mallorqui 57
Mangelerscheinungen 147
Mantel 50
Markieren 180
Master 87
Mastitis 153
Meldegeld 82
Mikrochip 159
Minderrassen 67
Mineralstoffe 158

Mitglieder, korporative 74
Monorchidismus 120
Muskulatur 12
Muttermilch 158

Nachgeburt 151
Nahrungsmittelunverträglichkeit 154
Narkose 119
Neugeborenenphase 151 ff.
Niltaljagdhunde 56

Orientalische Windhunde 20 ff.
Orientierungssinn 11
Oseroff 49
Outcross 124

Panikreaktion 179
Parcours 90
Parvovirose 159
Perchino 49
Pflegebedarf 66
Phänotyp 136
Pharao Hound 54 ff.
Platz-Zeitsystem 75
Podenco Andaluz 59
Podenco Canario 57
Podenco Ibicenco 56
Podengo Portugues 58
Prägephase 157, 163
Prägung 133
Profirennen 73
Psowaya Barsaya 48

Rampur-Windhund 61
Rangordnung 176
Rassezuchtclub 79
Raubzeugschärfe 51
Regenerationsphasen 92
Reisetabletten 174
Reizschwelle 16, 178
Rennen 37, 70, 73 ff., 79
Rennbahn 76 ff.
Renndecke 78, 89
Rennkarriere 85
Rennlizenz 78
Rennsaison 85
Rennstrecke 74
Renntyp 24
Rennvereine 79
Revier 64
Richterbericht 101

Ring 100
Rollen 90
Röntgen 147
Rosenohr 12, 33, 54
Rudelmitglieder 160
Ruhepausen 81
Ruhephasen 116
Ruheplatz 179

S + L-Hunde 67
Saluki 26
Sandbahn 92
Sauberkeitserziehung 162, 165 ff.
Scheinträchtigkeit 86, 143
Schlafplatz 178
Schönheitskonkurrenz 96
Schutztrieb 16, 18
Schwangerschaft 147
Seilstartsystem 78
Senoiren 76
Sexualzyklus 142
Sirdar of Ghazni 23
Skelett 14
Sloughi 29
Sonnenschutz 107
Sozialisation 97, 157
Sozialisationsphase 162
Spielzeug 161
Sprints 91
Spurenleser 58
Standard 104
Standardgerechtigkeit 139
Startberechtigung 82
Startnummer 100
Startgeld 79
Startkasten 78
Staupe 159
Stehohr 12, 54
Steißlage 149
Steppenafghane 22, 24
Stubenreinheit 165 ff.

Taigan 60
Tätowierung 159
Tazi 61
Tesem 26
Tierarztkontrolle 82, 93
Titel 108
Titelrennen 74
Tollwut 159
Top-knot 24
Trabertyp 13

Tragezeit 143, 146 ff.
Training 110
Trainingsplan 80 ff.
Trainingspause 117

Übergangsphase 155
Überkopfsystem 90
Uhr, innere 171
Ultraschall 147
Unarten 180
Unterkühlung 106
Unterordnung 178
Urtyp 10
Urtyphunde 53

VDH 79
Vegetative Phase 151
Verfolgungsschärfe 90
Verhalten 15, 19
    erwünschtes 172
    neutrales 175
Verhaltenstherapeut 178
Verletzungen 112
Verletzungsanfälligkeit 92, 184 ff.
Vorführer 103
Vorführübungen 97
Vorgeschichte, problematische 181
Vorlauf 75

Wachhund 58
Wachstum 43, 82
Wachstumsphase 43
Wachstumsschub 182
Warmlaufen 84
Wehenschwäche 150
    erbliche 137
Welpen 147, 151 ff.
    mangelernährte 182
Welpenauslauf 126, 132, 157
Welpenmilch 152
Welpenspielstunden 176
Wertnote 100
Wesen 137
Whippet 36
Windhund, persischer 27
    polnischer 52
    ungarischer 47
Windhundrennen 34
Windhundspezialrichter 104
Windhundsport 70 ff
Windhundzucht 122

Windhunde, Europäische 33
   Mediterrane 53
   Orientalische 20
Windspiel, Italienisches 39
Winkelungen 12, 14 ff., 104
Winterpause 81
Wolfshund, Irischer 42
Wurf 125
Wurfkiste 126, 132, 147
Wurfraum 130
Wurfzimmer 147
Würmer 155

Xarnelo 57

Zahnstandkontrolle 97
Zardin 22
Zecken 118
Zeit 70
Zeitmessanlage 75
Zeitsystem 75
Ziel 84
Zielgericht 84
Zucht 120 ff.
Zuchtrüde 146
Zuchtschau 103
Zuchtschauordnung 98, 104
Zuchtstätte 130
Zuchttiere 136
Zuchtverfahren 122 ff.
Zuchtwesen 126
Zuchtziele 126
Zuchtzulassung 101, 128, 140
Züchter 120 ff.
Zufütterung 152, 158
Zuwendung 182
Zwinger 130
Zwingerabnahme 125
Zwingererstbesichtigung 130
Zwingerhaltung 133
Zwingername 130
Zwingerschutz 125
Zwischenlauf 75

Impressum

Die Deutsche Bibliothek – CIP-Einheitsaufnahme

Ein Titeldatensatz für diese Publikation ist bei Der Deutschen Bibliothek erhältlich
ISBN: 3-8001-3254-0

Das Werk einschließlich aller seiner Teile ist urheberrechtlich geschützt. Jede Verwertung außerhalb der engen Grenzen des Urheberrechtsgesetzes ist ohne Zustimmung des Verlages unzulässig und strafbar. Das gilt insbesondere für Vervielfältigungen, Übersetzungen, Mikroverfilmungen und die Einspeicherung und Verarbeitung in elektronischen Systemen.

© 2002 Verlag Eugen Ulmer GmbH & Co., Wollgrasweg 41, 70599 Stuttgart (Hohenheim)
E-Mail: info@ulmer.de
Internet: www.ulmer.de
Printed in Germany
Lektorat: Dr. Eva-Maria Götz
Herstellung, Layout & DTP: Ulla Stammel
Druck: Georg Appl, Wemding
Buchbinderische Verarbeitung: Großbuchbinderei Monheim, Monheim

Mit Hunden leben

Wer kennt nicht das mulmige Gefühl, wenn ein unbekannter Hund den Weg kreuzt und das Nackenfell sträubt? Dieses Buch macht mit dem Ausdrucksverhalten der Hunde vertraut und gibt Tipps zum richtigen Verhalten. Zeichnungen veranschaulichen die Elemente der Körpersprache. Die zur Verständigung eingesetzten Körperteile sind hervorgehoben.
Die Körpersprache des Hundes. Ausdrucksverhalten erkennen und verstehen.
F. Ohl. 1999. 111 Seiten, 57 Farbfotos, 22 Zeichnungen.
ISBN 3-8001-7445-6.

„Der schwierige Hund im Training" enthält eine praxisnahe Darstellung problematischer Verhaltensweisen von Hunden in Training und Ausbildung. Die Autorinnen beschreiben Ursachen, Abhilfe möglichkeiten, Hilfsmittel und Haus- aufgaben, Hinweise zur Kursgestaltung, Methodik und Chancen für eine Integration der schwierigen Hunde in die Gruppe. Das Buch zeigt auch, wann Einzeltraining bessere Chancen bietet.
Der schwierige Hund im Training.
M. Schaal, U. Daugschieß-Thumm. 2001. 96 Seiten, 35 Farbfotos, 35 Zeichnungen.
ISBN 3-8001-3255-9.

Mit diesem Buch können Sie sich einfach in all den Paragraphen zurecht finden, die für Sie als Hundehalter gelten: Verordnungen, Gesetze und die derzeitige Rechtsprechungspraxis rund um den Hund werden verständlich erklärt. Mit diesem Ratgeber sind Sie für alle Fälle gerüstet.
Maulkorbzwang und Leinenpflicht?
Ein Rechtsratgeber für Hundehalter.
K. Trahms. 2001. 192 Seiten.
ISBN 3-8001-3552-3.

„Der Hundeführerschein" beinhaltet Texte und Fragen zum Üben für den von den Bundesländern geforderten Sachkundenachweis für Hundehalter. Themen sind die artgerechte Hundehaltung, die Welpenentwicklung, das Lernverhalten und die rechtliche Situation des Hunde- halters. Das „Pflicht-Buch" für jeden Hundehalter zum Lernen und Trainieren für den Sachkundenachweis, mit einer Kurzbeschreibung des Ablaufs der prak- tischen Prüfung.
Der Hundeführerschein. Sachkunde-Basiswissen und Fragenkatalog.
C. del Amo, R. Jones-Baade, K. Mahnke. 2001. 125 Seiten, 32 Farbfot., 5 Zeichn.
ISBN 3-8001-3659-7.